第一課 乞丐

丐者有在橋上候人力車行過而奪一把由坐車給銅元一枚者有沿街乞者有寫字發布上鋪於地不倍呼為苦苦地狀而求乞者每在十字鋪碼頭群人鳩聚於李而得數錢去者有乘機而竊取人物品物發碼頭

本經營之人或毀一油豆腐線機或牛肉湯攤等之必須繪於土鋪碼將且將碗盞或化物撇棄發莫通紅紿宕宕查者咸以鋪何程之鳩

捐用眾點數元與毀之而敗此等小船丐斯儼排但白吃飯或與敗各即然發此等小船丐斯儼排但白吃

輩乞丐斯必於欲抱取此食餘之飯菜而食然此等有地敗如此質之餘飯或發包飯作收還飯桶者料若在路盜通則若

若雖此種之飯菜而食而鮑使地腹則王匐矣何往此贋餌珠然包飯者吃者不能徒他腹王全丐必受前養作宗不朋王欲視此義理者若王五等丐必受前養

叔之乞丐維爺敗者即告他頭也乞正麥斯爺為小用也小用王爺看雖此者雖此權從根從俯義數則須贈二三百二十个個大餘飢

叔不論及但乞得銅元若貼二三而文與王爺敬此經

叔自諸釋從俯俗爺數則須贈二三百二十個大餘

從爺叔王諸或自顧釋從俯

體物宗有解若隨俗路送彼固欲收發者則可取消二百三十六

民國 年 月 日

叫街者

中国乞丐文化史

STREET CRIERS:
A CULTURAL HISTORY OF CHINESE
MENDICANTS

卢汉超 著

Hanchao Lu

社会科学文献出版社

SOCIAL SCIENCES ACADEMIC PRESS (CHINA)

目录
CONTENTS

第一章　导言／1

时间和空间／4

次文化和主流社会／5

国家与社会／10

中断了还是延续着／14

第二章　在江湖上／20

次文化的含义／20

乞讨如何成为一种职业／33

乞讨作为一种异行／46

第三章　同情对垒反感／55

仁爱之心／56

玩世不恭／66

社会寄生虫／70

第四章　传说如是说／83

藏龙卧虎／83

为贫困祝福／100

讨饭有理／116

第五章　应对乞讨者／122

保甲制度／122

I

贫民院 / 125

"天下拣饭的是一家" / 139

外国人笔下的中国丐帮 / 144

第六章　街头的社会契约 / 151

华北的"杆上的" / 153

长城之外 / 156

上海的丐帮 / 163

铁拳与饭碗 / 168

丐捐 / 174

第七章　乞讨的智慧 / 186

财神到！/ 186

红白喜事 / 192

上海乞丐众生相 / 201

第八章　男人的四肢和女人的嘴巴 / 219

弄蛇 / 220

男人的腿脚 / 225

女性的优势 / 230

喊口婆 / 233

第九章　毛主席卯上了一个讨饭的 / 239

义丐武训 / 241

毛泽东登场 / 246

毛主席不会被这逗乐 / 252

第十章　博爱为怀 / 258

短暂的断流 / 258

不幸的复苏 / 263

政府之策 / 269

博爱与希望 / 273

附录 1　上海乞丐沦为乞丐以前的职业和月收入 / 277

附录 2　根据华北农村哭丧调改编的《松花江上》原曲 / 279

附录 3　与《莲花落》作姐妹篇的《霸王鞭》原曲 / 280

附录 4　《凤阳花鼓调》/ 281

附录 5　拉车乞丐李阿才来信 / 282

参考文献 / 285

插图目录

图 1 - 1　英人画 18 世纪末广州街头的一组流浪汉群像／3

图 1 - 2　明代周臣流民图（局部）／4

图 1 - 3　祖孙乞讨图／6

图 1 - 4　铁拐李和乞丐遇仙／8

图 2 - 1　清同治年间北京城守门的更夫／25

图 2 - 2　游方的僧道／26

图 2 - 3　观音庙前的乞丐／27

图 2 - 4　农民外出集体讨饭／29

图 2 - 5　辛亥革命年间逃荒的母亲和儿女／35

图 2 - 6　天主教育婴堂接受用箩筐挑进来的孤儿／36

图 2 - 7　北京北海公园附近乞讨的妇女与孩童／38

图 2 - 8　两个穷人的孩子／41

图 2 - 9　街头出售的乞丐雕塑／46

图 2 - 10　落难公子成阔丐／51

图 3 - 1　乞讨男童和米店女主人／57

图 3 - 2　乞丐吸食鸦片／59

图 3 - 3　丰子恺的漫画充满对丐者的同情／65

图 3 - 4　四川自贡市的三孔石桥／75

图 3 - 5　中国西南某地穿长袍的乞丐／80

图 4 - 1　明太祖朱元璋画像／89

图 4 - 2　街头卖唱艺人／94

图 4 - 3　韩信画像／97

图 4 - 4　伍子胥画像与塑像／98

图 4 – 5　清末民间流传的八仙画像 / 109

图 4 – 6　身穿百衲衣的老乞丐 / 115

图 4 – 7　精神矍铄的老乞丐 / 118

图 5 – 1　腰牌的设计图像 / 124

图 5 – 2　佛教庙宇内的赈灾情况 / 133

图 5 – 3　北京施粥厂前等待施粥的老乞丐 / 133

图 5 – 4　北京施粥厂前排队领粥的儿童 / 136

图 5 – 5　上海马路上的收尸车 / 137

图 5 – 6　上海弄堂口的停尸处 / 138

图 5 – 7　衡阳施粥厂 / 140

图 5 – 8　浙江平阳一老乞丐 / 148

图 5 – 9　浙江平阳一丐头 / 148

图 6 – 1　清朝南北两大科举考场 / 156

图 6 – 2　清朝同治年间当众处决犯人的场景 / 159

图 6 – 3　福州一建立在乱坟上的乞丐窝 / 162

图 6 – 4　19 世纪末福州的一个乞丐头目和他的三个帮手 / 173

图 6 – 5　清朝乾隆年间的丐条 / 179

图 7 – 1　丰子恺画笔下的摇钱树习俗 / 190

图 7 – 2　1920 年北京的乞丐仪仗队 / 199

图 7 – 3　上海街头向穿着时髦女郎乞讨的孩童 / 204

图 7 – 4　北京胡同小巷中的乞讨图景 / 205

图 7 – 5　上海外滩银行前的乞讨儿童 / 211

图 7 – 6　看热闹的人群与孤寂的盲丐 / 214

图 8 – 1　母亲带着正在怀里啼哭的孩子乞讨 / 231

图 9 – 1　武训石雕 / 245

图 9 – 2　赵丹扮演的武训 / 247

图 9 – 3　赖东进在湖南韶山参观 / 255

图 10 – 1　在广州乞讨人员收容站被殴打致死的孙志刚 / 271

第一章 导言

乞讨是人类历史上最古老的社会现象之一。据民俗学家曲彦斌的研究，汉语中"乞丐"一词在甲骨文中就出现了。[①] 在青铜器的文字中继续使用。[②] 至迟在公元前3世纪已有在公众场合乞讨的文字记录。现代汉语中使用的"乞丐"一词在宋代就已出现。[③] 就如许多人们习以为常、语意明白无误的词语往往难以定义或缺乏一种全面的解释，"乞丐"一词可以有多种含义。曾对1970年代中国台湾的乞丐作过深入研究的人类学家大卫·夏克（David Schak）曾很清楚地概括过这种情形：

> 尽管"乞丐"一词在中文和西方语言中的意思相当明了，但中国人和西方人一样，在使用此词时常常含糊不清。于是我们看到人们笔下的"乞丐"有做工的，娱乐他人的，提供服务的，强行敲诈的，偷窃的，甚至还有抢劫的。[④]

这当然不是说乞丐（或英语中的 beggar）一词有误导性。这个名词可以包括许多不同的意思，这实际上反映了街头游民是如何在

---

① 曲彦斌：《中国乞丐史》，第6~7页。
② 《古今图书集成》第488册，第20页。
③ 见岑大利《中国乞丐史》第2~3页所引用的文献资料。一个有意思的巧合是，根据第九版韦伯斯特学院词典，英语中"beggar"一词最初出现于13世纪，相当于中国的南宋时期。
④ Schak, *A Chinese Beggars' Den*, p. 5.

恶劣的环境中以各种方式苦苦挣扎，以求生存，而这正是本书要探讨的主要内容之一。在下面的章节中我们会看到，即使这些乞讨者以五花八门的面目出现，人们仍然叫他们乞丐，而他们中的大部分人对此也自认不讳。

拙著 *Street Criers: A Cultural History of Chinese Beggars* 2005 年由美国斯坦福大学（Stanford University）出版后，获 2006 年美国第三世界研究学会（Association of Third World Studies）所颁发的 Cecil B. Currey 最佳著作奖，2009 年由韩国享誉六百年的"太学"成均馆大学出版了韩文版。近年来时有出版社和学者与作者联系，要求翻译出版中文版，唯本人希望中文版不仅是翻译，而是在英文版基础上的再创作，以此加入近年来中西学术界最新的研究成果、进一步发掘到的原始资料和本人的研究心得。现在完成的这本小书，就是著者以此为宗旨的中文新作。英文原作依西方习惯，多将史料诠释，较少直接引用原始资料；中文本则反其道而行之，尽可能提供资料原文，俾学界有志做类似研究者可借此按图索骥或顺藤摸瓜。此外，本书虽为学术著作，但在写作风格上，作者希望能做到雅俗共赏，俾学界研究不仅能为学人所用，亦能为大众所理解或接受。

英语中的 Crier 一词指的是旧时英美等国受雇在街头宣读法庭或地方政府公告的人（也作 Town Crier），地位有点像中国衙门里的隶卒衙役之类；又因他们总是摇着一个铜铃，在市镇街头拖着长音叫着"Oyez, Oyez, Oyez!"（听着，听着，听着!），以唤起人们的注意，故也称为摇铃人（Bellman），颇类似于中国旧时的更夫。拙著借用其义，并冠以 Street（街）一词，以隐喻中国乞丐众生相。乞丐中有街头呼号求乞者，有吹弹唱跳卖艺者，有代人守门叫更者，有受雇哭叫送殡丧者，有鸣锣开道走卒者，如此等等，无一不是叫号街头；其受官府默许，喧闹街市，收取丐捐，则更具有类似 Town Criers 那样的半官方性质，并非一般意义上的"乞丐"一词所能概括，故本书之研究对象可用"叫街者"（Street criers）一言以蔽之。

　　就本书的主题而言，则"时空上下"四个字更能概括明了：中国的乞丐次文化在历史时段上有强大的延续性，是为"时"；在空间地域上有惊人的一致性，是为"空"；而乞丐次文化和主流文化乃至精英文化之间又有极为生动活泼的交流性，是为"上下"。这种交流性也反映在国家与社会的关系方面，其实质也是一种上下关系。下面的讨论即围绕着时、空、上下这三者进行。

图 1 - 1　英人画 18 世纪末广州街头的一组流浪汉群像

由英国人亚力山大（William Alexander）和梅逊（George Henry Mason）根据他们在当时中国唯一的通商口岸广州的街头所见实地绘制，1799 年发表于伦敦。从左至右依次为：化缘的和尚、捕蛇者、瘸腿的乞丐、玩蛇者、耍猴者、舞罐者、驯狗者。虽然画像有艺术加工，但画中人物却并未有人们在明代周臣（约 1450 ～ 1535）《流民图》（见图1 - 2）或清末民初照片中所能见的令人触目惊心的赤贫，可能是当时的广州尚得益于乾嘉盛世余荫之故。

来源：William Alexander and George Henry Mason, *The Costume of China* （1804）, and William Alexander, *The Costume of China* （1805）.

图 1 - 2　明代周臣流民图（局部）

原画为册页，绘有流离失所的难民 24 人，后一分为二并装裱成手卷，现分藏于美国檀香山艺术学院（Honolulu Academy of Arts）（前半部）和克里夫兰艺术博物馆（Cleveland Museum of Art）（后半部）。此图出于原画后半部。

时间和空间

中国的乞丐文化和相关的习俗制度在时间和空间上有高度的一致性。本书在时间上的界限大致上是从 18 世纪末至 1949 年，即西方的中国学界一般所习称的"近代中国"。但是，这一时期乞丐文化的许多表现却可上溯到中古时代。由于乞丐世界模糊不清的性质，有关乞丐的许多习俗和事件往往缺乏一定的日期，但是几乎所有有关 19 世纪乞丐文化的记录都有其古代的渊源。更确切地说，许多有关乞丐的概念和制度可以追溯到 13 世纪，当时中国正经历着前所未有的、由蓬勃的贸易和物质生活的发展所带来的商业化。乞丐既是这种商业化的受害者，却也获益于其中。从那时起乞丐越来越成为中国社会中触目可见的一族。到了清代（1644～1911），乞丐已是一个虽然被人看不起，却是久经风霜而生存下来的职业了。20 世纪初的都市改革和国民革命都未能从根本上改变这一状况。乞丐无处不在的现象在中国一直延续到 1950 年代初。

从地理上说，本书的研究包括了全国各地数十个地点：从黄河两岸中国古文明的中心地带到汉化程度较浅的满蒙等地，从东起长江流域、南至珠江三角洲的沿海地区到邻近青藏高原的深深腹地。从中国城市的等级来说，这些地区的城市包括从乡村中的地方小镇到全国性的大都市，其中有县城、区域性中心城市、省城等。在这广大的地区，就与乞丐有关的题目来说——包括乞讨的概念、公众对乞丐的看法、乞讨的方式和技术、乞丐的组织，以及官方处理乞丐问题的方针政策等——都是大同小异。自从人类学家施坚雅（G. William Skinner, 1925 – 2008）提出区域性研究的方法后，在西方的中国研究领域主要的趋势是着重于地方史研究和强调区域间的不同。[1] 中国土地广袤，文化和社会复杂，地方性的研究当然有其长处。本书的研究在许多方面也是基于地方上的发现。但是，地方史的研究提供的是全豹之一斑；无论在哪一方面，地方上的现象是否具有全国性的典型意义，使我们能窥一斑而见全豹是人们所关心的，在某种程度上也是地方史研究的终极意义。通过本书各章我们将会看到中国各地乞丐文化极为丰富多元，但它们的相似之处大大地超过它们在地域文化上的不同，这使得各地的乞讨和乞丐有一种独特而明显的共性。从这个意义上讲，微观的研究可以为宏观的论述提供一个基础，来说明中国尽管有区域的不同和习俗上的多元性，但全国仍是一个基本上一致的文化整体。

次文化和主流社会

在各种贫困现象到处可见的近代中国，人们对贫困的承受程度往往到了"非人"的地步，而且因为苦难太多，司空见惯，而有点麻木了。尽管如此，中国乞丐生活的贫困悲惨程度仍是令人触目惊心。生活在乞丐世界之外的人往往对乞丐贫困的程度觉得不可思议：

---

[1] 参见 Skinner, "Marketing and Social Structure in Rural China" and Skinner (ed.), *The City in Late Imperial China*, pp. 253 – 351。

乞丐是怎样把他们那件百衲衣穿在身上的？他们的蜗居怎么可能是人居住的？他们怎么可能靠那些粗劣而稀少的食物活着?! 19 世纪中叶一位英国人在观察了中国街头流浪汉的生活后评论道："和中国的乞丐相比，英国的乞丐穿着豪华，生活奢侈，简直是王室成员。"①此语并非夸张。对中国的乞丐（尤其是儿童）来说，苦难常常是无边无际，苦难的结束也往往是生命的结束。20 世纪上半期中国一些大城市中最悲惨的街景就是在隆冬的早晨，警察或慈善机构在路上收尸。② 这些隔夜在饥寒交迫中倒毙街头的人们中，有不少是乞丐。

图 1-3 祖孙乞讨图

对近代来华的西方人士而言，清末中国人的极度贫困一方面令人震惊，另一方面也成了一种异国景观。中国乞丐是当时通商口岸邮局常用的明信片题材，由在华西人寄往欧美各国以为猎奇。这张"祖孙乞讨图"只是其中一例。

来源：方霖、北宁收藏清代明信片。

① Macgowan, *Men and Manners of Modern China*, p. 291.
② 美国《生活》杂志社摄影记者 1949 年在上海拍摄的一些街头收尸的照片最近已发表，见 Jack Birns, *Assignment Shanghai*, pp. 38-39。美国摄影师施塔福（Francis Stafford, 1884-1938）在辛亥革命年间拍摄的许多照片中，乞丐的惨象也处处可见，见 Hanchao Lu, *The Birth of A Republic: Francis Stafford's Photographs of China's 1911 Revolution and Beyond*, pp. 30-35。

　　但是，下层社会极端的贫困并没有阻止它和主流社会在文化上的相互流通。虽然在一般民众心目中，乞讨绝对是件可耻的事，乞丐与其他社会阶层之间在经济上也存有鸿沟，乞丐这个下层团体和主流社会之间的互动却是自发的、反复出现的，而且往往生动活泼。中国文化圣殿中的一些主要人物，包括神仙、皇帝、将军、英雄以及可以称作文化偶像和文化名人的人物，不仅属于"正常"的和"体面"的社会，也理所当然地是乞丐次文化的一个显要部分。通过丰富的想象力和一种自我创造的信仰，这些神仙皇帝被请进乞丐窝里去当乞丐们的"守护神"和"祖师爷"，威风凛凛地俯望着乞丐帮会的祭典仪式。在某种程度上，中国乞丐有一种顽固而向上的自信力，用他们自己的方式信奉着"人人生而平等"的教条，将贫困视作漫漫人生长途中的一种暂时的落魄。①

　　而且，中国文化中几乎没有基督教的原罪概念，而乞讨常被用来作为对日常生活中无意积集起来的过失的一种赎罪。自我放逐式的乞讨，或者象征性地在邻近街坊村落讨吃"百家饭"，被用来作驱除邪魔或逃脱厄运的"洗礼"，有富家男妇，放下身段，着百衲衣行乞而乐为之者。再有，乞丐到了老年，因为他们能够承受多年来的种种困苦而生存下来，便被人们当做生而具有坚韧的生命力，或拥有某种不可思议的抵御厄运的能力，而这种能力又似乎可以转换成一种神力来保护他人，尤其是未成年人。于是各地就有了"认丐作父"的习俗，即让自己年幼的子女拜街头多年的老乞丐为干爹（偶然也有拜干妈的），常年供奉如仪，间可登堂入室，如祝寿庆生之类，据称这样儿童就能平安长大。换言之，这是一个悖论：社会上最弱势的群体有时候会变成最安全、最不会受到伤害的一族；世界

---

① 　历史学家 Gertrude Himmelfard 认为由于工业革命带来的社会和政治变革，近代欧洲对贫穷的诠释角度也经历了变化，即对贫穷从道德哲学上的解释过渡到了政治经济上的理解，见 Himmelfard, *The Idea of Poverty*, 尤其是该书第一部分。关于中国历史上有关贫穷概念的讨论，可参见梁其姿《"贫穷"与"穷人"概念在中国俗世社会中的历史演变》。

上最需要别人帮助的人群，摇身一变，在想象和一厢情愿之间成了保护他人生命的半个神灵。

图 1-4 铁拐李和乞丐遇仙

八仙之一的铁拐李化身乞丐试探人心的故事是中国民间流传最广、版本最多的传奇之一。

来源：《点石斋画报》，1890。

类似的和乞丐有关、有点讽刺意味的悖论还不止于此。乞讨者是无望之极的一群，靠路人的施舍才能勉强生存。然而经常在含含糊糊、有意无意之间，他们又似乎变成了有能力与鬼神沟通，可以充当最伟大的神仙的使者，下临凡界，试探人心，显示神迹。中国的民间故事中充斥着有关神仙下凡的各种版本的寓言神话，而化身为乞丐的八仙则是人们最津津乐道的。此外，在一年一度的新年喜庆活动中，乞丐在无可无不可之间，充当财神的使者，被人们开门雅纳；一年中的婚丧喜庆，乞丐又被雇来冲喜驱邪，换上道服，聊充场面。如此等等，已成定例。在这里，超凡的和低俗的，极有权势的和毫无地位的，似正亦反，合而为一，或可称为日常生活中的辩证逻辑，虽然它是以一种迷信的形式表现出来的。[①]

更重要的是，乞丐与主流社会的这种交流从一个侧面反映中国文化生动活泼的一面和超越社会阶层的特点，后者除宗教外在世界主要文化中极为少见。美国人类学家奥斯卡·刘易斯（Oscar Lewis，1914－1970）曾用"贫穷的文化"（culture of poverty）作为一种模式来描写和解释拉丁美洲的贫民窟，其意指生活在贫民区的人们生活困苦，环境恶劣，很少或没有受教育的机会，因此他们往往愚昧无知，极易染上各种恶习，无法找到较好的工作，只能在贫民窟求生。他们的子女生活在这样的家庭和环境，也复如此，形成恶性循环，无法打破这"贫穷的文化"，跳出下层社会的圈子，结果一代一代的贫民窟居民陷入贫穷的循环（cycle of poverty）而不能自拔。[②]

我们可以借用这个词语而赋予不同的概念，说中国有一种"关于贫穷的文化"（culture on poverty）。这种"关于贫穷的文化"并存于主流社会和下层社会中，用一种积极的态度去解释贫困。如果说奥斯卡·刘易斯所称"贫穷的文化"倾向于认为穷人的不幸是由于一种自我戕害的陷阱般的环境造成的，并因此对穷人不无责备之意，中国人"关于贫穷的文化"（至少是乞丐的这部分）则对不幸本身怀有希望——无论这种希望是多么的渺茫，真正的脱贫致富又是多么的难得。

而且，中国人这种"关于贫穷的文化"对贫困更有一种哲理上的解释，认为人生的坎坷也自有其"苦其心智，劳其筋骨"，最后得"天将降大任于斯人"的价值。中国文化中向来有"吃得苦中苦，方为人上人"的思想，所谓"艰难困苦，玉汝于成"、"宝剑锋从磨砺出，梅花香自苦寒来"，等等，无一不反映了一种对人生之"苦"的积极解释。[③] 佛教东传后，这种思想又与宗教教义相结合而越趋普

---

① 本书第六章将详细讨论有关乞丐的悖论。
② 有关"贫穷的文化"的理论，见 La Vida and Lewis, *A Study of Slum Culture*。
③ 西谚中也有诸如 "no pain no gain"（没有痛苦就没有收获）之类的话，但一般不用于解释社会贫困和分层。

遍。如果佛学中的人生只是个苦旅，受苦受难的最终解脱是涅槃，那么中国俗世社会对它的一个理解就是多苦多难会积累起好的羯磨而有现世的补偿回报，最终是"苦尽甘来"。在这样一种大文化背景下，乞丐的困顿和由此演绎出来的种种习俗和花样就很自然地被主流社会所理解并"笑纳"了。

国家与社会

探讨政府对乞丐的政策必然会以一种不太寻常的角度涉及国家与社会的性质问题。从公元前 2 世纪汉武帝"罢黜百家，独尊儒术"起，直到近代，中国政府是以儒家之道治国著称。儒家的一个基本特点就是强调统治者以德治国以及鼓励文化精英们身体力行，积极从事政治。然而成为治国主流的儒术，已非单纯的诸子百家时代的孔子思想，而是以儒学为主，吸纳和融会贯通了不少其他哲理。故中国的当政者们又常常相当地有道家之风。道家主张人类社会有其自然的发展规律；政府，乃至人类，无须庸人自扰地枉自干涉。老子说："我无为，而民自化；我好静，而民自正；我无事，而民自富；我无欲，而民自朴。"直至 20 世纪初，中国政府的管理从未有效地伸入到县以下的基层社会；而中国到 19 世纪时，县的平均人口已达到 25 万。这样人口众多的一个县，只是由一个中央政府指派的县官管理。即使他可以雇个县丞、主簿、训导之类的辅助者，也难以全面执掌县政。其结果就像历史学家萧公权（1897 ~ 1981）指出的那样，"县官的职责繁多而又定义不明，而且政府的资源又极其有限。于是县官不胜重荷，即使他有意或者有能力励精图治，也往往一事无成"。① 以研究清代地方政府闻名的历史学家瞿同祖（1910 ~ 2008）指出，中央政府通过地方政府收税，

---

① Hsiao, *Rural China*, p. 5. 根据 1819 年的官方数据，中国当时有大约 1500 个州或县，平均每县人口约 25 万人。

却并不让地方上分一杯羹，使得县衙门只得巧立名目，长期以来靠各种陋规开销。①

更重要的是，政府的经费不足除了有经济上的原因外，还有哲学上的原因。如前所述，中国自西汉武帝时推行"罢黜百家，独尊儒术"时起，儒家作为官方哲学，两千年来独统天下。但在政府实际运作中，儒、道、法三家鼎立，各自扮演了一定的角色。就地方政府而言，县以下除了税收外基本上是放任自流。有一本1919年用英语出版的《中国年鉴》曾用下面的文字概括这种形势：

> 直到最近为止，中国政府在地方上一直是奉行无为而治的政策，即老子所说的"治大国者如烹小鲜"。这种情况不仅存在于乡村，城市亦然。各行各业的人们有各种各样的行会来管理他们自己的事务，不受政府的控制和干涉。②

虽然这只是大而言之，其细节还需有更详细的考证，西方学术界近年来对此也已做了不少研究，但总的来说，这段关于中国国家和社会关系的概括基本正确。西方学术界自1990年代起对传统中国的公共领域（public sphere）和公民社会（civil society）情况历时十余年的热烈讨论也是基于对中国基层社会的自治机制和应变能力的巨大兴趣。③

中国的乞丐社会似乎是道家政治学说的一个很好的印证。多少年来乞丐们都是在社会和政府救济少得可怜，甚至完全没有官府援助的情况下苦苦挣扎，却显示出极大的弹性。乞丐们用别出心裁的技巧和方式，渐渐地把乞讨变成一种职业并且形成了职业行会。这种自发而自治的组织在没有或几乎没有政府帮助的情况下，自我生

---

① Ch'u, T'ung – Tsu, *Local Government in China Under the Ch'ing*, pp. 194 – 195.

② Lobenstine and Warnshuis（eds.），*The China Mission Year Book 1919*，p. 38.

③ 参见 *Modern China* 有关这个问题的专题讨论：Symposium："Public Sphere" / "Civil Society" in China？Paradigmatic Issues in Chinese Studies，III，载该杂志 vol. 19，no. 2，April，1993，pp. 107 – 240。

存，自我调节，在制度上为无数的流浪者提供了一个生存的机会。

由于长期以来国家对于巨大的贫困问题缺乏对策，社会上最不幸的人们只能向全社会呼吁以求生存。这种诉求可称是最简单明了的，它是人类最原始、最直截了当，也是最神圣的要求：要活着。中国古代有一则不吃嗟来之食的故事，说的是春秋时一个齐国人宁愿饿死也不接受带有侮辱性的施舍。[①] 但是，大多数人只能赞赏这种清高却无法模仿它。当生死之际，绝大部分人还是以求生为第一。中国的政治哲学家管仲（约公元前 725～前 645）有言："仓廪实而知礼节，衣食足而知荣辱。"多少年来，此语被反复引用，因为它是对人性的一个实在的观察和总结。不幸的是，近代中国，仓廪常空，衣食常缺。对赤贫者来说，他们唯一能出售的东西便是人的尊严。一旦跨过了这一步，孤苦无助的街头流浪者们就可以变得相当可怕。

历史学家孔飞力（Philip A. Kuhn）认为，中国的乞丐能够坚持以他们的方式讨饭，是因为"他们有使公众害怕他们的力量"。孔飞力特别指出清代的乞丐运用"污染"（contamination）和"破坏礼仪"（ritual sabotage）这两大武器来行使"乞丐社会恐怖主义"（social terrorism of beggars）。[②] 大卫·夏克把近代以前五花八门的乞讨方法分成三大类。第一类是积极的呼吁请求，把自己的可怜，特别是身体上的残疾，推向极致，并尽最大的可能展现在公众之前。第二类是有偿服务，诸如在婚丧节庆时提供一些帮助以求得一些施舍。第三类是消极的呼吁请求，有意地在可能的施主前制造种种状况，使人们因为讨厌或害怕而施舍。其实这三类乞讨方法都可以放入乞丐的恐怖主义的模式中。第三类当然是最明显的，第一类的乞讨把一种悲惨的景象呈现在人们面前，事实上是孔飞力所称的"污染"；在第二类的乞讨方法中，乞丐出现在婚丧节庆的场合本身就是一种"破坏礼仪"，如果事主拒绝乞丐的帮助，结果一定是上演一场叫花

---

① 见《礼记·檀弓下》。

② Kuhn, *Soulstealers*, p. 115.

子大闹某府的活报剧，那便是"社会恐怖主义"了。

很明显，乞丐的帮会导致并加强了这种社会恐怖主义。但是这种乞丐的恐怖主义在一定程度上是这些穷人被迫而为之的，是一种弱势群体的强势诉求。在很难指望国家帮助的情况下，乞丐们只能自我组织起来，以便在乞丐内部取得某种程度的公正和安定，同时增加他们对外乞讨的机会和应付外部世界的能力。从这个意义上讲，乞丐的帮会与中国城市里的其他社会组织，诸如商会、同乡会、同业公会等，并无不同。其目的都是为了在本行或本领域内取得一定程度的自治自立，用以为该团体成员谋利益（对乞丐来说，是谋生存），并增强在城市生活中的竞争能力。

乞丐的行会（或者用一个常用的、有明显贬义的词——丐帮）既是自发的又往往得到官方的认可。在很大程度上，乞丐组织所起的作用与官方想要控制流民的意图或目标不谋而合，但它却基本上无须政府花费，或花费不多。所以有清一代，地方当局或明或暗为丐帮组织撑腰或背书，是符合清政府利益的。这也是清政府努力渗入地方社会的一个方面。学者梁其姿曾详细研究过清代中叶地方上慈善机构的"官僚化"过程，指出雍正朝以后，清廷对地方上善堂、育婴普济堂之类的慈善机构已有相当的重视和介入，原则上是要各地把善堂等办成官督民办的机构。乾隆以降，民间善堂主持人的社会地位或有所变化，但官府的影响依然明显。[①] 有清一代官方对丐帮的默许乃至公开和半公开的支持，在社会层次上更低了，但是仍与梁其姿所述清政府的这一政策原则上一脉相承。

丐帮的效力在各地不尽相同，但对其成员都有一种可称是"控制"（control）和"关心"（concern）并用的双元法。丐帮把其属下的乞丐限制在它所控制的地盘内，用帮规帮法来管理他们，同时用集体和组织的力量来保护他们的利益。到了19世纪，这样的乞丐行会已遍布中国，比任何官方直接领导的计划和项目都更行之有效。

---

① 梁其姿：《施善与教化：明清的慈善组织》，特别是第3、4章。

无怪乎丐帮能历经清朝和民国时期的种种社会变动、战争及革命而
生存到 1950 年代初期。

中断了还是延续着

 有关乞丐组织的延续性问题的探讨显然离不开清末的新政和民
国初期的都市改革问题。在辛亥革命前后，中国的许多城市进行了
一些改革，意在建立现代化的市政制度。乞丐是这些改革的主要目
标之一。至少在理论上，乞讨和流浪不再像以前那样"合法"或
"正当"了。乞丐成了警察逮捕和"清理"的对象。近年来学术界
对 20 世纪初期社会上有关乞丐观念的改变和新的市政管理对乞讨问
题的对策有不少探讨。下面就与本书讨论的题目相关的一些研究略
举数例。

 司昆仑（Kristin Stapleton）关于内地城市成都的研究提供了清末
地方上的革新派人物领导的市政改革如何改变了该城的市容街景，
这是至今为止这方面最深入的一项研究。20 世纪初成都市政府的救
贫扶贫计划一度如此有效，以致全城大约两万的乞丐销声匿迹了。
政府的救丐项目包括为健康的成人建立数家工场，为年幼者建立一
家孤儿院，为年老孤寡者建立一所疗养院，为伤残工人建立一家医
院等。[1] 王笛对晚清和民国时期成都街头文化的研究则将该市乞丐的
图景更细致生动地表现出来了。[2] 李慈（Zwia Lipkin）也有一项关于
南京乞丐问题的详细研究。国民政府在 1928 年定都南京后，出于在
南京建立一个现代城市以显示新政权的良好形象的需要，曾大张旗
鼓地试图解决乞丐问题。[3] 关文斌（Kwan Man Bun）对北方城市天
津的研究指出，在 20 世纪上半期，该市以现代化自命的各种运动针

---

[1] 见 Stapleton, *Civilizing Chengdu*, pp. 126 – 129, 150。

[2] Wang, *Street Culture in Chengdu*, pp. 144 – 147.

[3] Lipkin, "Modern Dilemmas".

对乞丐问题断断续续进行了几十年的奋斗。① 从成都到天津到南京，所有这些市政改革项目都是当时中国民族自救和现代化运动的一部分。把乞讨和流浪视为需要取缔的非法行为基本上是近代西方工业社会形成后的一种概念，是近现代城市市政管理理念的一部分，而在乞丐问题上的这种观念和举措上的改变一般被视为中国社会走向进步的一种标志或证据。

但我们不能过分强调这种改革的效果和作用。有一点必须注意，20 世纪前乞丐也许算是"合法的"或者说是被容忍的，但是至少从宋代以来，游民乞丐一直被视作对社会安定的一种威胁，并且是政府管理和控制的对象。国家企图将乞丐限制在城市的某处，与西方法治国家拘留流浪汉和推行限制流浪的法规（vagrancy law）不无相似之处。例如，清政府曾有将乞丐纳入保甲制度的详细计划。政府的养济院或类似的得到地方政府许可的机构，其控制的目的往往大于施善的目的。早在近代城市改革以前，一些地方的游民乞丐就常被勒令到县养济院报到并在那里居住，违者被视作"莠民"，严加惩处。

此外，中西在有关乞丐的公众观念和政府政策方面的差别也许并不如我们以前认为的那样巨大。那种认为乞讨在中国是合法的，在西方国家是违法的说法是过于简单化了。其实在近代欧美各国都有过将乞讨合法化的制度。17 世纪的英国就有乞丐持地方政府发放的执照行乞。该项制度的依据是这些持照者确实是贫困无依，他们是"受之无愧"的穷人。从法律上讲，持行乞执照的乞丐就不是无业游民了。但在实际操作时，有关当局其实不可能将真正的穷人和欺诈性的乞丐区分开来；无论是当局或公众都知道，街上许多行乞者是无照的，其结果是乞讨是否合法这一问题成了一个模棱两可的灰色地带。②

---

① Bun，"Beggar Gangs in Modern Tianjin"
② Beier，*Masterless Men*，pp. 109 – 119.

就有关乞丐的概念、实践和政府当局面临的尴尬情况而言，18世纪的法国与英国几乎完全相同。法国政府和有识人士多次讨论如何应付乞丐问题，认为为了帮助真正穷苦的乞丐，颁发"某种形式的执照或许是唯一可行的办法"。政府还在 1764 年和 1767 年通过了有关法律，但执行起来却困难重重。一方面是投鼠忌器，严格实行流浪法恐怕会不公正地伤害到确实需要帮助的穷人；另一方面，发放乞讨执照又没有办法区别有犯罪倾向的流浪汉和真正的穷乞丐。结果，法国有关乞丐问题的立法似乎只是为了制造一种"法律精神"（spirit of the laws）而并不是去真正实施它。①

在美国，虽然从殖民地时代起就有流浪法（vagrancy laws），但其覆盖范围广而界限不明，诸如街头闲逛、酗酒、卖淫等行为都可绳之以此法。内战后南部诸州又有各种管辖解放了的黑奴的法律（The Black Codes），其中包括禁止无业游逛，但因各种原因这些法律并不能真正有效地施行。直至 1960、1970 年代，美国对如何处理流浪犯法（vagrancy violation）仍有诸多争议，因为它的掌握尺度很含糊，而且显然有悖于美国宪法第十四修正案所赋予的公民权利。

另一方面，乞讨在 20 世纪前的中国也从来不是绝对合法的。中国政府常常试图用立法的手段来控制游民乞丐，虽然收效甚微。像西方一样，乞丐在中国也被视作政府无能的一个象征。两千多年前《管子》所云"路有行乞者，则相之罪也"被经常引用，也不断地被证明是正确的。② 在某种意义上近代有关乞丐的都市改革，在观念上与管子的思想一脉相承，只是如今这种改革有了一个新的刺激或动力，即中国城市街头乞丐充斥的现象被西方人士引为中国落后和政府无能的一个证明。但是，视乞丐现象的存在为施政失败这一思路则古今相同。

近代尤其是 20 世纪初期的都市改革在中国一些城市中虽然取得

---

① Adams, *Bureaucrats and Beggars*, pp. 42, 47, 137.
② 《管子·轻重乙篇》，见《古今图书集成》第 488 册，第 18 页。

了一些进步，但成效有限。都市改革往往虎头蛇尾，不了了之，其中有关乞丐问题的改革又可称是各种都市改革中最不成功的。中国当时是一个危机重重的国家，为战争、异国入侵、革命、饥荒和自然灾害所困（举例来说，从 1911 年到 1937 年间仅在长江流域就有 77 次有记录的大型水灾）。① 虽有各种公私的慈善机构和工场来救济贫民，但是一如中国历史上的这类机构，它们远不足以解决全国各地巨大的贫困问题。而政府救济乞丐的措施又是特别地行之无效，由于外侵内战等种种原因，在一些方面民国时期政府的救丐项目和效力还不如清代。其结果是乞丐和与乞讨相关的文化延续不断。②

以成都为例，都市改革在 20 世纪最初的十年成效显著，赢得了不少赞誉。当时一些目睹成都改革的西方人士称成都是中国"最干净大约也是最进步和文明的本土化的城市"。意即除了有租界的通商口岸（例如上海这样的城市）外，成都是中国首屈一指的城市。官方对街头乞丐的措施特别赢得了外人高度的赞扬，称之为"辉煌的胜利"，"彻底的成功"，甚至是一场"革命"。③ 然而我们在本书后面就会看到，成都在此后的几十年里还是一座满街乞丐的城市，全国最活跃的丐帮之一也在该城活动。

中国其他各地也基本如此。以全国最大的城市上海为例，二三十年代上海只有两家为游民所设的救济所，共可容纳 700 人，而上海当时有 2.5 万左右的乞丐。④ 一名外籍上海警察在 1936 年写道："对公共租界（上海的中心地带）当局来说，对付乞丐的方法不过是强迫性地把他们赶到华界而已。"⑤ 这种办法被批评为"灌水到人

---

① 邓云特：《中国救荒史》，第 40 页。

② 有关中国各城市的改革，见 Esherick（ed.），*Remaking the Chinese City*，特别是第一章 "Modernity and Nation in the Chinese City"（by Joseph Esherick）和第十三章 "New Chinese Cities"（by David Strand）有关存在于都市改革的成功及失败后面的新旧之争和现代性与认同感之关系。

③ Kemp，*The Face of China*，p. 161 and Ross，*The Changing Chinese*，p. 303；Stapleton，*Civilizing Chengdu*，p. 126.

④ 陈泠僧：《上海的游民问题》，第 10 页；《上海乞丐问题的探讨》，第 19 页。

⑤ Peters，*Shanghai Policeman*，p. 244.

家的田里"。此法虽然"自私",其实也并不十分有效。实际情况是,警察抓了街头讨饭的,推上警车,开出租界闹市区,整车的乞丐如垃圾般地被倾倒在南市、闸北、杨浦等华界的路段上,但不出几分钟,警车一走,乞丐们又慢慢地往租界方向移动。一两个小时内,他们重又出现在租界最热闹的街道上。市政当局的"清街"结果成了警察和乞丐的马拉松比赛,并变成了典型的上海马路一景。乞丐问题则远未能解决。[①]

这样,由于官方的政策和措施往往是临时的和不到位的,在大部分时间里政府对乞丐而言是天高皇帝远,而真正起点实际作用的倒是得到官方默许的,生命力颇为顽强的丐帮组织。就像历史学家包德威(David Buck)指出的那样,"有一个由头目带领的乞丐队伍是中国城市的普遍特点"。[②] 在清代和民国时期,一般的情况还是如此。只有在大城市里清理游民的运动大张旗鼓地进行时,乞丐才成为逮捕收容的目标。但这只是偶一为之,大部分情况下乞丐游民是捕不胜捕。

丐帮势力最明显的例子是所谓的乞丐税,即乞丐头目向本地的商店,有时也包括一部分户家,收取保护费,以此免去该商店住户受乞丐的骚扰。丐帮对此颇守信用,而且此法常得地方当局半明半暗的许可。这种习俗历经各种都市改革,到1940年代末依然在延续着。直到共产党革命后,政府的严格控制和国家权力史无前例地深入社会基层,才使得大量的乞丐群落和他们的组织在中国城市基本消失。综此原因,本书不将清末民初的都市改革视作乞丐社会史上一个划时代的事件。在对这些改革的作用保持关注的同时,本书将19世纪晚期和20世纪初期基本上作为一个历史时期处理。

---

① 蒋思壹、吴元淑:《上海七百个乞丐的社会调查》,第237页。同年(1936)的另一项调查发现上海有大约60所慈善机构,但用调查者的话来说,"惭愧的是,其中除了一两所外,这些慈善机构都不接纳乞丐"。见 Liu,"Women's Fight Against Beggary"。

② Buck, *Urban Change in China*, p. 37.

最后，乞丐和贫穷总是连在一起的，或者是完全等同的。本书研究的主要内容是乞丐们在困境中为求生存而进行的各种形式的挣扎，其中有抵制和抗议，有欺诈和骗局，有权谋和政治。隐藏于乞丐制度后面的文化，有时丰富多彩，有时斑驳离奇，有时则出乎想象。必须强调的是，这些被我们细细考察的是一群非常不幸的、时时刻刻生活在极端贫困中的人们。由于乞丐毋庸置疑的低下的社会地位和边缘化的处境，任何对乞丐的研究，哪怕研究者对乞丐心存同情，都很难避免上层或主流社会的偏见。乞丐们很少与外界交流，很少谈论他们自己的真正的生活，更不要说用笔记录下来自己的情况了。有鉴于此，本书尽量运用社会调查、实地采访等一手资料，而且只要可能，就让乞丐自己讲话。然而尽管如此，本书的大部分资料仍是不可避免地来自那些生活在乞丐群体以外的人们的记录。因此，当我们在书中看到乞丐生活中鲜为人知却又生动活泼的一面时，我们必须不要被误导，以为流浪乞讨自有其乐趣，或者许多乞丐也未必真穷。中国民间的一句俗语，"除死无大难，讨饭再不穷"，自有其朴素之真理。我们必须记得这样一个事实，除了极少数的个例以外，这群人无可置疑的身份——乞丐——已把他们的贫困表露无遗。对起码的生存也难保障的人们，给予同情和援助，应是人类的一个基本价值。

第二章　在江湖上

中国乞丐有一种特有的矛盾性。作为一个群体，这种矛盾性使他们不单单是一群在街头乞讨的流浪者，或如当代西方社会中的无家可归者。乞丐是靠乞讨为生的穷人，然而在乞求施舍的同时他们也往往提供一些服务；乞丐一般被认为是无家可归者，然而他们中的大部分还保持着一些家庭关系，许多乞丐有一个可称为家的地方为其归宿；作为一个群体他们绝大部分来自农村，然而乞丐作为一种职业却主要是一种都市现象；乞丐生活在下层社会，是被边缘化的社会群体，然而他们对主流社会和上层文化也有明显的影响；如此等等。这些矛盾的根源复杂，但是大都可以追溯到中国社会中似乎不可捉摸但又实实在在存在的所谓江湖世界。用现代学术术语来说，就是次文化。

次文化的含义

中文中的"次文化"或"亚文化"一词，与英语中的 subculture 同，可以用来表达一种既从属于一个大文化，又有自己独立个性的小文化。如果这个大文化可称母文化，则次文化或亚文化也可称为子文化。但是这个子文化却不是个"孝子"，反而处处以标新立异、挑战母文化中的主流意识为荣。这是二战后西方社会的一种常见的现象。社会上常有一群人在音乐、服饰、言语和行为举止上故意形成一种与众不同的风格或习性（mannerism），以异为荣，用美国社会学家戴维·雷斯曼（David Riesman，1909 - 2002）的话说，次文化对主流文化有一种"颠覆性的价值"（subversive values）。①

本书讨论的乞丐次文化，却更接近于英语世界中 subaltern culture 这样一个概念。Subaltern 一词原指英国军队中的低级军官，也用来泛指低等的、较次的事物。它本身不是个常用的词。20 世纪七八十年代后兴起的后殖民主义（post - colonialism）和后现代主义（post - modernism）的研究中，subaltern culture 一词从研究南亚殖民地文化开始，渐渐被一些学者用来泛指被主流文化排斥或边缘化的次文化，从而有 subaltern studies（次文化研究）这一领域。与上述刻意标新立异、挑战母文化的次文化不同，这里的 subaltern 是指那些长期因阶级、种族、性别、性取向、宗教等原因被主流社会忽视，甚至被侮辱和被损害的弱势群体，包括妇女、少数民族、同性恋者和各类社会下层人物，而次文化研究关心的正是这些群体。

虽然在中文中"次文化"和"亚文化"两词通常可以互相换用，其概念还是有所差别的，而这种差别正好用来区分 subculture 和 subaltern culture。由于中文中的"亚"字语义比较中性，而"次"字则有明显的贬义，可以说"亚文化"与英语中的 subculture 通，而"次文化"则更等同于 subaltern culture。西方研究次文化的学者常常有意挑战主流社会中将弱势群体视作"次等"的心态，所以研究者用"次文化"一词来形容这个群体本身就有点虚伪（hypocritical）了。不过这些被研究的群体处于社会下层或者是被主流社会歧视则是不争的事实，所以用"次文化"一词来概括其文化自有其合理之处。本书研究的对象——乞丐——是为中外任何一种社会公认之"次"等阶层，故用"次文化"来形容更是名副其实。这里用"次"字比用"亚"字更能突出这样一个事实，即乞丐文化不是一种主动

---

① David Riesman，"Listening to Popular Music"．

挑战主流社会的 subculture，而是因经济地位的缘故别无选择地坠落下层的 subaltern culture。[①]

然而，正如笔者在导言中所陈述的，本书的一个主要观点就是乞丐文化虽然"次"，却与主流社会甚至精英文化有生动活泼的交流，而主流社会也常常不因乞丐之"次"，而拒其文化于千里之外。相反的，中国文化有巨大的包容性，这种包容性的特征之一就是容忍乃至同情乞丐文化，而这种容忍和同情在很大程度上来自中国文化中颇为独特的"江湖"世界这一概念。

江湖的范畴

中文中的"江湖"一词可作一种通俗性的譬喻，意指一个非正统甚或异端的，颇具冒险性的，同时也有些神秘的世界。司马迁的《史记》记述春秋时代（公元前 770~前 476 年）末期的范蠡在帮助越国（今浙江绍兴一带）打败了吴国（今江苏苏州一带）后，"乃乘扁舟浮于江湖"，退出政治。[②] 由于《史记》不但是伟大的史学著作，也是辉煌的文学作品，许多《史记》语言进入中国语文成为习语，为社会大众所广泛知晓，"江湖"一词亦其一例。范蠡引退江湖的结果是他在商业上的大成功，成为当时中国的巨富。他在"乘扁舟浮于江湖"后用的名字"陶朱公"后来成为人们形容"富翁"或"财富"的代名词。

中国历史上政治人物退隐江湖往往不是退休，而是一种暂时的策略，意味着有朝一日会"重出江湖"，卷土再来，颇似二次大战中麦克阿瑟将军（General Douglas MacArthur, 1880－1964）从菲律宾

---

① 一般认为意大利哲学家格兰姆斯奇（Antonio Gramsci, 1881－1937）最早在其著作中将 subaltern 一词引入社会阶级或阶层分析。近年来 subaltern studies 已成学界的一个潮流，可参见 Renate Holub, *Antonio Gramsci: Beyond Marxism and Postmodernism*（Routledge, 1992）；Vinayak Chaturvedi, ed., *Mapping Subaltern Studies and the Postcolonial*（Verso 2000）；和 David Ludden, ed., *Reading Subaltern Studies: Critical History, Contested Meaning and the Globalization of South India*。

② 《二十四史》第 1 册，第 824 页。

撤退时那句著名的誓言："我将回来"（I shall return）；只是不明言而已。我们或许还可以进一步说，传统中国是一个大陆民族，疆域辽阔而以土为本，人们将"水"（江和湖自然属于水的范围）视作与熟悉的土地相对的另一种世界。孔子曾经说："道不行，乘桴浮于海"，也隐喻去到另外一个世界，与范蠡的"乘扁舟浮于江湖"有异曲同工之妙。① 无论这是一种比喻还是一种实际描述，它们都是将水的世界作为一种相对于现实世界而言的选择或者替换。②

到了帝国晚期，"江湖"一词的意义已经大大超出原来的引退的意思，而是泛指与主流社会分道而行，过一种非正统的生活，远离家园四处冒险，或者组成一种我们可称之为"次文化"的东西。从这个意义上延伸，"江湖"又可以用作一个大的范畴来包括各种流浪型的人物，包括流浪艺人、走街郎中、各类骗子、无业游民、武士侠客，等等。"江湖"一词在大多数情况下含有贬义。这也是毫不奇怪的，因为绝大多数的人生活在"江湖"之外的常规社会里。然而"江湖"一词有时也具有积极的意义，其隐义有开放、直率、勇敢、侠义等。中国民间曾有这样的富有想象力的说法：江湖上的人以"江"为目，所以他们见多识广；江湖上的人以"湖"为口，所以他们口齿伶俐。只有见多识广、口齿伶俐者才能在风险丛生和前程未卜的江湖世界上闯荡。③

在江湖世界上闯荡的是所谓的三教九流。"三教九流"的说法与"江湖"一词往往成对。三教，是指中国文化的三大支柱儒、道、释，九流原指信奉诸子百家的人物（儒家、道家、阴阳家、法家、名家、墨家、纵横家、杂家、农家）。这种分别应起于春秋战国时

---

① Legge, *The Four Books*, p. 50.
② 中国语文中的海洋的"洋"可用于泛指外国，土地的"土"可泛指本国，也是这种思路的又一明显例子。
③ 陈雨门：《解放前开封》，第 163 页。

期，至汉代已成习语。① 历代"三教九流"一词往往泛指五花八门的职业或人物，并带有明显的贬义。

从"九流"一词中又分化出"上九流"和"下九流"，有些地方还有"中九流"之说。乞丐当然入不了上九流，但也并非一定属于下九流。关于"下九流"各地有不同的说法，如广东的下九流是优、娼、皂、卒、剃、酒、使、仵、娣；② 河南的"下九流"包括娼妓、牵头、吹唢呐的、跟包的、递水烟袋的、骗子、诱子、扒手和乞丐。③ 据 1930 年 5 月毛泽东在江西寻乌做社会调查时所得，当地的下九流是对上九流而言。上九流是：一流举子，二流医，三流问卜四堪舆，五流丹青六流匠，七僧八道，九琴棋；下九流则是：一削（削脚趾），二拍（拍背），三吹（吹鼓手），四打（打烟铳），五采茶（男女合唱采茶戏），六唱戏，七差人，八剃头，九娼妓。④ 从各地的情况看，乞丐似乎不必"入流"，但属于"江湖"的范畴则无疑。

乞丐的定义

从根本的意义上讲，中国乞丐的定义与世界上其他国家或民族并无重大差别：一个以乞讨为生的人即是乞丐。几乎所有的乞丐都是无法（或者在某种情况下不愿意）自力更生、依赖他人捐助而生活的穷人。在公众的心目中，一些提供别人某种不请自来的服务以换取施舍的流浪者也属乞丐一流。后者的范围相当广泛，远远超过一般视乞丐为有求无报的纯粹乞讨者。此外，街头卖艺者、穿街走巷的算命先生（尤其是盲人）、江湖郎中、更夫等也不时地被视作乞丐一流。

---

① 参见《汉书·艺文志》。
② 黄君武：《八和会馆馆史》，第 219 页。
③ 陈雨门：《解放前开封》，第 169 页。
④ Mao Zedong, *Report from Xunwu*, pp. 104 – 105.

图 2-1 清同治年间北京城守门的更夫

这位被称为老王的更夫是同治年间北京守门的旗人。此照为著名摄影师汤姆逊（John Thomson, 1837-1921）摄于约 1868 年。

来源：美国纽约市立图书馆（City Library of New York）。

中文中至少有四个常用词是可以翻译作"beggar"的，即乞丐、讨饭、叫化子和瘪三。"乞丐"是比较正式的叫法，也常略作"丐"。"讨饭"则是非常口语化的说法。这种通俗叫法早已为外国人所知。中国国际救荒委员会的书记瓦特·马洛理早在 1920 年代初就注意到："乞丐在中国口语中被叫作'要饭的'；他们都自备一个小桶或碗来装有钱人家的剩羹冷饭。"① 一般而言，中文的这四个表达方法前两者语意自明，后两者则需要略作解释。

叫化子，或简略为"化子"，语出佛教概念中的"教化"一词。化缘和尚们称他们的沿途求缘为"施教与感化"，道士们有时也入此

---

① Mallory, *China: Land of Famine*, p. 1.

一流。虽然他们在化缘期间形同乞丐，但一般民众因其宗教背景和使命而并不把他们看做乞丐。不过至迟至 17 世纪初，"教化"一词中的"教"字已被同音字"叫"所替代，人们渐渐用"叫化子"一词称呼乞丐。至近代这种称呼已非常普通，也有将"叫化子"写作"叫花子"（略作"花子"）的。

图 2-2　游方的僧道

　　游方的道士（左，约摄于 1902 年，江苏）和和尚（右，摄于 1923 年，云南西北）虽然并非一般意义上的乞丐，他们的四处化缘却成了"叫花"或"叫化"（教化）一词的来源。

　　来源：左图，William Edgar Geil, *A Yankee on the Yangtze*, 1904；右图，Michael Aris, *Lamas, Princes, and Brigands: Joseph Rock's Photographs of the Tibetan Borderlands of China*。

　　"瘪三"一词的历史则短得多，仅从 20 世纪初开始流行于上海和江南一带，此后成为一个南北各地广为知晓的名词。关于瘪三一词的起源有几种颇有趣味的说法。其一说它起源于洋泾浜英语（pidgin English），旧上海的买办们曾以英语为本，生造了"瘪的生丝"（empty cents）一语，意为"身无分文"。此语至 21 世纪初已不流行，然而从年纪大而有些阅历的老上海们口中，还能偶有所闻。

图 2 - 3　观音庙前的乞丐

同治年间，香港一个常年在观音庙前帮人点香的半僧半俗的乞丐。

来源：John Thomson, *Illustrations of China and Its People：a series of two hundred photographs，with letterpress descriptive of the places and people represented，1873 - 74.*

"瘪的生丝"在晚清时被简化为"瘪三"，用以指乞丐和街头流浪汉，这在上海俚语中可称形象生动。"瘪"字固然有贫乏、干瘪之意，而"三"字在上海话中则常与有贬义的称呼联在一起，如称苏北男子为"小三子"，称锡克巡捕为"红头阿三"，称行为不检点的年轻女子为"拉三"（语出英语"lassie"一词）等等。将这两个原不相干的字联在一起，在沪语中便相当形象地呈现了一个身无分文、以乞讨或偷窃为生的街头流浪汉的形象，此"瘪三"也。

另有一说"瘪三"一词出于乞丐自己创造的洋泾浜英语：beg sir。此语系英语"I am begging you, sir"（意为"先生，我求您了"）或"I am a beggar, sir?"（意为"先生，我是乞丐"）的简略。清末民初时代的上海租界固然是洋人统治的世界，外国人也是乞丐们最热衷的乞讨对象之一。洋泾浜英语固不必求语法之通顺，达意可也，更何况语出乞丐。以"beg sir"一词在街上向洋人乞讨可称言简意赅，一听就懂。"瘪三"一词则是 beg sir 的音译，此语也可再回译为 Mr. Beggar（乞丐先生）。这种略带讽刺意味又颇生动的称呼可算是一种典型的上海式幽默。①

再有一说是"瘪三"也可写作"毕三"，而"毕三"者，据称"指嫖、烟、赌三样都毕过业的名称"。② 民国时期上海出版的不少刊物均将乞丐写作"毕三"。1935 年出版的、收罗颇富的《上海俗语图说》对此则更有详细的解说：

> 瘪三源于译音，本无意义可言。后人就字面强为注释曰"人生在世，衣食住三者不可缺一，为瘪三者，衣不蔽体，食不果腹，住无定所，三者皆瘪，故名'瘪三'。本图所绘，本斯意也。"
>
> 瘪三既为译音，而瘪字繁复，多至二十八划，殊与以简为贵之现代生活有悖，故瘪三或书"毕三"，不能讥其字之白也。或曰："瘪三之三，非全无意义者；盖瘪者，干瘪也，瘪三者，肚皮、钱袋、烟袋，三者俱瘪之谓也。"以毕易瘪，请问何解？
>
> 答曰："毕三者，嫖、赌、鸦片，三者皆领得毕业证书之谓也。毕业于嫖者，须经下疳、横痃、白浊，三专科之实习也。毕业于赌者，须精于'放鹞子'、'笋壳赌'、'做郎中'之三项绝技也。毕业于烟者，善吞生烟灰、惯尝笼头水，进而能抽'红珠子'也。三科三级，苟能三三贯通，三三兼擅，则其人虽非毕三，去毕三不远矣！"③

虽然半真半假、亦诙亦谐，这几种说法似乎都各有道理。不管这些说法是否言之成理，至 20 世纪初"瘪三"一词已广为流传。1942 年 2 月 8 日毛泽东在延安的一次广为宣传的演讲中曾以"瘪

---

① 参见钱乃荣《沪语盘点：上海话文化》，第 192 页。
② 徐迟等：《上海众生相》，第 6 页。
③ 汪仲贤撰文、许晓霞绘图《上海俗语图说》，第 82～83 页。

三"譬喻党八股,说"上海人叫小瘪三的那批角色,也很像我们的党八股,干瘪得很,样子十分难看";批评党内普遍的"写文章做演说时没有几句生动活泼切实有力的话,只有死板板的几条筋,像瘪三一样,瘦得难看,不像一个健康的人"。① 毛泽东对上海乞丐应该是有亲身体验的,因为1927年前他曾六次到上海。毛泽东对"瘪三"的挪揄态度说明大众文化的力量:上海乞丐在这位造反有理者心目中的形象与一般民众所持的概念并无二致。

尽管中国乞丐有多种称呼,这些称呼也往往反映了乞讨者在大众心目中的种种形象,但归根结底中国乞丐也如乞丐在世界上其他地方一样,首先被视为赤贫者。如前所述,中国的一句俗语甚至将乞讨与死亡相提并论,说是"除死无大难,讨饭再不穷"。沦为乞丐是最明显的人生失败。中国的父母们常用乞丐作警戒,要儿女们勤奋学习。在中国一句最伤人的诅咒语则是"你的子子孙孙都讨饭"!

图 2-4　农民外出集体讨饭

中国农村历来有灾荒之年出外尤其是到城镇讨饭的现象,由此形成流民。至20世纪初,农民集体外出讨饭已成了中国不少穷乡僻壤的习俗。

来源:Francis E. Stafford Collection of Photographs.

---

① 毛泽东:《反对党八股》,《毛泽东选集》第3卷。

尽管有这种种蔑视，乞丐在中国却早已成为一种职业。即使很少有人愉快地去选择这一行当，乞讨却不失为穷人和灾民们在走投无路时的一种谋生机会。历朝历代，一有饥荒灾难，大批流民涌入城镇，以乞讨为生，渡过难关。职业乞丐则更以城市为常居久留之地，使乞讨成为一种都市现象。

乞讨主要在都市

乞讨作为一种职业主要是一种都市现象，但中国农村中乞丐也并非少见。所不同的是，农村中较少见零星的讨饭者，较常见的是成群的乞丐作强盗式索取而非真正地乞讨。历史学家萧公权曾研究过这一现象，并颇具说服力地指出，在 18、19 世纪的中国农村，许多所谓的乞丐其实是以强行敲诈代替挨门乞讨的无法无天的盗匪，而这种现象在全国都存在。[1] 哈佛大学的清史专家孔飞力发现，即使是在乾隆盛世，也有"丐匪"在农村嚣张跋扈，"用武力任意索取"，至今在清宫的档案里还有案可查。[2]

事实上有关"丐匪"的文件不仅是入档的政府文牍，而且在当时也是公开的档案，并用以警告民众。例如在福建省发现的许多石碑上刻有政府的公告，证明"恶丐"是使地方衙门常常头痛的问题。据这些政府公告称，丐匪们总是成群结帮，白天以各种名目向村民任意索取，到了晚上则肆行抢劫或偷盗。这些人被称作"棍丐"、"流丐"，或者更直接的"匪棍"。乾隆年间漳州府一带所谓的"棍丐"是"数十成群，冲门打户，日乞夜盗，硬索灶米数斗，不从者放言移尸"，说明他们主要是流匪而非通常意义上的乞丐。这种情况到了 19 世纪还是如此，如道光三十年（1850）二月初三龙溪县报道："近来屡有无赖棍徒，勾结外方流丐，鸠党数十，蜂拥吵闹，窥

---

① Hsiao, *Rural China*, pp. 457–459.
② Kuhn, *Soulstealers*, p. 470.

视无人，窃掠鸡鸭、猪只、杂物……"① 到了近代又有所谓"吃大户"的说法，并在以阶级斗争为纲的史学中被誉为农民对地主阶级的一种自发的斗争形式。②

所以在农村里，乞丐基本上不是"正常"的挨门挨户的乞讨者，而是以乞讨为借口行抢劫之实的匪帮。农村里不乏零星的因真正贫困而乞讨者，但以乞讨为职业基本上是一种都市现象，本书也将乞丐大体上作为一种都市现象来研究。不难想象，在任何国家和任何时代，农村总是不像城市那样适合于乞讨。最简单的道理是村与村之间的距离是乞讨者难以克服的障碍。

据人类学家施坚雅的研究，中国近代大部分农村中，从一个自然村到最近的一个"标准集镇"（即农村中最基层的有周期性的集市的小镇）之间的平均距离是 3.4~6.1 公里（约 2~4 英里），而自然村与自然村之间距离也大致相同。这种估计，或称"施坚雅模式"，当然只是大致而言，并不能"放之四海而皆准"。但它至少提供了中国农村中社区或村镇分布的一个总图。如果一个人普通的步行速度是每小时 3 英里（约 10 华里）左右，则显然每日在村与村之间乞讨是困难的。此外，乞丐们的"工作环境"不止是步行于可能的乞讨地点之间，它还包括人口集中程度、居民富裕程度、商业化程度、社会对乞讨者同情和接受程度，等等。所有这些，城市显然都提供了比农村优越得多的乞讨环境。

中国乞丐一般被视为"流民"或"游民"一类。这两个词在汉代已经存在了。③ 在一般的使用中，流民和游民并无重大区别，都是指居无定处的流浪者，其中大部分人是因灾荒或战争逃离乡土到城镇或较富裕地区的农民。但严格地说，流民和游民是有区别的。流

---

① Eduard B. Vermeer, *Chinese Local History: Stone Inscriptions from Fukien in the Sung to Ch'ing Periods Boulder*, pp. 97–100.

② 关于中国大陆史学界对民国时期土匪问题的研究概况，可参阅 Xu Youwei（徐有威）and Philip Billingsley, "Out of the Closet: China's Historians "Discover" Republic-Period Bandits," *Modern China*, vol. 28, no. 4（October 2002）: 467–499。

③ 见《二十四史》卷 2，第 294 页。

民指的是比较大规模的流浪群，人们因故被迫成群结队地离乡背井，形成所谓的流民潮。这种流民潮往往因灾荒或战事而突然形成，一旦事态平静，流民们大多返回家园。由于种种原因，流民中有些人选择或者被迫选择继续流浪一途，变成长期的游民。所以当流民潮过去后，游民的问题依然存在；流民潮是一时性的，游民问题则往往成为社会的痼疾。

乞丐一般被认为是游民的一种，但他们是一种特别的游民。在一项对晚清长江下游农村经济的研究中，英国牛津大学历史学家科大伟（David Faure）注意到了游民和乞丐的差别。科大伟指出游民"是 19 世纪中国的一个旷日持久的现象"，而"游民"一词指的是那些在社会上"没有稳固地位"，也"不属于城市"的人们。科大伟强调说后者"不只是一个词语的问题"，而是有其实质上的依据，因为在清代的行政概念上，乞丐是城市人口的一部分，而游民则不是。科大伟指出："乞丐，如同其他职业一样，可以编入保甲，受一个头目的管辖。"[1] 另一位历史学家罗威廉（William Rowe）与科大伟持相同的观点，他并引用汉口的例子来印证。罗威廉指出，以理推测，像汉口这样一个年轻的移民城市中，游民与乞丐的差别不会像在其他古老的贵族式的城市（例如苏州）那样分明。然而事实却是，这种差别在汉口同样泾渭分明地存在。[2] 19 世纪末在江浙一带生活过三十几年的英国传教士莫勒（Arthur Evans Moule, 1836 - 1918）也曾注意到，中国的乞丐总是成群结队地集结在大城市里，只有在天气暖和时偶尔地骚扰附近的乡村。[3]

简言之，到了 19 世纪的中国，尽管绝大部分乞丐来自农村，他们已经被视为城市社会的一部分了，而乞讨也成了一种城市职业。

---

[1] Faure, "The Rural Economy", p. 417.

[2] William Rowe, *Hankow*, p. 231.

[3] Moule, *New China and Old*, pp. 123 - 124.

乞讨如何成为一种职业

逃离家园

中国的农民常被形容为依恋黄土地，除非万不得已不愿离乡背井。赛珍珠（Pearl Buck，1892 – 1973）的名著《大地》（*Good Earth*）即根据作者在安徽农村的经历，以一个把土地作为命根子的名叫王龙的中国农民为主线。此书在 1931 年出版后影响了几代西方人的中国观，许多西方人心目中的中国人就是一群王龙式的农民。[①]一位欧洲人曾用颇具诗意的语言形容中国农民对土地的依恋："世界上没有哪个地方的农民像中国农民那样有一种对土地绝对的真情实意和归属感。在一块从祖上继承下来的土地上，他们生死以之。在那里，人属于土地，而非土地属于人。土地绝不让它的孩儿们离去。不管人口如何增长，他们留在这块土地上，更加勤勉地用他们的劳动来耕耘它，希冀从大自然的母亲那里吮吸更多的乳汁。而当死神来临时，他们像孩儿信任母亲那样重新回归他们真正的娘胎。"[②] 简言之，这也就是中国人常说的"安土重迁"。中国俗语中所说的"在家千日好，出门一朝难"表达的也是同一个意思。

但是在严峻的现实生活中，人们并不总能因为这种恋家的情绪而不离乡背井。与那种以为中国人是捆绑在土地上的耕作者的刻板形象相反，在历史上中国人其实经常为了生存或为了追求较好的生活而离开家园，去那遥远的地方谋生开拓。自古以来，移民一直是中国人生活中一个并不陌生的部分。尽管中国领土广袤，资源丰富，中国人却常常去国万里，四海为家，就像历史学家王庚武指出的那样："从公元 10 世纪开始，一小批中国人就离开中国；从 16 世纪末开始，大批中国人移民海外；而 19 世纪以后华人就真如潮水般地离

---

① 此书有上海译文出版社 2002 年王逢振、马传禧中文译本。

② Keyserling, *The Travel Diary*, vol. 1：71.

开祖国了。"① 与移民海外相比，中国国内的移民规模更要大得多。从公元 4 世纪开始，黄河流域的人民便大规模地移民南方。一个典型例子就是公元 4 世纪起从中原大规模移民中国南方的所谓客家人。客家人的历史也从一个方面说明移民要被接受和融入当地社会并非易事。这些历代从中国中北部移民南下的部落，据估计至 19 世纪初仅在广东和福建两省就有 1000 万之众。他们虽然在南方已居住了许多世纪，却仍然是"客家人"或"棚民"，而且被一些本土的南方人士视作"一群野蛮而低下，比强盗土匪好不了多少的人"。②

所以，一方面，关于中国农民的恋土形象不无道理，除非别无选择，很少有农民愿意离乡背井，去陌生的异地垦拓。另一方面，中国农民又常常在贫困中被迫离家，另找生路；因为贫困而迁徙异乡又往往和乞讨连在一起。这种情况在世界上其他地方也一样。例如在 18 世纪后期的法国，城镇里的乞丐往往出生在农村，而当时法国各地的城镇中"充满了乡下人，有些是新近刚到城里，另一些已居住有年，但很少有人能与乞讨完全无关"。③ 这种情况和中国极为相似。在危机重重而人口众多的近代中国，从农村到城市的移民潮当然来势更凶，而农村新移民在城里的困苦情况也更加触目惊心。

造成人们离开村庄过一种漂泊不定生活的最主要的原因是自然灾害。中国自然灾害的历史非常久远。从公元前 18 世纪到公元 1937 年，中国有记录的重大自然灾害达 5258 次之多，其中大多是水灾、旱灾、蝗灾和雹灾，平均每 8 个月一次。④ 明清两朝自然灾害，特别是水旱灾，更加频繁。这或者是因为越是晚近的朝代，记录越详尽；或者是因多年来人类对生态积累性的破坏，至明清时期灾难性的后

① Wang Gungwu, *The Chinese Overseas*, p. 43.
② Huntington, *The Characters of Races*, p. 167.
③ Adams, *Bureaucrats and Beggars*, p. 14.
④ 邓云特：《中国救荒史》，第 51 页。

图 2-5 辛亥革命年间逃荒的母亲和儿女

在天灾人祸不断而人口众多的近代中国，离开农村到城里逃荒的人愈益增加。为生活所迫，即使是不如男人身强力壮的妇女，也不得不拖家带口外出讨饭。

来源：Francis E. Stafford Collection of Photographs.

果开始出现；也可能两者兼具。总之，公元620～719年这一世纪内中国有记录的旱灾是43次，到了1520～1619年这百年里，旱灾的次数达170次。[1] 明清时期波及30个县以上的大规模水灾有424次之多，平均每四年就有三次大型水灾。[2] 江南地区虽然以富庶著称，但颇多水灾。一旦蒙灾，情况也很惨。例如康熙庚戌年（1670）五六月间大风大雨，苏松杭嘉湖绍六府方圆五百里同时被灾，涨水经月不退，据目击者记录，仅嘉兴一地的情况就是："明年灾民俱为小舟，流集我郡三塔寺前，沿门乞食船约三千余。抚军范公委官施粥，全活无数。"[3] 华北地区虽然缺雨少水，水灾却并不见少。仅天津一地，清代就有过28次大水灾，民国二十多年里有三次大洪灾。[4]

① Hosie, "Droughts in China".
② 见中华人民共和国国家统计局《中国灾情报告》，第20页。
③ 王逋：《蚓庵琐语》，第909页。
④ 基汉：《解放前天津水患辑录》。

据美国社会学家甘博（Sidney D. Gamble, 1890 – 1968）的调查，1917 年河北定县一次大水就冲走了该县 302 座村庄，毁了 40% 的农田。而这不过是华北无数次水灾中的一例。①

图 2 – 6　天主教育婴堂接受用箩筐挑进来的孤儿

清末九江附近一个天主教育婴堂正在接受大批从各地用箩筐挑进来的孤儿。照片由中国海关职员杜德维（Edward Bangs Drew, 1843 –1924）摄于约 1891 年。

来源：Drew Collection, Harvard – Yenching Library, Harvard University.

国民政府中央农业实验所在 1931～1933 年曾派农情报告员在全国 22 个省 1001 个县做农民离村的调查。根据此调查，当时全国约有 200 万全家离村的农户，占各县总农户的 4.8%，总人数当在 1000 万以上。这些农民离村的主要原因是天灾，包括水灾、旱灾、蝗灾等，占 33.5%；第二大原因是贫困，包括经济破产、不堪租税剥削等，占 32%；第三大原因是战乱，当时称作匪灾，占 14.3%。②

① Gamble, *Ting Hsien: A North China Rural Community* (Stanford: Stanford University Press, 1954), p. 444.
② 据夏明方《民国时期自然灾害与乡村社会》第 91、101 页所引《农情报告》第 4 卷第 7 期（1936 年 7 月）所公布的全国 22 省农民离村原因统计。

　　饥荒和天灾人祸造成极大的难民问题。政府的救灾计划和社会的慈善项目总是杯水车薪,远不足以解决问题。而且在中国近代,战争、革命、叛乱频繁不断,使政府几乎永远被你死我活的政治斗争所困,从来没有余力做认真的赈灾救贫工作。频繁的饥荒不仅是自然灾害造成的,它们也常是中国的"政治和组织问题的产物"。[①]无论灾荒年是来自老天爷还是官老爷,饥饿当然是促使人们逃荒的首要原因。例如1942年河南的一场旱灾使该省千千万万人先以树皮野草充饥,当树皮草根都吃完了,棉花胎、绳子、鸟粪都吃到肚皮里去。在这样的情况下,人们只有逃荒一途可走。据在黄河南岸的河南省汜水县(今属荥阳市)的一份官方调查,该县在1942年6月的人口是95371人;到了1943年的春天,29648人(即该县31%以上的人口)出外逃荒要饭去了。如果和当年该县3446名饿死的人相比,这些逃荒者算是幸运的了。那些死去的人大多是因饥饿驱使,吃了不可食用的"食物"中毒而死。[②]

　　汜水县的悲惨情形不过是中国晚近历史上饥荒状况的一个缩影。1920~1921年,华北大旱,当时有西人作了一项挨家挨户的调查,所示百姓充作食物的有:

> 糠和麦叶混合在一起,各种叶子磨成的粉,漂白土,花籽,杨树蕾,玉米秆,红青菜(一种用野草蒸成的窝窝头),锯末粉,蓟,树叶,有毒的树豆,高粱壳,棉花籽,榆树皮,豆饼(极其难吃的一种),花生壳,山芋藤粉(被当作是美味食品),各种植物的根,把石头粉和叶子磨成的粉拌在一起。[③]

---

① James Lee and Wang Feng, *One Quarter of Humanity*, p. 36. 关于清代和民国时期的饥荒救济问题的最新研究,可参见 Lilian M. Li, *Fighting Famine in North China: State, Market, and Environmental Decline, 1690–1990s*(李明珠:《1690~1990年间华北的饥荒:国家、市场与环境的退化》),第8~10章。

② 王子官:《一九四二年大旱灾之汜水》,《河南文史资料》第19辑,1986年4月,第160~165页,据1943年当地政府的灾情报告。

③ Mallory, *China: Land of Famine*, p. 29.

　　如此饮食，在很少或没有政府救济的情况下，离开家乡，逃荒到比较富裕或安全的地方，特别是到城市里去，就变成了灾民们最常见的求生方法了。千百万人失去了他们的家园和与家乡的联系，只能在城里求生存。对许多灾民来说，乞讨往往是求生的一个办法，而且有时还是身处绝境时的唯一的求生之道。所以在中国晚近的历史上，灾荒和乞讨总是一对孪生子。仅举一个典型的例子。1931 年长江中下游的大水灾使沿江五省人口中的 40% 无家可归。对这些难民来说，在流离失所中只有两种求生之道：一是出卖体力，另一是沿路乞讨。在这五省的所有县府中，平均超过 20% 的难民靠乞讨为生，总数在 1000 万以上。在一些省份如湖南，超过一半的灾民成了乞丐。①

图 2－7　北京北海公园附近乞讨的妇女与孩童

对于大多数进城讨饭的农民来说，即使没有遇上荒年，城里的生活对他们也是一种吸引。约摄于 1918 年。

来源：Sidney D. Gamble, Photographs, Archive of Documentary Arts, Duke University.

---

　　①　池子华：《中国流民史·近代卷》，第 167 页。

不过应该看到，灾荒并不是驱使农民进城乞讨的唯一原因。灾荒只不过是把中国农村中普遍存在的贫困现象在一个时间里凸显了出来。农村里一年到头的日常主食就是小米或番薯。即使在没有灾荒的平常日子里，城市对农民们也是一种吸引。作家老舍（1889～1966）在《骆驼祥子》一书中借主人公——一个从乡下进了北京城的贫苦农民——的口说："这座城给了他一切，就是在这里饿着也比乡下可爱，这里有的看，有的听，到处是光色，到处是声音；自己只要卖力气，这里还有数不清的钱，吃不尽穿不完的万样好东西。在这里，要饭也能要到荤汤腊水的，乡下只有棒子面。"[1] 这并非小说家言。1937年日本南满铁路公司在华北顺义县离北京东北不过三十多公里一个村庄里作的调查就证明了老舍所言不虚。下面就是那里村民每日的"玉米餐"：

> 春季时，早饭是稀糊糊，中午是"干"小米饭，晚上是稀糊糊加蔬菜；或者早饭是小米稀饭，中午是"干"小米饭和豆粉面汤，晚上是小米稀饭加蔬菜。秋天时，早饭是稀糊糊，中午是"干"小米饭和豆粉面汤，晚饭是小米稀饭。[2]

这样的食谱在中国农村绝非少见。[3] 有工可打，加上可以吃得好点，这就是驱使人们离村往城市跑的主要原因，即使家乡并无灾荒。对贫困的苏北地区的农民来说，江南城市如无锡和上海最好的东西就是米饭和钞票。历史学家韩起澜（Emily Honig）在一项实地调查中发现：

> 用江南或上海的标准来衡量，这些人的生活和劳作可能显

---

① 老舍：《骆驼祥子》，第39～40页。
② Huang, *The Peasant Economy*, pp. 188–189.
③ 关于清代和民国时期华北的民食问题，可参见 Lillian M. Li, *Fighting Famine in North China: State, Market, and Environmental Decline, 1690s–1990s*，特别是第三章。

得无法忍受，但对他们来说这些都非重要。有一个 40 年代从苏北盐城到无锡码头上工作的男人说："无锡的生活和苏北完全不同。我的看法是苏北生活极苦。我们吃的是萝卜和山芋。事实上山芋在苏北还算是好东西。但我到江南以后就吃米饭了。米饭是江南最好的东西之一！"当被问到在码头上做苦力是不是使无锡的生活不那么有吸引力，他非常肯定地说："当然还是无锡好——在无锡我可以吃到白米饭！"甚至后来他搬到上海当收粪工，住在棚户区里，他还是坚决认为比他在苏北的生活好。"在棚户区里我们至少还能赚点钱"，他解释道，"在乡下我们一分钱都赚不到"。①

无怪乎农村的难民如潮般地涌入城市。我们或许可以加上一句：在城里即使所有的谋生办法都已用尽，至少还有一条求生之道：乞讨。

最后的稻草

就常识而言，当乞丐是一个人人生失败无疑的标记，很少有比沦为讨饭的更穷困潦倒了。但是，乞讨却也是成千上万城市贫民的一种"工作"机会。无论乞讨的原因是灾荒还是生活中的其他不幸，乞讨是当劳工以外的另一选择。中国的乞丐不一定像一般人所想象的那样无家可归或失去了所有的家庭联系。一位在苏州观察乞丐多年的英国人曾注意到中国的乞丐不在乎别人叫他们"穷人"，但你必须"非常小心"不要当面叫他们"乞丐"，因为"许多乞丐对此很恼怒，他们声称自己并非乞丐，不过是穷人，用讨饭的方式得到一点东西以便让自己……活着"。而这种恼怒的依据是"乞丐没有家庭，而穷人总还有一个家以及家庭联系"。②

---

① Honig, *Creating Chinese Ethnicity*, p 68.
② Gee, *A Class of Social Outcasts*, pp. 3 - 4.

图 2-8　两个穷人的孩子

两个穷人家的孩子在冬日里靠着墙晒太阳取暖，照片约摄于 1921 年。摄影者 Harry A. Franck 对照片附有说明："The boys and girls of western China are 'toughened' by wearing nothing below the waist and only ragged garment above it, even in midwinter"（"中国西部的男孩和女孩们'练出了'上身只穿一件破衣，腰以下就赤裸着的能耐，即使在隆冬时节也是如此。"）

来源：Harry A. Franck, *Wandering in Northern China*, 1923.

　　事实上这两者之间的差别从来就是含混不清的。由于家庭和家庭观念在中国文化中至为重要的地位，大部分乞丐，包括职业乞丐和长期乞讨者，总是和老家有些联系，或者在城里的贫民窟有一个可称为家的草棚。乞讨还常常是一种"家庭作业"，即全家都当乞丐。但是，从农村来的季节性的乞丐大部分是"成了家的"。这些人在乡村中有老有小，有些还拥有田地；只是他们经常性地，有时几乎是如钟点般准确地涌入城市。季节性乞丐中最突出的一支来自安徽凤阳。这个坐落在淮河南岸的乡村县份，自 17 世纪以来就有一种绵绵不绝的传统，即农民们在冬闲时离村到富裕的江南城市乞讨，春播前返回村庄。这个传统到了 20 世纪后仍存在。而且凤阳农民在流浪时唱的花鼓调是同类曲调中最广为人知的，成为这种乞讨文化的一种标志。①

凤阳的这种风俗尽管名声不佳，却只是中国贫穷的农村中季节性乞讨之一例而已。在多灾的淮河两岸，贫困农民到城里去讨饭是一种官方许可的行为，不仅是凤阳为然。在秋末到开春这段农闲时期，农民们成群结队地离村去往城镇、县城和附近省份的城市去乞讨。他们持有本县衙门的公文，乞讨时将其出示，并请当地的衙门在上面盖章，证明他们在规规矩矩地讨饭，并非流匪，以此作为去下一站乞讨的依据。这样的乞讨队伍有时以数百人计，形成一支庞大的"讨饭代表团"。这种习俗的起源并不十分清楚，但到了19世纪中叶这种乞讨的办法已成规矩。连上海英文的《北华捷报》也注意到了此种现象。该报在1856年曾这样报道季节性的乞丐：

> 他们来自这个省（江苏）的北部，那里蝗虫成灾。他们持有当地衙门长官发给的公文，公文上写明他们外出的原因，证明他们人品端正，宣称他们只是贫穷的良民。
>
> 在中国，当洪涝、旱灾、蝗虫之类造成物资短缺，政府无法提供食物时，这类持有公文的乞丐团并非少见。因为无法将食物带给他们——这些人既买不起粮食，即使买了也无法运送到那里——这些苦难的人们只能外出求食。
>
> 而且在这个国度里乞讨并不是一个很不名誉的职业。像这一类情况，当这些乞丐拿到了公文，他们就兴高采烈并勇气十足地上路了。然而他们并不抢劫，也不强讨。他们变得强壮。当灾荒过去后他们通常安然地回到家乡——此时他们可能已经走遍了大半个帝国。②

这一类的季节性的乞讨在光绪（1875~1908）初年特别多，显然不仅是因为自然灾害，而且也是因为太平天国战争（1850~1864）

① 许元庆：《调查上海乞丐之结果》；沈寂等：《中国秘密社会》，第186~187页。
② *North China Herald*, Oct. 4, 1856：38.

对江苏和安徽两省造成的巨大破坏，战后这些省份的农村仍一蹶不振。[①] 但是季节性的乞讨并不限于这一地区，也不仅是 19 世纪的现象。20 世纪初河南的许多县在普通的年份中至少有 10% ~ 20% 的农民家庭在冬闲时外出乞讨。1934 年河南一村中有 90% 的村民出外乞讨过。[②] 民国时期的北京（北平）也有不少季节性的乞丐。每年一到冬天，北京街头就乞丐陡增。这些新增的乞丐往往穿着华北一带的厚棉袄棉裤，可见他们来自离北京不远的地方。据一些老北京流浪汉说，这些外来的乞丐每个人在他们自己的村里都有家有地。但每年秋收后他们就离家前往北京，而且往往是结伴而行。在北京城他们乞讨到来年的春天，然后返回家园。[③]

长期在城里讨饭的乞丐大多并非露宿街头，而是住在固定的贫民窟里。对这些人来说，在街上乞讨是补贴家用的一个经常性的办法。在贫民区的人力车夫、码头苦力、非技术工人、小贩和其他穷人家庭成员中，乞丐是常见的一员。譬如说，一个人力车夫可能让他的儿女外出讨饭；街上一个讨饭女人的丈夫是码头上的苦力；一个成年男人（即一般意义上的户主）也可能当乞丐。所以中国乞丐的背景是非常多样化的。乞丐背景的多样化使得乞讨常成为一种"工作选择"或者是赤贫中求生的一个办法。

上海是民国时期中国最大和最繁华的城市，但是正如一位研究乞丐的作者指出的那样，正因为上海是一个"富裕的具有吸引力的商业中心"，它也就成了一个"乞丐的中心"。[④] 从这个角度讲，上海乞丐的背景具有典型意义。根据 1933 年对上海 700 个乞丐在成为乞丐前的职业和收入的调查（见附录1），绝大部分（超过77%）乞丐在沦为乞丐前有一份职业。也就是说，他们变成乞丐是相当迅速的，当中没有经过诸如失业这样的过渡时期。这 700 个乞丐中，行

---

① 徐珂：《清稗类钞》第 40 册，第 21 页。

② Billingsley, *Bandits in Republican China*, p. 46.

③ 云游客：《江湖丛谭》。

④ Ho, "The Anti-Beggar Movement in Shanghai", p. 38.

乞前是农民的比例最大（27%），其次是小商贩（11%）、人力车夫和其他拉车的（7%）、工厂工人（6%）、工厂和商店的学徒（5%）。

不足为奇的是，超过25%的乞丐直接来自农民。附录1所列的其他许多职业也是以农村为基础。但是，上海的乞丐并不能仅仅被视为一帮"昔日的农民"。稍一浏览附录1，我们就会发现乞丐们在沦为乞讨者以前的职业五花八门：苦力、捡垃圾的、小手工业者（包括木匠、铜匠、铁匠、漆匠、竹工、皮匠等）、士兵、店主（车行、点心店、草席店、米店、婚礼店、杂货店等）、店员、卖报的、船工、佣人、裁缝、教师、学生、理发匠、商人、马夫、机械工、清道夫、中医大夫、僧侣、歌手等。制作这份报告的调查者解释道，由于这些职业收入很低，许多人在成为乞丐以前就差不多和乞丐一样贫困，所以生活中稍有风波他们就沦为乞丐了。但我们必须注意到，不仅贫困的农民和非技术工人沦为乞丐，一些被认为是较上等职业者，如医生、教师、师爷和店主等也在其内（参见本书附录1）。

在多难的近代中国，一些熟练工人有时也沦为乞丐。例如，中日战争（1937～1945）时日本占领了上海的江南造船厂，许多熟练工人被迫或出于爱国心离开造船厂。这些工人失业后各谋生路，最普通的是当街头小贩、捡破烂、拉黄包车等，也有一些干脆在街头乞讨为生。但社会上也有另一种方向的流动。一些勤俭和精明的乞丐慢慢节蓄了一些本钱去做点小生意，例如开一家大饼摊或一个剃头铺；也有人成了街头小贩，卖些烘山芋或油条之类的小吃；更有一些乞丐在家里纺纱或做些小玩具到街上出售。当生意不好时，他们便回到街头讨饭。对许多穷人来说，乞讨正如俗语所说的，是生命被贫困吞噬前可以抓住的"最后一根稻草"。

贫困的上海码头工人与乞丐之间则更是一步之遥。根据1950年代初对361个码头工人的调查，其中有144人即40%左右的工人当年无力组织家庭；有家眷的，也是"妻捡菜皮儿拾荒"，形同半个讨饭家庭。遇到没有工作的日子，全家只好停炊断顿，有时一连几天揭不开锅，只得上街讨饭。另据调查，抗战前在236户码头工人家庭中，经常断顿的和有时断顿的共计109户，约占46%；抗战时在272户码头工人家庭中，经常断顿的和有时断顿的共计163户，约占60%；抗战胜利后，在275户码头工人家庭中，经常断顿的和有时断顿的共计101户，约占36.7%。所以当时码头工人中流行的一句话就是"捐了包子上来岸，不吃菜皮豆渣就讨饭"。[①]

就乞丐背景的复杂性而言，上海1933年的调查和1927年在该市所作的另一项关于乞丐的调查不谋而合。后一调查采访了122个乞丐，其中11人当过非技术工人，10人当过农民，另10人拉过塌车或黄包车。其余的乞丐当过佣人、泥瓦匠、捉蛇人、警察、小贩和各类商人。

尽管乞丐的背景和经历五花八门，大部分人在沦为乞丐前已是十分贫穷。就像一个西方传教士观察到的那样，在近代中国，"赤贫和乞讨之间的距离常是一线之隔，从赤贫沦为乞讨太容易了"。根据上述1933年的调查，这700个乞丐在沦为乞丐以前的平均月收入为9.68元（其中男人10.28元，女人7.4元）。与此比较，这些乞丐在调查的当时平均月收入为4元。然而这些数字不一定说明他们真正收入的下降，因为这4元是现金收入，不包括从乞讨得来的食物、衣服和其他必需的日用品。此外，这些人在沦为乞丐以前的平均月收入是一个人的，而乞讨却常常是全家出动，所以这一人4元的月收入有时可能要乘上好几倍。由于社会上一般对妇女和儿童的同情，他们常比成年男子讨得更多。在这种情况下，对城市贫民来说，当乞丐并不一定意味着收入的大幅度下降。在后面我们还会看到，有些乞丐的月收入大大超过4元；对有些乞丐来说，乞讨甚至是一项获利甚丰的职业。

[①]　上海港史话编写组：《上海港史话》，第293页。

乞讨作为一种异行

无疑的，大部分以讨饭为生的人是穷得走投无路，万不得已而为之。在大多数情况下，只有非常绝望的人才会出此下策。然而，乞讨以其想象中的游牧式的自由和无忧无虑，长久以来似乎一直对人们有某种超越经济考虑之外的吸引力。中国人一直对乞讨生活是绝对地悲惨这一看法持怀疑态度。美国传教士和汉学家何德兰（Isaac Taylor Headland，1859－1942）在北京任教时曾发现街头出售的儿童泥娃娃玩具中有众多的乞丐形象，而且这些乞丐泥人塑造得栩栩如生，何德兰称之为"是我们在中国看到的最好的泥人雕塑之一"。[①] 这似乎也在一个侧面反映了中国民间对乞丐的一种朴素的美学概念。

图 2－9　街头出售的乞丐雕塑

以乞丐为题材的一组雕塑，摄于清末，应是当时孩童们的玩具。

来源：Isaac Tayor Headland, *The Chinese Boy and Girl*, 1901.

在中国各地广为人知的一句俗语是"讨了三年饭，当官也不干"。此语各地的说法和用词略有不同，但意思却完全一样，都隐隐然有"讨饭自由自在，此中乐趣不足为外人道也"的味道。流行于冀中、鲁北一带的一首乞丐小曲还把这层意思放在歌调里自娱：

---

① Headland, *The Chinese Boy and Girl*, pp. 106－107.

八仙东游我西游，

一世荡悠为快活。

要上二年三年饭，

给个县长也不换。①

"当官"是中国人生活中成功的巅峰。1905 年前的 1500 年里，千千万万的科举考生苦苦地、一场又一场地参加那些令人殚精竭虑的考试，其最终目的也就是当官，由此出人头地、耀祖扬宗。千百年来，做官是中国人俗世人生的极致。所以说做了乞丐连当官也不想干了是非常戏剧性地形容乞讨生涯的吸引力。

在中国广受大众欢迎的武侠小说常常以正义的乞丐或丐帮在江湖的活动作为主题，表达着劫富济贫的愿望和价值观。② 在西方，虽然长期以来乞讨和流浪是违法的，人们却也或多或少地对乞讨和流浪怀着相似的浪漫感，从中世纪欧洲的吉卜赛人到当代美国的徒步流浪汉（tramp），无不如此。例如，15 世纪法国路易十一时代的乞丐在雨果（Victor Hugo，1802 – 1885）的《巴黎圣母院》（Notre – Dame de Paris）里得到了最富同情的描写。直至最近，16 世纪瑞士一个叫汤姆·朴拉特（Thomas Platter，1499 – 1582）的学人，因为乞丐出身，经过许多艰难困苦，最后成为文艺复兴时代一位著名的知识分子，也成为学术界关注的对象。③

但是，圈外人对乞讨生活光明一面的叙述总是有"饱汉不知饿汉饥"、将乞丐的苦日子浪漫化之嫌。要了解乞讨生活的"好处"——如果有的话——较好的办法是让乞丐们自己说话。1930 年代，北京有一位生于 1867 年的宁老太太曾诚恳地向人坦述她在 22 岁时即光绪年间当乞丐时的经历：

---

① 采自德州市、郯城，见程刚《中国乞丐大揭秘》，第 173 页。

② 如香港报人金庸（生于 1924 年，原名查良镛）在 1955 ~ 1972 年发表了 12 部武侠小说，享誉民间，其中《天龙八部》即有大量的丐帮故事。金庸也成为当代最著名的武侠小说作家。

③ 见 Le Roy Ladurie，The Beggar and the Professor。

要饭的日子不是最苦的。要饭有自由，今天如果不够吃，明天会多一些。要面子是不行的。每天讨到多少吃多少。城里的风景是随便看。庙会时喜气洋洋的人群；插着三角小旗的冰糖葫芦，那面旗帜在风中乱飘；空竹在空中的响声，天上还有彩虹；女人们穿着花花绿绿的衣服；香烛在神龛前点着，在铁制的大缸里堆了起来，火苗子蹿得高高的——这些都是讨饭的旺季。还有露天的戏台。没有女眷可以像乞丐那样靠近戏台。女眷要保持她们的身份，必得坐在拦起来的包厢里或者在人群旁边的茶座上。逢年过节，除了讨饭的女人，没有别的女人能这么清楚地看到县令老爷穿着刺绣的长袍礼服在圣台上祭拜的样子。

中午时要饭的都到施粥厂去，在那里找到一点伙伴人情。那里有热粥，大家舒舒服服地挤在一起。没有希望，但也没有烦恼。有一句老话说，"讨了两年饭，给个县官也不干"。这一切说的都是乞丐不生病时的情况。①

30 年代采访上海乞丐所得结果与此大致相同。一些说话直率的乞丐说他们不愿意去政府的济贫所和工场，因为讨饭"自由自在"，"没有拘束"，也"不要干活"。② 更加流氓气一点的乞丐干脆以放荡生活作为乞讨最大的好处："谁愿意去（济贫所）？外面多少自由，有吃，有赌，有白老（白面），有'寡老'（下等娼妓），进去呀，哼！叫你做生活（做工），念书，还怕有人要'叫化子'（乞丐）去做官吗？"③ 成都的一份基督教传教士报告指出，那些"志愿性的乞丐"是对付乞丐问题的一大障碍。发表于 1907 年的这份报告说："街上的讨饭儿被救了下来。他们洗了澡，换上衣服，被好好地照顾了几个月或者一年，但一有机会，他们又跑回到街上，重过乞讨生

---

① Pruitt, *A Daughter of Han*, pp. 72 – 73.
② 吴元淑、蒋思壹：《上海七百个乞丐的社会调查》，第 225、270 页。
③ 徐迟等：《上海众生相》，第 9 页。

活。显然他们宁愿过自由的流浪生活，不愿过文明的规矩生活。"①

　　无疑大多数乞丐如有选择当不愿沦为乞丐。1933 年上海对 700
个乞丐的调查中，有 417 人回答说如有选择，他们不愿意当乞丐。
按照调查者的观察，这个数字可能有些偏高，因为这项调查是在官
办的贫民救济所里进行的，被收容的乞丐对这个问题有些顾虑，不
愿把真实意图讲出来。尽管如此，仍然有 247 个乞丐对这个问题模
棱两可，即并不明确讲不愿意当乞丐。还有 36 人（男 23 人，女 13
人）直话直说，言明他们宁愿当乞丐。② 这与广州的一个例子相同。
清末广州乞丐头目陈起凤有个亲信，其姐夫是个知府官，派人找这
位小舅子去做粮师爷，而这位当乞丐的居然不愿赴任，声称"宁与
五百罗汉作伴，不为五斗米折腰"。③

　　少数人愿意当乞丐这一事实当然不应用来美化乞讨这一总的来
说是悲惨的生活方式。有人愿意当乞丐所反映的是乞丐队伍的复杂
性和多样性。这些人通通被唤作乞丐，其中却有许多不同的众生相。
主流社会对乞讨的宽容也多少造成了这类"志愿乞丐"。虽然这种现
象只是偶然进入精英们的文字记载，志愿乞丐的人数却应超过这些
文字所记录的寥寥数人。有几幅素描可以反映中国乞丐这一非同寻
常而又不大被人注意的方面。

　　裴丽珠（Juliet Bredon, ? - 1937），一个 19 世纪末 20 世纪初
在北京住了多年的英国作家，对北京城和中国风俗做过相当的研
究，曾提到过北京一个绰号叫作"缠脚"的乞丐。这个外号来自
此人喜欢用旧袜子把两只脚缠起来的习惯。裴丽珠这样描写这个
乞丐：

　　　　他出身于一个富裕的家庭。但在他还未能学得一门谋生之
　　道时，突然家道中落。现在乞讨在中国是一个被认可的习俗，

① Vale, "Beggar Life in Chentu".
② 吴元淑、蒋思壹：《上海七百个乞丐的社会调查》，第 223～225 页，并参见表 25。
③ 沈寂等：《中国秘密社会》，第 188 页。

也是可供年轻的穷人选择的有利可图的职业之一。所以他说：
"母亲，我知道现在只有一条路可走。让我成为一个乞丐吧。"
母亲无声地抽泣着。就这样他开始了他的（乞丐）生涯，不幸
中的大幸……①

在多年的相识中，"缠脚"显然跟裴丽珠和她的欧洲伙伴们建立
了良好的关系。裴丽珠形容他为"衣衫褴褛的哲学家"，并夸奖他
说："你会发现缠脚是一个十分机智的人，非常值得和他交谈。如果
他高兴的话，他会讲一些极为精彩的故事，那种关于人性的真实故
事。这些故事有的很可怕，有的使你发笑，有的令人深思。在他和
别的乞丐之间有一种与生俱来的差别。"②

像"缠脚"那样能与裴丽珠这样的人物相熟的乞丐是少见的。
因为在清末的40年里，她的家庭简直是在中国的一个贵族。裴丽珠
的舅舅是大名鼎鼎的罗伯特·赫德（Robert Hart，1835－1911）。赫
德曾任中国海关的总税务司近50年，堪称19世纪在华最有权势的
洋人。裴丽珠的父亲裴式楷（Edward Robert Bredon，1846－1918）
曾任海关副总税务司，差一点接了赫德的班。裴丽珠的丈夫罗尔瑜
（Charles Henry Lauru，？－1946）是个法国人，也长期在中国海关任
要职。③ 但像"缠脚"这样的乞丐却并非少有。他们是中国人所谓
的"落难公子"之类的人物。这些"公子"通常身无长技，难以在
社会上立足，虽然他们未必穷到要讨饭的地步，但其中有些人还是
选择流落街头或混迹江湖一途。

另有一类"志愿乞丐"选择乞讨为生完全不是出于环境的无奈，
而是因为个人对流浪生活的着迷。他们被视为怪人。有时当地一些
文人将他们的异行记录下来作为地方上的趣闻。例如，一则18世纪
的掌故说，江苏南翔（现属上海市）有一位丰衣足食之士一日忽发

① Bredon，*Peking*，pp. 446－447.
② Bredon，*Peking*，p. 446.
③ 卢汉超：《赫德传》，第102～103页。

图 2 – 10　落难公子成阔丐

落难公子沦落为街头流丐既可能是真实的故事，也为人们臆想乞丐群中藏龙卧虎提供了依据。

来源：《点石斋画报》，1892。

奇想，宣称要去当乞丐。他的家族当然十分惊讶恐慌，竭力劝他打消此念头，一个族兄甚至还愿意送他田地，只要他不去当乞丐，使整个大家族脸上无光。但此公十分固执，说："天下没有比当乞丐更快乐的事情了。"他拒绝了族人的好意，离家出走当了乞丐。①

　　著名作家和翻译家林纾（1852～1924）曾记述过光绪年间发生在他家乡福州的一则小故事。说是当地有一个中年人弃官不做，却

---

①　《笔记小说大观》卷14，第51页。

整天背着个大葫芦在街上行乞，因此被福州市民称作"葫芦丐"，而他自己则慕李太白"人生得意须尽欢，莫使金樽空对月"的潇洒，号称"李仙"。这"葫芦丐"写得一手好字，所以他高兴时也替地方上的居民写些对联挂幅之类的东西。他每次执笔前必向北磕头三次，并在落款处大书曰："吾主光绪皇帝某年乞食臣李仙书。"有人问他："你落到了讨饭的地步，为何还念念不忘皇帝？"答曰："吾无功，日令百户之人供我醉饱，有司不以为罪，此皇帝宽典也。"此丐一旦得了足够的钱，就到酒馆里把他的葫芦装满了酒，跑到街上喝得酩酊大醉，并把余钱撒在路上，让孩童们争拾，以为笑乐。①

显然这些怪异的乞丐有其玩世不恭的人生哲学，与当代工业社会中有人以流浪来发泄对个人生活和社会的不满，或者以此作为对陈规和俗世的抗争不无相同之处。例如美国19世纪内战后就有无家可归者现象，至今仍是这个世界首富之国的一个相当普遍的社会问题和长期得不到解决的顽症。虽然大部分无家可归者是为贫穷所迫而不得不如此，但也有相当一部分流浪汉或乞丐（tramp，俗称hobo）选择以此为一种游离于一般社会外的生活方式。②

此外还有另一种社会寄生虫式的人物，他们跨在乞丐和精英社会之间，讨了饭却还保留着一种精神和心理上的满足，而后者对他们来说更重要。地处长江入海处的南通那些吃所谓"磕头饭"的落魄文人士绅即其一例。这些人虽然有自己的小康之家，大可不必流浪街头，其行止却与乞丐类同。他们的乞讨方法是利用城里人家的婚丧喜事、做生日、办周年等机会上门白吃，外拿红包。一般人家在这种场合宴请亲友，往往不惜花费，殷勤待客。旧时习俗，即使是不速之客，人家上门来贺来吊，碍于情面，也得尽地主之谊；小城之中，人情古朴，尤其如此。

① 林纾：《畏庐小品》，第8页。
② 参见 Eric H Monkkonen, *Walking to Work: Tramps in America, 1790 – 1935* 和 Todd DePastino, *Citizen Hobo: How a Century of Homelessness Shaped America*。

南通吃"磕头饭"的便是利用这一习俗，一年到头，吃遍全城。每临吊贺人家，这些不速之客遇丧事时必向死者遗体或牌位磕头致敬，逢喜事则向主人家的长者磕头道贺。礼毕，径直入座而大快朵颐，因此被称作"吃磕头饭的"。按照习俗，宴后主人家尚需殷勤送出，塞一装有现钱的红包作"回头礼"。有些吃"磕头饭"者还能在熙熙攘攘的应酬中，代主家迎送宾客，俨然反客为主。不少这类吃"磕头饭"者是所谓的老童生，科举场上的失意者。1905 年科举制度废除后，他们前途渺茫，几年后的辛亥革命则更断绝了他们最后一线希望。南通虽非全国性的大城，所属的南通县（清末称作通州）在民国初年人口也有将近 130 万，民生富裕，有"模范城"、"小上海"之称。① 在此环境中，这些失意文人便有了足够的吃食东家可以光顾了。

一位叫钱冕的秀才是南通这类吃"磕头饭"者中的一员。与众不同处是他赴宴时永远手提一布袋，上书"人情为田"四字。此语出《礼记》，意为人情（礼物）的价值和作用可当田亩，缓急时犹如生计也。此布袋几乎成了钱氏的"注册商标"，在南通街头招摇过市，使一些南通市民多年后对此仍记忆犹新。以圣贤语为稻粱谋张本作注，这位秀才也可称别出心裁，以其特殊的方法学以致用了。另一位叫尤老爹（已佚其名）的则完全不为生计而"吃磕头饭"。此老堪称有身份的人，不但有家有小，本人是南通老德茂袜店的老板，儿子尤福海还是个举人。但他却吃"磕头饭"吃上了瘾。尤老爹最大的乐趣不在饭菜本身，而是宴请的气氛和他在众客中感觉到自己"面子大"、受人"尊重"的一份心情。故尽管他的举人儿子又劝又求，不要父亲去外面丢人现眼，尤老爹却长期乐此不倦。②

其实这种吃"磕头饭"的习俗由来已久，也非南通一地之俗。有记载在明朝万历年间，江苏常州天宁寺一带有一位邱姓书生，因

① Qin Shao, *Culturing Modernity*, pp. 13, 34–49.
② 孙模：《南通的"吃磕头饭"》。

形体矮小，有类侏儒，人称之为邱的笃。这位邱的笃的嗜好就是往丧家吊唁，以博取赠金，甚至同一丧家处跑几次。也有比较直爽的丧家惊讶问道："先人存日，未尝见公往来。何以来吊？"邱的笃则从容答道："死的肚里自知。"闻者绝倒。邱死后，这成了一种风气，传其衣钵者"皆故家子弟，潦倒无聊之徒，犹以斯文自居"。这种风气至清代仍在，民间遇见此辈，常称之为"邱的笃"，此公也可称以异行留名了。江苏昆山一带也有这类人物，当地人戏称为"丧虫"。① 湖北甚至有专门以磕头贺寿为"职业"而小康者。②

以乞讨或类似乞讨为乐的种种狷介怪异行为的存在，多少是由于社会大众对乞丐存有宽容之心和采取自由放任态度所致。但这种宽容之心和自由放任态度却并非完全出于对乞丐的仁慈和同情。事实上，长期以来人们对乞丐的心理十分矛盾，在如何对待乞丐的问题上也众说纷纭，莫衷一是。如何看待乞讨是一个恒久而似乎永无结论或定见的社会题目。下一章将对此详加论述。

① 王逋：《蚓庵琐语》，载《丛书集成续编》第96册，第905页。
② 王子观：《旧陆城乞丐面面观》，第105～106页。

第三章　同情对垒反感

　　中国——或许世界其他地方上也一样——很少有像乞讨那样几乎全靠公众的善意而存在的生存方式或行业。同样的，在中国也很少有比乞丐更引起公众的矛盾心理的社会群体了。虽然人们普遍看不起乞丐、讨厌乞丐，但是路遇悲苦万状的乞丐时，一般人的同情心又时时在每一个铜板的施舍上显示出来。正是这种街头点点滴滴的施舍，多少年来使无数走投无路的穷人得以生存下来。乞讨不但成为一种常见的求生手段，在某些情况下甚至成为致富的途径。

　　但是，公众的同情心又总是和另一种相反的心理纠结在一起，这种心理视乞丐为"坏分子"，认为他们的不幸大部分是由他们自身的懒惰造成的，或者是染上恶习、不能自拔的结果，所以乞丐的可怜处境在很大程度上是咎由自取。其中更有狡猾成性，不劳而获，赖在勤劳的人们身上当寄生虫者，有的竟然以此致富。根据这种看法，乞丐属于可恶的骗子、无赖一类的社会败类。

　　公众对乞讨的这种矛盾心理还造成一种副产品，即有人对乞讨和乞丐持一种玩世不恭的态度。这是一种逆反心理，它向常规挑战，认为乞丐并非低贱，乞讨作为一种求生手段与其他职业在本质上并无不同。更有愤世嫉俗者以乞讨作为一种宣泄或抗议的手段，弃正常生活不过而情愿流浪街头。

　　不管是哪样心情，哪种态度，公众对乞丐的矛盾看法在心理上相持不下，从而影响了乞丐与他们得以生存的社会的关系，也从一个角度反映了中国都市社会文化的多元性。

仁爱之心

在晚清和民国时期访问过中国的西方人士都会注意到中国城乡无处不在的贫穷和悲惨，而国家和社会对穷人的救济和慈善事业却寥寥无几。一般民众对贫困司空见惯，所以对许多在外人看来触目惊心的贫困景象，中国人却显得无动于衷，或许这也是使得一些西方人士得出中国人缺少同情心的结论的原因。美国汉学家明恩溥（Arthur Henderson Smith，1845－1932）在他的名著《中国人的性格》一书中，曾断言中国人的国民性格之一是缺乏同情心，并用了整整一章罗列了许多例子来阐述这一观点。① 他的看法曾影响了许多人，包括许多中国人。不少中国知识分子推荐这本书，认为明恩溥准确刻画了中国人的精神面貌。鲁迅 21 岁时在日本读到此书，一直对它颇为推重，临终前数日还以此书的中文翻译为念。几十年过去了，《中国人的性格》在正在崛起的中国重获重视。中国大陆在 1995 ~ 2001 年，至少出版过三种不同的译本，销售数万册。②

其实任何对一个国家或民族所作的"国民性格"的总结即使没有偏见，也难免以偏概全，明恩溥的观点也不例外。以中国人缺少同情心这一观点而论，不仅外人言之凿凿，中国人自己也常不讳言。③ 而事实上中国人的三大精神支柱——儒、道、释——每家每门均以同情心作为基本原则。儒家的"恻隐之心，人皆有之"在中国早已不仅是儒教的经典语言，而且也是人们耳熟能详的日常

---

① Arthur Henderson Smith, *The Chinese Characteristics*, chapter 21.

② 此后新译本和重印本不断出现，如李明良译《中国人的性格》（陕西师范大学出版社，2010），乐爱国、张华玉译《中国人的性格》（学苑出版社，1998；人民日报出版社，2010），匡雁鹏译《中国人的特性》（光明日报出版社，1998），龙婧译《中国人的脸谱》（陕西师范大学出版社，2007），陈新峰译《中国人的德行》（江苏教育出版社，2006）等。

③ 近年来已有学者根据明末的慈善组织和时人著作对此作了重要修正，见 Joanna Handlin Smith, *The Art of Doing Good：Charity in Late Ming China*。

图 3-1　乞讨男童和米店女主人

　　1946 年中国南方大饥荒时，街头一个骨瘦如柴、满脸焦虑的乞讨男童和他背后丰衣足食、神态悠闲的米店女主人形成令人心酸的对照，也反映了战后中国深刻的社会危机。

　　来源：George Silk（1916 - 2004）摄，Time - Life Picture Agency。

习语了。儒家不仅以同情心作为人性之本，更以"仁者爱人"为伦理的基础。[①]"仁"是儒家的基础，而怜悯同情之心则是"仁"的基础。儒家的学说在本质上虽非宗教，却在很大程度上起了类似宗教在西方文化中的作用，且被西方广泛地当做东方宗教之一，强调仁义道德是其原因之一。[②]

　　佛教则如绝大多数世界性宗教一样，以爱和同情心为灵魂得救之本，强调对众生的博爱。大乘佛教在中国最受膜拜的观世音菩萨就是以"大慈大悲"、"救苦救难"的精神深入人心。佛教宣扬"无缘大慈，同体大悲"精神，即无条件地实践慈善事业，以人溺己溺

[①]　儒家首选经典《论语》、《孟子》都有"仁者爱人"明确语录，例如《论语》：樊迟问仁，子曰："爱人。"《孟子》："君子以仁存心，以礼存心。仁者爱人，有礼者敬人。"

[②]　例如目前在英语世界应用很广的亚洲历史教科书就常把儒教作为东方宗教来叙述，可参见 Rhoads Murphey, *A History of Asia*, sixth edition。

的精神解除他人的苦难，甚至惠及一切生物。这种普世之爱基本点就是同情心。① 佛教虽然来自异域，但自汉末从印度传入中国后，千百年来早已本土化并深入人心。而中国的诸子百家中，就有墨子的兼爱思想在这一点上庶近之。

最后，道教虽然讲出世，讲无为，讲人世间空空如也，道家传统中却有无数有关神仙下凡测试人心的故事，在在以劝人慈悲为怀为宗旨。这种信念在通俗文化中比比皆是，也普及于知识精英阶层，下面一章会详细述及。以上几家之言，千百年来在中国人的个人心理和社会实践上，均极具影响力。

所以尽管人们对街头流浪者有着或者蔑视，或者害怕，或者两者皆具的情绪，对流浪乞讨者最普遍的态度还是同情。如上所述，在乞丐的讨饭钵里投入的每一个铜板都是人性同情的一种流露。正是这种点滴的同情积聚在一起，使一些穷人得以乞讨为生。可以这样说，除了贫困本身以外，社会上普遍存在的对乞丐的同情心是使乞讨得以在中国成为一种生存方法乃至职业的主要原因。

即使是对"自作自受"、"咎由自取"的沉沦者，民间的一般态度还是以同情的居多。1930年上海报章上曾有一文题作《乞丐之忏悔》，叙述一个从小康到乞讨的故事，相当典型地反映了那种"败家子"类型的乞丐是如何走上歧路的，而作者对这种不幸仍表达了无限的同情。作者俞伯霞与朋友在傍晚散步时，遇一瞎丐，"衣衫褴褛，满面泥垢，头上有虱，蠕蠕可辨，胫下生疮，露饥寒疲悴之惨态，痴对斜阳，太息流泪"。俞伯霞"由好奇而生怜，施以铜元数十枚，并询其身世"，该丐感拜至再曰：

> 余湖南衡州人，年四十有二，素营米店。民初家甚小康，有老父一妻二子，父死后，任意嫖赌，且染鸦片癖，以八百金赎纳一娼为妾，娼亦吸鸦片，且有梅毒，三年内，家产荡尽，店遂停

---

① Soonthorndhammathada, Phra, *Compassion in Buddhism and Puranas*, iv.

闭。余因身中梅毒，双目失明。会湘军兴，妾乃他从，妻亦携二子逃生，一家从此星散。余既无面目留□榆，乃来申乞食，宁饿毙于天涯！呜呼先生，知有今日，悔不当初，痛恨莫及，夫复何言！

俞伯霞形容乞丐"语罢，泪如泉涌，一若胸中有万斛苦衷与悔恨，而不可一罄者"，并感慨地说："余闻之亦酸鼻唏嘘者久之。我国此中可怜人，非仅彼一人耳，为地方首领者，其有所动于中乎？"①

图 3-2　乞丐吸食鸦片

吸食鸦片成瘾是不少人从小康到困顿，最后堕为乞丐的重要原因。

来源：Pitts Theology Library，Emory University.

　　就文字资料而言，公众对乞丐的同情可以在明清时期的话本小说中得到印证。话本小说的作者是普通百姓生活最敏锐的观察家。他们大部分在中国优秀的文史传统中受过良好的教育，其中不少人显然属于文人中的精英阶层。像当时几乎所有接受儒学教育长大的中国知识分子一样，他们也曾寒窗多年，读经应考，试图谋取功名。

---

① 俞伯霞：《乞丐之忏悔》，《节制月刊》第 9 卷第 1 期，1930 年 1 月，第 14 页。

然而在生活的某一阶段，或出于主动，或出于无奈，他们脱离了读经应考的正途，而以采风和写作为生。他们收集和改编民间故事、记录地方掌故和传闻、保存茶馆集市上流行的说唱话本；兴之所至，他们也常创作自己的作品。这些帝国晚期的伟大作家，与19世纪末美国的马克·吐温（Mark Twain, 1835-1910）、荷门·梅尔魏乐（Herman Melville, 1819-1891）等作家一样，把普通民众生动、粗犷、不大受到尊重的声音带入纯文学的殿堂。

而且，因为中国长期以来文史不分家的传统，他们事实上也是民间的史学家，其作品给后人留下了许多正史不传、有关普通民众生活的弥足珍贵的史料。他们收集、改编或创作的许多故事，生动而详细，往往反映了一个时代的社会风貌、公众意见、人情世故、常识通理和地方习俗。特别是，明清时期的这些文人生活在都市文化走向商业化的时代，而街头的乞讨者虽是都市生活的边缘人物，却也是令人注目的一群，难逃他们的冷眼观察。这些通俗文学家中的佼佼者李渔（1610~1680）曾这样评论乞丐：

> 世上人做了叫化子，也可谓卑贱垢污不长进到极处了，为甚么还去称赞他？不知讨饭吃的这条道路，虽然可耻，也还是英雄失足的退步，好汉落魄的后门，比别的歹事不同。若把世上人的营业，从末等数起，倒数转来，也还是第三种人物。
>
> 第一种下流之人，是强盗穿窬。第二种下流之人，是娼优隶卒。第三种下流之人，才算着此辈。此辈的心肠，只因不肯做强盗穿窬，不屑做娼优隶卒，所以慎交择术，才做这件营生。[①]

对任何文化来说，将小偷、强盗、土匪这样的犯法者列入社会底层都是可以理解的。但将娼、优、隶、卒列为"倒数第二"似乎很主观武断。但李渔并非在杜撰或任意划分新的社会阶层，他不过是重申一种由来已久的习惯说法。这种划分至少可上溯至汉代，司

---

① 李渔：《李笠翁小说十五种》，第34页。

马迁就曾形容自己的职业是"倡优所畜，流俗之所轻也"。① 虽无明文规定，娼、优、隶、卒这四种职业在中国仍被认为是最低下的。乞丐却不在此列。

　　明清时代也有政府明定的"贱民"或"堕民"阶层，其中包括世代相传的丐户，但所谓丐户不一定是乞丐，而是堕民户籍的一种名称。这些贱民在法律上被剥夺了不少权利，也不能入读官学和参加科举考试。大多数"贱民"的名目是用来作政治处罚的，而且这种制度基本上是地区性的。从1723年到1731年，"贱民"制度也逐项被取消了。②虽然在一时一地，例如在清初的绍兴，官方的堕民中有"丐户"这一分类，总的来说乞丐却不在这习俗所定的最低阶层之中。③ 另一位著名的通俗文学作家冯梦龙（1574～1646）的说法与李渔如出一辙：

　　　　若数着"良贱"二字，只说娼、优、隶、卒四般为贱流，倒数不着那乞丐。看来乞丐只是没钱，身上却无疤癞。假如春秋时伍子胥逃难，也曾吹箫于吴市中乞食；唐时郑元和做歌郎唱莲花落，后来富贵发达，一床锦被遮盖，这都是叫化中出色的。可见此辈虽然被人轻贱，倒不比娼优隶卒。④

李渔在说明乞丐不属于最下贱者后，用这样的话劝说世人：

　　　　世上有钱的人，若遇此辈，都要怜悯他一怜悯，体谅他一体谅。看见懦弱的乞儿，就把第二种下流去比他，心上思量道："这等人若肯做娼优隶卒，那里寻不得饭吃，讨不得钱用，来做

---

① 司马迁：《报任安书》，见《古文观止》，第322页。
② 经君健：《清代社会的贱民等级》，第203～252页；章开沅主编《清通鉴》第2册，雍正时期；Anders Hansson, *Chinese Outcasts: Discrimination and Emancipation in Late Imperial China*, especially Chapter 4；Jonathan Spence, *The Search for Modern China*, pp. 94–95。
③ 可参见俞婉君《绍兴堕民》，第16～18页；韩大成《明代城市研究》，第371～374页。
④ （明）抱翁老人：《今古奇观》，第402页。

这种苦恼生涯？有所不为之人，一定是可以有为之人，焉知不是吹箫的伍相国，落魄的郑元和？无论多寡，定要周济几文，切不可欺他没有，把恶毒之言去诟詈他，把嗟蹴之食去侮慢他。"

看见凶狠的乞儿，就把第一种下流去比他，心上思量道："这等人若做了强盗穿窬，黑夜之中走进门来，莫说家中财物任他席卷，连我的性命也悬在他手中，岂止这一文两文之钱，一碗半碗之饭？为甚么不施舍他，定要逼人为盗？"人人都把这种心肠优容此辈，不但明去暗来，自身有常享之富贵，后世无乞丐之子孙；亦可使娼优渐少，贼盗渐稀；即于王者之政，亦不为无助。①

显然，李渔的劝说中含有仁义道德的成分。② 如前所言，这种劝说不仅是作者自己的想法，它也反映了一个时代的道德观。可以说李渔和冯梦龙的这两段说词反映的是社会上普遍存在的一种与人为善的观点。

这种观点有其持续性，到晚清民国时代还常常可以听到相同的声音。近代中国最具影响力的《申报》在同治十一年（1872）曾载文道："夫乞人，贫人也，非有刑伤过犯之秽迹也，非如娼优隶卒之污贱也，非若为盗为贼之有干国宪也，苟能自立，仍然清白良民，其不得已而求食者，诚此生之末路仅一线之生机也。"③ 稍后，《点石斋画报》也称"乞丐，穷民也，苟不犯法，何莫非朝廷赤子哉！"④ 直至20世纪初，主流社会仍视乞丐为可怜的穷人，乞讨是不幸的求生办法，但它并不构成对社会的冒犯。那种将乞讨看做社会疾病，亟须限制和消灭的概念是民国以后随着都市改革之风而引进的。此前不仅报纸的评论员，而且权力如日中天的政客们也并不视乞丐为贱。袁世凯（1859～1916）在辛亥革命后试图复辟帝制时一

① 李渔：《李笠翁小说十五种》，第34页。

② 关于李渔的研究，可参见 Chun - shu Chang and Shelley Hsueh - lun Chang, *Crisis and Transformation in Seventeenth - Century China: Society, Culture, and Modernity in Li Yu's World*。

③ 古吴最乐老人：《详饬求食论》，《申报》同治十一年八月初二日。

④ 《点石斋画报》乙卷，第30页。

段利用乞丐制造舆论的小插曲就很能说明问题。

1915 年的一天，袁世凯的心腹杨度（1874～1931）在北京街上偶然听到两个乞丐站在街沿石上吵架。其中年长的一个厉声喝道："今天这个世道哪有王法？都是什么共和、民国，搞成这样无法无天的样子！假如皇帝复出，一定不让你们这些小子横行霸道。我只有天天求老天爷，再生一个皇帝吧！"杨度时为"筹安会"第一君子，正为袁的复辟不遗余力，闻此言，心有所动。① 袁氏称帝活动的一个主要部分是以民意粉饰帝制，此前已有国民请愿团、女子请愿团乃至娼妓请愿团等，企图造成袁本人并无称帝野心，只是民意如此，不得不勉为其难的假象。杨度此时正与梁士诒斗法，看谁为袁氏复辟出力最多。这路边乞丐的话令杨度不禁大喜，当即行动起来。熟谙民初政坛逸闻、曾任清史馆名誉协修的许指严记载此事曰：

> （杨氏）既归，立命家人召管丐之首领至（京师有管丐头目，谓之团头），语以如此，歆以权利，约于三日内召集，提会中经费施用，每名给以番饼一元，管丐首领则给百元，一律列名签押。内外城各丐闻是耗，晷刻之间，不期而麇集者不下万余人。其稍识字者，即自行署款；而目不识丁之辈，或请同类代押，无不踊跃争先。以故于各请愿书进呈，比较列名最多者，以乞丐请愿团为第一。②

事后袁世凯问杨度为此请愿书花费多少，杨度称"绝不劳一文运动费"，但递呈给袁一份领头签名的乞丐名单，说"据彼辈之意，但求吾皇正位后，遍设栖流所、习艺厂，广施冬衣赈米，使若辈幸免饥寒足矣"。袁世凯闻言，笑而颔之，并将杨度所呈名单"以铅管记载秘密簿册上，以备他日施恩"，即作袁世凯一旦登基成功时论功行赏的依据。据称："此等簿册为袁氏特置之怀中秘宝，凡遇请愿劝

① 许指严：《新华秘记》。
② 许指严：《新华秘记》。

进之名字，必亲录之，以备查考，为他日酬庸之根据。此次丐者列名至万余人，不能尽书，乃记其前列十人于册，而令书记缮其全体姓名于别纸，常置秘室案头，与秘密簿册参看，其郑重若此。"① 后来袁世凯仅得"百日复辟"，随即在全国一片谴责声中蒙羞死去，当然来不及犒赏那些乞丐头目了。

　　事实上这并非中国历史上乞丐唯一的一次卷入高层政治。1768 年一场剪辫案的主角中，许多也是乞丐类的人物。这个案子一开始不过是江南几个城市中有一些乞丐和流浪汉为叫魂而剪人发辫，据称这些毛发可供术士施行"摄魂术"，即通过作法于某人的名字、毛发或衣物等，便可使之发病，甚至死去。这些事件彼此之间本来并无联系，但后来这些地方性的"摄魂术"造成了全国性的恐慌，惊动了乾隆皇帝，有关乞丐和流浪汉施行"摄魂术"的报急文书在御前堆积如山。接着是各地的大搜捕，全国上下整整折腾了三个月，成为乾隆盛世时一段有名的公案。整个事件可分为两头，一头是乾隆皇帝和他的各级官员，如履薄冰，如临大敌；另一头则是乞丐流浪汉，装神弄鬼，如真似假。美国哈佛大学历史学家孔飞力曾以此为题材，利用清宫档案，写成《叫魂》（Soulstealers）一书，通过这一个案件剖析清代中国专制权力和社会民众的关系以及官僚机制的运作过程。② 袁世凯复辟帝制中的乞丐和乾隆时代剪辫案中的乞丐性质不同，但有一点两者都一样，即他们都是不自觉地卷入高层政治，糊里糊涂地充当了政治的帮衬或牺牲品。

　　但是，在近代中国至少有一次乞丐们是自觉地表达政治愿望的。1919 年五四运动时的上海，当市民们上街抗议《凡尔赛和约》时，有几个星期街头几乎不见乞丐。这在上海是罕见的。上海此时估计有两万名乞丐，诚如当时一名社会工作者所抱怨的那样："除了那些有保镖护身者外，没有人不被他们骚扰。他们在街上踩着你的后脚跟，跟着你的黄包车，商店刚开门做生意时他们就攘攘不休，即使

---

①　许指严：《新华秘记》。

②　见 Philip A. Kuhn，*Soulstealers*：*The Chinese Sorcery Scare of 1768*，中译本见陈兼、刘昶译《叫魂：1768 年中国妖术大恐慌》，上海三联书店，1999。

你富有私家车，你的车也有被他们骚扰停驶之虞。"① 所以，人们自然会问：那几个星期上海的乞丐都到哪里去了？原来五四运动爆发之后，上海各丐帮明令帮下乞丐不得上街乞讨和扒窃，"以免妨碍国人救国之行动"，并以此"表爱国之心，且免外人耻笑"。同时帮主们也作了具体安排，在乞丐中分发饭食。与此同时，小偷也几乎绝迹。各帮会"于上海罢市之日，由首领召集会议。议决：无论罢市若干日，所有盗窃扒手，一律停止。若有违背者，照帮规处罚"。时人开始还只是有所闻，不知确否，但后来果然罢市多日，上海市面上"无一窃案。马路无一强索乞丐"，令上海市民感慨"窃贼乞丐与我商界学界有同一之爱国心乎"。② 此事也在一定程度上体现了当时的社会风潮：鄙贱如乞丐小偷者，尚以国耻为己耻而思有所作为。同时，民国时期上海乞丐组织之严明和效力更是无可置疑的了。

图 3 - 3　丰子恺的漫画充满对丐者的同情

丰子恺的漫画既是对乞丐悲惨生活的忠实描绘，也充满了画家对乞丐的同情。

来源：左图，《立报》1948 年 1 月 11 日；右图，《丰子恺画存》，天津民国日报社，1948。

---

① Liu, "Women's Fight Against Beggary", p. 100. 此文发表于 1935 年，但作者明确指出文中所述为"至少十五年来的现状"。

② 中国科学院历史研究所：《五四爱国运动资料》，第 507、514～515 页。

玩 世 不 恭

孟子在说了那句"恻隐之心，人皆有之"的千古名言时，还具体地罗列了人性的几个要点，包括"无羞恶之心，非人也；无辞让之心，非人也；无是非之心，非人也"等。从同情乞丐的角度看，乞丐正是人群中那些为了生活而不得不克服人性中基本的羞恶之心，摒弃社会上最通常的辞让之礼，天天忍辱含羞而生的可怜虫。而所有的含辛茹苦，只是为了最基本的生存。从这个同情的角度出发，派生出一种对一般俗世社会蔑视乞丐的心理不以为然的态度。这是一种既有几分玩世不恭又有几分愤世嫉俗的心态。它的来源，可以追溯到中古时代。唐朝的元结（719~772）曾作《丐论》，可称是这种态度的一个经典之作。

> 古人乡无君子，则与云山为友。里无君子，则与松柏为友。坐无君子，则与琴酒为友。出游于国见君子，则友之。丐者，今之君子。吾恐不得与之友也。

就是说，元结以结识乞丐为荣。元结然后借他那位乞丐朋友之口，抒发他对当朝文武百官中势利风气的不满："于今之世有丐者，丐宗属于人，丐嫁娶于人，丐名位于人，丐颜色于人"等，实属可耻，而"丐衣食，贫也，以贫乞丐心不惭"，是"君子之道"。[①]

无论元结是否真有那么一位乞丐朋友，他所针对的显然并不是乞丐，而是满朝文武。中国的士大夫向来标榜或追求品味高雅，避免下里巴人的粗俗，元结在文中大谈乞丐，似也从一个侧面说明乞丐对文人学士而言并非一种避之唯恐不及的题目或形象。事实上，元文也一直被引为中国文化中有关乞丐文字的经典，文中表达的因贫而丐乃"君子之道"的思想，至近现代仍常可在人们心中引起共

---

① 《古今图书集成》第 815 卷，《乞丐部·艺文》，第 1 页。

鸣。如中国人常用"讨生活"一语来表达找工作、找生计，或比较抽象地说，找个人精神世界的满足，这与元结所表达的思想不无相同之处。

在很大程度上，中国人所说的"讨生活"和美国习俗语中的"推销自己"（to sell yourself，更直接的译法是"出卖你自己"）有异曲同工之妙。"推销自己"指找雇主、找工作或试图使别人接受某种计划、主意等。如果说，英文中用 sell（"推销"、"兜售"或"出卖"）来表达求职谋生揭示了当代资本主义社会深入骨髓的商业文化，那么中文"讨生活"、"求职"中的"讨"和"求"则多少反映了中国传统文化中对乞讨这一概念的一种宽松乃至略带幽默的理解。

有关乞讨的这种玩世不恭或愤世嫉俗的态度在许多中国人尤其是文人中引起共鸣。到了 20 世纪，类似的心态还常常出现在知识分子群中。民国时期流传着一首乞丐的"绝命词"，诗曰：

> 身世浑如水上鸥，兴来持杖过南洲。饭囊凝霜盛残月，歌板临风唱悲秋。两脚踏翻尘世路，一肩担尽古今愁。而今不吃嗟来食，黄犬何须吠未休。①

全诗写得不俗，有道家之风，却又相当写实，显然是一个沦为乞丐的落魄文人的作品。20 世纪初新文化运动时，一些左翼作家批评文学圈中的商业作风，贬称那种为稿费和读者群而写作的作家为"文丐"。当时就有人出来针锋相对，反其道而行之，公开以"文丐"为荣。有一位自称姓文的作者在《晶报》上撰文，说要把自己名号都改掉，代之以"名丐，号讨饭"。他接着大发一番"天下人人为丐"的议论：

> 世上的人，除了能够从娘肚子带干粮出来吃一世的人外，

① 文安主编《晚清述闻》，第 119 页。

恐怕一个人要生活在世上，就绝对的不能不借着他人之力去衣食住罢，既要靠他人之力才能生活，那就有了丐的性质了。即使家里有巨万的财产，自己从娘肚子里到坟墓里，一世的生活，可以不必借他人之力的，那他祖宗得这财产时，总一定做过一次丐的啊。这么说来，世上真无人非丐咧……①

从此文最后"自己做了某小说杂志主任，再化了名，译了许多小说，算是北京来的稿子，要支五块钱一千字"的讽刺文字来看，作者主要的攻击目标是时任《小说月报》主编的沈雁冰即茅盾（1896～1981），不过这是题外之话。民国时期也有知识分子故意以"穷"为号召的"穷社"，说明穷困常被人用来标志清高或别树一帜。②

这些人的感慨抒情中尽管有这样或那样隐藏或不那么隐藏的动机，这一类借题发挥却连绵不断，至今还可以找到同情者。坊间就有《为叫花子做的策划》之类的"指导人如何创业的书"，公然把商业经营喻为乞讨，快快乐乐地以此为幽默。③ "文丐"一词至今还常出现在中国人的语汇中。最近的一个例子是作家洪峰（1957～）上街乞讨的举动。2006年10月28日，洪峰为薪水问题走上沈阳街头公开乞讨，并且在胸前挂牌表明自己的姓名、身份，虽然没多久就被家人强行劝回，但此事还是在文学圈引起轩然大波，"文丐"一词也再三在报道此事的文章中出现。有人称洪峰为中国文坛射雕五虎将之一，即南帝苏童，北丐洪峰，东邪余华，西毒马原，中神通格非。帝、丐、邪、毒、神并称，是中国当代所谓前卫（或称先锋）文学的特色。乞丐与文人相连，似乎也不是什么太不体面的事。④ 再如晚年出道的文化名人黄宗汉（1931～），顶着北京市对外文化交流

① 《晶报》1922年11月21日。
② 顾莲邨：《从"穷社"命名想起——缅怀吕凤子先生》，《镇江文史资料》第17辑，1990，第109～111页。
③ 宣钟：《为叫花子做的策划——创新让你脱颖而出》。
④ 《城市晚报》（吉林）2006年11月1日。

协会副会长、北京电视工业公司副经理、中国电视剧制作中心顾问、中国国际合作公司总经理等诸多头衔，他的名片上印的却是"京都文丐·黄宗汉"。①

在1990年代末的一次采访中，一个从甘肃兰州来到北京的名叫路辉的流浪画家就这样说："为什么要嘲弄乞丐？他们对别人要求的很少，只要一点点同情和可怜，再加上一点点帮助，比起那些千方百计要剥削别人，占有别人一切的富翁来讲，乞丐要比他们高尚得多。"②

路辉是个从5岁就开始学画的有才华的年轻人。他来北京以前已流浪了7年，从青藏高原到丝绸之路，到处寻求艺术的灵感。但由于他拒绝低价出售自己的作品，至今未能做到以画谋生。在北京，他与乞丐相差无几，穿一件T恤衫，上缝一块白布，白布上用中英文写着求乞的文字。这位流浪画家认为乞讨是比低价出售自己的作品高尚的谋生办法，因为后者是对艺术的侮辱。他以荷兰画家梵高（Vincent Willem van Gogh，1853－1890）为榜样，梦想有朝一日成为一流的艺术家。他向以乞讨为鄙的习俗挑战，宣称："实际上想通了，这世界上谁又不是乞儿呢？只要活着便要乞讨。乞讨干净的空气与水，乞讨充足的粮食和衣物，乞讨爱与怜惜，乞讨人与人之间的宽容与谅解，所以，做乞丐只是还原了人的本能而已，用不着为此而感到不安或者是羞耻。"③

《晶报》上那位自称"文丐"的作者、路辉和唐朝元结的态度如出一辙，甚至连话语都是如此地相似，虽然他们之间隔了一千多年。在不以乞丐为耻这一点上，中古时代的元结可以找到不少现代的同志。当然发这类标新立异的议论的人都有自己的目的或潜台词，他们只是用乞丐这一题目借题发挥，并非真正为乞丐说话。从另一个角度讲，这些议论也并非就是独排众议，语出惊人，而是有一定

① 此名片为黄宗汉亲自给作家林海音的，见《城南旧影：林海音自传》，第314页。
② 于秀：《中国乞丐调查》，第201～202页。
③ 于秀：《中国乞丐调查》，第201～202页。

的社会基础的。如前所述，俗语中也有"讨生活"、"求职"之类的表达方法，可为这种略略带有一点愤世嫉俗的态度作一注脚。[1] 甚至可以说，在乞丐问题上有些想法是中西相通的。例如被誉为伊丽莎白时代英国伦敦最受欢迎的牧师亨利·斯密斯（Henry Smith，约1560-1591）的讲道集中，就有诸如"我们都是上帝的乞丐；上帝既认可他的乞丐，让我们也不要鄙视我们的乞丐"之类的说辞，虽然用的是宗教语言，所表达的意思却是大同小异。[2]

社会寄生虫

与上述同情乞丐的心态相反，人们对乞丐的另一种主要看法是认为乞丐游手好闲，不劳而获，是社会的寄生虫。上海在20世纪早期的富裕和与此同在的乞讨现象使得这种视乞丐为寄生虫的态度十分明显。这种态度在上海尚未成为开放口岸时就可窥见了，到了民

---

[1] 近年来互联网上有"中国乞丐拯救地球"一则笑话，虽然语出诙谐，实也反映了乞丐在通俗文化中至今不堕的地位：
外星人准备攻打地球，派探子化装成地球人来打探消息。
探子在中国找到一个乞丐，问他："什么东西摸得着看不见？"
乞丐觉得他烦又不给钱，摸摸后脑不理他。
探子一看，想："嗯，他答对了，就是后脑！"
又问："什么东西看得见摸不着？"
乞丐更觉得他无理取闹，看着头顶的太阳不理他。
探子想："又答对了，就是太阳！"
再问："用什么方法能背上地球？"
乞丐索性躺在地上。探子一看："不得了，这也能答对！"
于是确定了地球人的聪明之极，连乞丐都这水平！
最后他决定贿赂看看，于是掏出一叠美元给乞丐。
乞丐不认识美元，终于忍无可忍，一把把钱甩到阴沟里，嘴里骂："滚！！"
探子赶紧回告："地球人不但聪明而且重金都不能收买，阿拉还是转攻为守吧！"
就这样，一个中国的乞丐拯救了地球……
见 http://www.haha365.com/mj_joke/20060729194906.htm（2006-07-29）。
[2] *The Sermons of Mr. Henry Smith*（1593），pp. 1108，1124-1125，quoted from A. L. Beier, *Masterless Men*, p. 109.

国时期就更为明显和普遍。同时，这种态度也在全国各地大大小小的城市普遍存在。

1842 年夏天，鸦片战争刚过。战争期间英军曾在 6 月 19 ~ 23 日占领上海县城数日。一个叫林远村的上海居民这样讲述他所见的上海的乞丐生活：

> 洋人去后某日，闻其居近之紫霞殿左井亭内有哄笑声，出视之，则群丐也。井庭中倚以字画纱隔，井上盖红木圆台面，三面悬堂帘，槅后则呢绒绸绫、被褥入山、衣服称是。诸丐均穿绸绫且有靴者，围坐堆洋银摇滩为乐。其坐则或呢，或香牛皮，或佳纹席不等。亭之左即庙之廊，积柴米煤炭如丘。又酒瓮之旁列三大锅，数幼丐守。至其侧，则馨香扑鼻，睨视之：一锅则火腿和狗肉，一则诸海菜和鸡鸭也。[①]

另一个上海居民褚野塘当时避乱于浦东，英军撤后，回家探视，从城南的董家渡渡江回城，刚下码头，"见董家渡侧王氏廊下群丐燃通宵烛掷六子，银钱山积。其装饰仿佛如（林）远村所见，惟多一切精致桌椅，并有自鸣钟"。[②]

这些描述出自当地当时市民的亲身经历，显然是真实的。乞丐的富裕有可能是战争造成的特殊情况，即乞丐们利用战时的混乱进行偷盗，故有一时的享乐和"银钱山积"。尽管如此，对乞丐生活诸如此类的观察在全国其他地方却也时时可见。美国长老会的传教士丁韪良（W. A. P. Martin, 1827 – 1916）从 23 岁起在中国生活了 60余年，任京师同文馆总教习 25 年，他曾这样形容所闻所见的晚清乞丐："中国有许多职业乞丐，白天他们以盲聋残瘸行乞，晚上则聚在一起享用一天的收获；这时他们如维克多·雨果笔下巴黎贫民窟里

---

① 曹晟：《夷患备尝记》，第 143 页。
② 曹晟：《夷患备尝记》，第 143 页。

的乞丐一样，突然从残疾中霍然而愈。"① 丁韪良曾引述一个名叫拉素的英国传教士在宁波的一次遭遇。一天晚上，拉素在宁波城墙上散步，见到一群看上去衣着体面的人正围桌而坐宵夜，他便向他们打了个招呼，不想那些人客气地请他入座喝茶。性格落拓的拉素便应邀入席。他这样随便接受陌生人的邀请倒使这群人有点吃惊。作为一种开场白式的寒暄，拉素问他们"何处高就？"想不到一桌人齐声回答："我们是乞丐。"这下轮到拉素吃惊了。②

19 世纪中叶的宁波和上海一样，是个富裕的县城，也是鸦片战争后最早开放的五个口岸之一。但是，此后几十年上海的发展将宁波和中国其他城市远远抛在后面。太平天国战争（1851～1864）时期大量难民涌入上海租界，在战乱中寻求一点保护。战后上海进一步繁荣。渐渐地，这个城市被看作充满机会的地方，甚至被形容为遍地黄金。正因为乞丐是赤贫之人，他们常被用来当做戏剧化的社会攀升的好例子。晚清时有一首《望江南》的词，共 30 段，每段以"申江好"开场，列举了上海的 30 种好处，其中便有一段以乞丐为例形容上海社会变动的迅速：

> 申江好，忧富不忧贫。
> 库积雄财惊顿失，街栖乞丐忽更新。
> 同是一般人。③

诚如该词所言："街栖乞丐忽更新"的对照面是"库积雄财惊顿失"，从富裕家庭沦为街头乞丐是一个铜元的另一面。旧上海有名的中医师陈存仁（1908～1990）曾有一段幼时的回忆，颇能反映当时社会上对这种人生浮沉和社会地位变迁的看法。陈存仁家在城里大东门大街开了四家绸缎店和衣庄。6 岁那年小存仁去开设有 7 家典

---

① Martin, *A Cycle of Cathay*, p. 77. 关于丁韪良的生平，参见 Covell, *W. A. P. Martin*。
② Martin, *A Cycle of Cathay*, pp. 77–78.
③ 黄式权：《淞南梦影录》，第 141 页。

当铺的九姑丈家拜年，得姑母给压岁钿银洋一块，上面还牢牢贴着姑母亲手剪贴的红纸双喜字。时店中有一章姓学徒，没有工资，除店中管吃管住之外，每月只领月规钱二角（约五分之一银元），章见他拜年叩个头就有一块银洋，羡慕不已。当时一块银洋可换铜元一百三四十枚，而一枚铜元就可买一副大饼油条。绸缎铺中薪金最高的掌柜先生每月不过8元银洋，普通职员不过四五块银洋。那章姓学徒见小陈存仁一面摆弄那块银洋，一面隐隐流露一种骄傲的姿态，就讥讽他说："小开！你不要得意，我满师之后，努力做事，也会发达，到时我的钱一定比你多，而且要买一辆包车（即私家两轮人力车），那时节我高高坐在包车上。你这种小开没有一些用处，可能已做乞丐，只能帮我推车，向我伸手要一只铜板呢！"陈存仁回忆道："我听了他的话，气得了不得，但是他这几句话却深深地印在我心坎上，知道一个人没有本领，将来是会成为乞丐的。"陈存仁后来事业成功，成了中医界的领袖人物，并在寸土寸金的上海拥有一栋大楼，与幼时这段偶然的对话不无关系。而这位叫章荣初的学徒，有志者事竟成，30年后不仅自己开了两家织布厂，又和民国时期的工商巨头刘鸿生（1888～1956）合作创办章华呢绒厂，是为国产呢绒第一家，成为上海有数的大企业家。①

　　当然从乞丐变为富翁者凤毛麟角，基本上是传奇性的。但是，上海乞丐相对轻松的生活——像上述街头聚餐之类——却常常被市民注意到。长期生活在上海的报人徐珂（1869～1928）就曾记述和评论道："丐者行乞道路，舌敝口瘔，日不得一饱者常有之，然非所论于上海租界之丐。光（绪）宣（统）之交，租界警律渐弛，遂出现于通衢闹市，呼号之声，不绝于耳，其桀黠者每日所获，有较之普通苦力多且逾倍者。光绪丙午仲春之五日，金奇中道经穿虹浜爱国女学校，见门侧有五丐，席地而饮，皆手持半烬之纸烟，地列鸡、火腿、豆腐三肴。初疑其享馔余也，旋见墙隅有炊具，一丐方事脔割，

---

① 陈存仁：《银元时代生活史》，第5～6页。

乃知其非残羹冷肴矣。闻其日入之丰者，可得银币一元。故论沪丐之衣食住，惟衣住二端，不能与齐民齿，而与普通之丐相等。至其食，则视中人之家尤或过之。"①

徐珂的这种看法实在有很多同情者。1933 年《上海周报》向读者征文写实上海的冬天生活。结果应征文章多有描写乞丐生活的，其中不乏与徐珂同感者。有一文在题目上就开宗明义："你莫讥笑这般可怜的人们，他们自有他们的个中乐趣！"文中写上海垃圾桥（今浙江路桥）畔的小瘪三，一天乞讨偷窃下来，"非但能够去向头目交账，而且还可以合着几个同党到东新桥小酒楼上，买一角钱牛肉，两百钱门抢（腔），三块冻肉，半斤黄酒，走进弄堂角里去大嚼一顿，吃了回去，一路上还要唱脱一曲'武家坡'！"而"在上海的各种瘪三当中，要算城隍庙里的瘪三最窝心了。平常他们在庙里靠拔蜡烛为生活。有的时候，那些从城里来的太太小姐，带了猪头三牲来敬谢城隍菩萨，一条鱼、一块肉又是瘪三的命份账……到了黄昏，这般瘪三公公都聚在城隍庙后面的一个破屋里烧着稻草打火堆，他们一头烤火，一头用猪头肉过老酒，吃罢老酒，再唱一曲'小东人……闯下了……'便三五成群坐拢来打扑克，一直打到午夜，便攒进稻草里去入黑甜乡了"。②

对乞丐的这类描写不限于上海，离上海三千多公里的内地城市成都，行人可以常常看到乞丐们在城门附近聚餐，东门外的乞丐尤其阵容庞大。东门大桥下的河滩是成都有名的乞丐区之一，俗称"王爷庙"，除了大雨天气，这里不会淹水，因此经常有百余个乞丐栖息于此。黄昏时分，乞丐们聚在河滩上，用三块石头围成一个临时的炉台，上架一口砂锅，用来熬煮残汤剩饭，乞丐的术语称之为"三石顶一锅"。一位老成都市民回忆道：

　　　如果这时你从旁边走过，那飘送来的气味儿还很有些诱人

---

① 徐珂：《清稗类钞》第 40 册，第 29 页。
② 《上海周报》第 1 卷第 9 期，1933，第 176 页。

呢。乞丐们进晚餐的场面也很有意思，常常引得一些闲人站在河岸，凭着桥栏观赏。乞丐的生涯属于"忤逆讨来和气吃"的类型，由于晚饭后不再出讨，心情也特别好，三三两两，你推我让。按例，那些因病不能外出行乞者这时也可以分享其得，使共进晚餐的气氛显得更是热闹、融洽。[①]

乞丐的聚餐不但和谐热闹，他们还有闲心给剩菜残羹取个好听的名字。例如只剩骨架的鸡叫作"灯笼鸡"，光剩刺笆的鱼叫"蓖子鱼"，只剩下一绺皮的肉叫"月亮肉"，从酒席上倒回来的酒，上浮油花，闪动如繁星，被美称为"星星儿酒"。这种富有想象力、颇有创意的名字也反映了这些街头流民苦中作乐的幽默感。[②]

图 3-4　四川自贡市的三孔石桥

城市近郊的桥洞底下常常是乞丐们的栖身之地。这座通往四川自贡市的三孔石桥于乾隆三年九月十二日开始使用，到清末，这里附近已形成一个不大不小的乞丐窝。

来源：William Edgar Geil, *A Yankee on the Yangtze*, 1904.

成都从 20 世纪初起成为川菜的发源地，而成都市民也以善吃和

---

① 崔显昌：《解放前四川乞丐的形形色色》，第 165 页。
② 崔显昌：《解放前四川乞丐的形形色色》，第 165 页。

好上馆子著称。1930年代，成都人口不过50万，却有几千家饭店和600家茶馆。东门一带又是成都的闹市区之一，早在1917年，一个美国人就曾形容东门为"充满噪音、喧嚣和混乱"的地方。[①] 连排接栋、各式各样的饮食铺子，使那里成为乞丐们求食的好去处。

但是，不是每个地方都有酒店饭馆的剩菜残羹可供乞丐充饥填腹。如无繁华闹市可分得余羹，乞丐们的觅食行为便常常变成了偷盗。在长江下游城市芜湖，乞丐们一般出钱买蔬菜吃，而荤腥则取之于顺手牵羊或精心策划的偷局。一个熟悉芜湖乞丐内情者曾透露些详情：

> 他们打狗、拃鸡、捉蛇、掏龟怀有绝技，如打狗是鼻梁上一棍致命；拃鸡手艺高的人可嘴含白米一口气将米喷成一条线落在地上，鸡吃到身边，便快手逮着托住鸡肚，鸡一声不叫，拃的多的身上破衲里可藏上七、八只；有的在一根细弦上绑一根两头尖的毛竹枝梗，两头弯转插入一粒小麦里，和另一撮小麦撒在一处，鸡吃下后，卡子松开撑住喉咙，轻轻牵回；有的用白酒泡米撒在地上，鸡吃了晕倒，拣了藏起就走，鸡肉吃了，鸡毛还可以扎掸帚。[②]

偷鸡有时还有搭档，这主要视被偷人家有多少猎物而定；一般是两人档，一人望风，另一人下手。在浙江南部城市温州，乞丐偷鸡在民国时期已成一种小小的行当，以致有关的行话都发展出来了。例如两丐偷鸡，看中一户人家要下手时，一人望风，一人下手。如这家妇女此时刚巧从屋里出来，看风者就说"观音出现"，叫另一丐马上"葫芦放火"，那就是叫他解裤子小便之意（葫芦者，阳具之隐语也；放火者，出水之反语也）。那位妇女看见乞丐要当着她的面小便，赶紧躲开。她也许以为碰到一街头无赖，或一轻薄小子，有

---

① Fritz, *China Journey*, p. 98.
② 胡相：《芜湖旧社会的乞丐帮》，第284页。

调戏之意，却料不到这不雅动作背后暗藏的戏法和目的。①

　　这样的小偷小摸常与乞讨一起作为乞丐谋生的手段，在一定的程度上，乞丐和小偷之间并无明确的界限。不过乞丐们还有点"职业道德"，比如说他们一般信守兔子不吃窝边草的道理，不偷居处邻近地区的鸡。他们偷鸡打狗也常变换地方，以免招怨一方。他们一般也不偷报晓鸡，因那时机制的自鸣钟是贵重之物，大部分市民还要靠雄鸡报晓。②

　　如果说许多有关乞丐在街头野餐的记录出于旁观者之手，那么下面这段记录显得尤为难得，因为它出自一个乞丐生活参与者的亲身经历。胡相是芜湖的一名小学教师，因自幼家贫，其父与丐帮有些交往，所以他从小就对乞丐心存同情，对他们的故事耳熟能详。1948 年春，胡相在芜湖新丰乡一带教书，一学期所得一网袋金圆券，只能买一双球鞋，生活艰苦，故而更与乞丐同病相怜。小学校旁边有一座叫"回龙殿"的道观，殿前是唱戏用的"万年台"，台下则成了乞丐成群歇宿的地方，而殿里的汪道士的二儿子就是丐头，经他介绍，胡相成了乞丐窝的常客。

　　　　（乞丐们）到一城镇住下后，天晴外出，雨天在"家"做手工艺；有的在走长途时三餐都不在一地，拣几块石头支锅做饭；有的固定一地，能动的人四方去要，早出晚归。有的男女各分伙出去，但决不会一人，至少二人，多则四至五人。一路收集手工艺的原料（如竹片等）；回归途中拾来干柴，烧煮进餐，篝火上狗肉飘香，粗碗里烫着老酒，边吃边谈，饭后有的抽叶子烟，有的唱小曲，然后躺在狗皮上交谈一天的所见所闻。我经常带着麻雀牌香烟杂坐其间，听他们谈天南地北的趣事怪闻。③

---

① 王希逸、雷子辉：《温州的下层社会》，第 643 页。
② 胡相：《芜湖旧社会的乞丐帮》，第 284 页。
③ 胡相：《芜湖旧社会的乞丐帮》，第 278、283 ~ 284 页。

虽然在很多地方人们常可看到乞丐吃得不错的景况，但就讨得的现款而言，上海的乞丐还是在全国名列前茅，这也使得对乞丐的反感在这座城市很普遍。1926年，上海有个乞丐在脱离乞丐生活一年后告诉记者说，当他做乞丐时，从旧历新年到元宵，和每月的初一、十五，在城隍庙一带乞讨，每天至少可以得到3个银元。一般日子每天则超过一个银元。[①] 这与徐珂对上海乞丐收入的估计不相上下。与此相比，当时上海纱厂工人的月收入大约在10～15个银元，几乎不到城隍庙乞丐的一半。[②] 所以人们对乞丐心存反感是很自然的。1920年，一个广东人在上海广东同乡会的周报上撰文猛烈抨击他的一些同乡在上海以乞讨为生，不劳而获：

　　粤人在沪沦为乞丐者，俗称"黑七"（按黑七实系"黑出"之误，其取义以歹人夜黑始出也）。是黑七辈乃风尘中不幸之人也，正宜悯恤之不遑，宁忍稍事抨击。讵知适得其反。盖据闻见所得，若辈表面虽衣衫褴褛，穷愁万状，但居恒非"一元"、"八角"不能供一日黑白米之耗用（粤谚"黑米"系洋烟），浪费之大，实等乎中人之产。其所资以挹注者，厥有二端：（一）沿途（北四川路武昌路一带）择同乡之易与者蹑跟强讨；（二）遇乡人之有吉凶事者，即联群踵门需索。即此二端，已足供给而有余。是故，具有懒惰特性者，一经混迹其间，大都怡然处之，而不思自拔……晚近世界工人多以劳工主义相倡，顾其意旨，是欲使工人受资本家之雇佣各得相当之报酬，非欲不工作也有饭吃。不谓乃辈竟能不工作而有饭吃，其生活讵非尤驾乎工人之上。足知若辈腼然人面，虽为乞丐，实利用乞丐头衔，而为无耻生活。呜呼！乞丐云乎哉，直苦面流氓耳。[③]

---

① 齐平：《有乞丐阅历的话》。
② 李次山：《上海劳动情况》；罗志如：《统计表中之上海》，第74～76页。
③ 《广肇周报》第77期，1920年9月26日。原文无标点。

一方面，这些报道有它们的片面之处，也许并不能代表上海一般乞丐的情况。广东籍的乞丐所活动的北四川路和武昌路属虹口地区，是上海的广东人聚居之地，而上海的广东人是一个比较富裕的移民群体，在那一带乞讨相对容易。① 上海城隍庙是善男信女烧香朝拜之地，又是老城的中心，以丰富的特色小吃和各类小商店林立著名，那里的乞丐组织严密，被称作"大瘪三"，并非一般的乞讨者所能插足，所以他们的收入应高于上海乞丐的平均收入。

另一方面，这些报道也不能完全被看做人们对乞丐的偏见。根据各种资料来看，1920 年代和抗战爆发前的 30 年代，上海一个普通乞丐的平均日收入从五六百文（新入行的乞丐）到两千文不等。而当时两千文约合三分之二个银元，已超过一个普通工人的日收入。② 必须指出的是，这只是现金收入，不包括乞丐得到的食物和其他实物。所以有些乞丐能积蓄不少钱，甚至到足以在贫民区放高利贷的程度。1936 年上海有个老乞丐病死，在他的脏枕头底下却压着 800 银元（当时上海一般工厂工人的月收入约 20 元）。此丐没有子女，只有几个侄子是合法继承人，结果这几个侄儿为了分配不均而闹到法庭，打了一场不大不小的遗产官司。③

这类故事在 19 世纪的英国也常有所闻，往往是又老又穷的街头流浪汉死后却被发现遗有相当一笔财产，成为英国社会史上的一个趣观。④ 不过这在民国时代的上海是不常有的新闻。中国的乞丐似乎更注重现世社会，也就是说他们更倾向于存了钱在有生之年发挥作用。在上海，有关乞丐节俭存钱后过上小康生活的故事时有所闻，而乞丐放高利贷，拥有包车，家雇佣人，甚至纳妾的事，在这个城

---

① 参见宋钻友《广东人在上海（1843～1949 年）》。
② 乞丐的平均收入根据以下资料计算：《社会日报》1936 年 8 月 8 日；蒋思壹、吴元淑：《上海的七百个乞丐的社会调查》，第 195～196 页；袁真：《一夕谈》；许元庆：《调查上海乞丐之结果》；陈冷僧：《上海乞丐问题的探讨》。
③ 《社会日报》1936 年 8 月 8 日。
④ C. J. Ribton‐Turner, *A History of Vagrants and Vagrancy*, pp. 660–661.

市也并非天方夜谭。①

　　这类故事的流传当然使人们对乞丐的同情心大降。林远村见到他居处附近乞丐近乎锦衣玉食的情况时感叹道："当此之时，予辈真丐不若矣。"② 如前所述，林氏所言也许是偶然事例，并不能代表乞丐的一般情况。但几十年过去了，这种认为乞丐并非赤贫的观念却长期存在。1920 年代初上海出过一套叫做《三百六十行》的年画，画家旨在用素描的手法呈现各行各业人员的形象，乞丐也是其中之一。但是画家笔下的乞丐却是衣衫整齐，足蹬布鞋，头上还戴了顶无檐便帽，身上没有一块补丁。这个出乎常情的乞丐形象似乎并非因为这是一套年画，艺术家要讨个吉利，所以画得格外标致整齐。整套年画都相当现实主义，其中一些行业，如卖梨的和制金片的，都是身穿破衣，看上去比乞丐潦倒得多。

图 3 - 5　中国西南某地
穿长袍的乞丐

美国人费利士（Chester Fritz，1892 - ?）1917 年摄于中国西南某地。

费利士在照片上写道："…begging is a profession like any other calling"（乞讨和其他行当一样，也是一种职业）。

来源：Chester Fritz, *China Journey: A Diary of Six Months in Western Inland China*, 1917.

画家所选择的乞丐形象，反映的正是人们关于乞丐的另一种观念。③中国许多城市有称讨饭的为"乞丐皇帝"的，虽系戏谑之词，事实

---

　① 蒋思壹、吴元淑：《上海七百个乞丐的社会调查》，第 87 页；陈冷僧：《上海乞丐问题的探讨》。
　② 曹晟：《夷患备尝记》，第 143 页。
　③ 娄子匡：《上海新春年画》，第 180～181、119 页。

上也反映了部分公众认为有些乞丐并非真的穷得走投无路的内在心理。① 对乞丐的另一类似的谴称是"伸手大将军",语意明了生动。1926 年《上海生活》创刊号上就以"大将军言"为题载文讽刺乞丐为不劳而获、只知向社会大众索取的"伸手大将军"。② 四川也有同样的说法。

在乞丐问题上公众的"同情与反感"的对垒是社会学和实际政治中的一个经典问题,在当代许多国家辩论至今。这个问题就是穷人应该不应该或者说值得不值得(deserving or undeserving)得到国家或公众的帮助?美国近现代政治中的一个大问题是国家对穷人的福利资助应该到什么程度。美国每次大选的首要竞选题目不尽相同,但政府对穷人,特别是无家可归者的政策总是辩论的主题之一。多年来,以同情穷人和帮助弱势群体相号召的民主党自由派,已经相当成功地在公众的心目中把他们的共和党保守派对手们塑造成一个对穷人置之不顾、拔一毛利天下而不为的既得利益集团的冷酷形象。20 世纪末共和党候选人小布什(George Walker Bush, 1946 –)以"具有同情心的保守主义"(compassionate conservatism)为竞选口号才击败对手,得以险胜。③

不过"具有同情心的保守主义"这一命题本身就有此地无银三百两的味道,即它实际上间接地承认了传统的保守主义是缺乏同情心的。一方面,在强调个人主义的美国文化中,认为无家可归者的境况基本上是因其懒惰和恶习而造成的看法仍大有市场。不过因为关于贫穷根源的辩论不可避免地与美国最敏感的种族问题连在一起,性情直爽的美国人也往往不愿明言。另一方面,在民主党影响或自由派知识分子占绝对优势的美国学术界,特别是社会学界,同情无家可归者并在各种场合向政府和公众呼吁帮助穷人和弱势群体一直

① 易人:《乞丐"皇帝"》。
② 张寄涯:《大将军言》,《上海生活》第 1 期,1926 年 12 月,第 20~21 页。
③ 一般认为此词语为曾任老布什总统(George Herbert Walker Bush, 1924 –)特别助理的学者 Doug Wead(1946 –)所创,见其所著 *Compassionate Touch*。

是一种主流声音。①

　　但是，在中国，长期以来公众对乞丐的看法并不仅是"同情与反感"对垒的问题。中国人对乞丐的看法也不完全能用"可怜的人"或"可恶的寄生虫"这一对立的词语来概括。在中国丰富的人文传统的熏陶下，乞丐在公众的心目中已非仅是街头流浪者的形象，甚至有时可以和贫困的概念相去千里：乞丐可以和神仙、圣哲、帝王、将相、英雄、好汉相连，甚至与他们合而为一。公众对乞丐的观念无论是同情或反感，都是他人加之于这个群体的，但中国文化中丰富多彩的乞丐形象往往被乞丐们非常技巧地，有时是别出心裁地加以利用和推广，以服务于乞讨的目的，并因此形成乞丐特有的、相对主流社会而言的次文化。

　　但是，单靠乞丐自身并不能造成这种次文化。在下一章我们就会看到，中国的各种宗教信仰、民间习俗、精英文化都在对乞丐文化的形成推波助澜，有时甚至可称是胼手胝足、亲自操刀，生动地体现了中国主流文化和乞丐次文化之间"割不断，理还乱"的内在联系。

---

① 参见 William J. Wilson, *The Truly Disadvantaged : The Inner City, the Underclass, and Public Policy*。

第四章　传说如是说

神秘的江湖世界一直被认为是主流社会以外的一块藏龙卧虎之地，在那里蛰伏着暂时落魄的英雄豪杰，他们虽然一时郁郁不得志，像俗语所形容的那样："虎落平阳被犬欺，龙游浅水遭虾戏"，但他们毕竟与众不同，总有一天会猛虎归山，蛟龙入海，重回社会，再露峥嵘。对江湖世界的这种有点罗曼蒂克的想法也适用于乞丐和流浪者。人们往往想象流浪人群中有落魄公子，衣衫褴褛中有失意俊杰。英雄豪杰奋起于草莽之中是中国古老史话中永远年轻的故事，代代相传而不失其魅力。世界上绝少有民族像中国人那样，在历史和传说中创造如此众多的乞丐故事，并赋予它们有关人生和哲学的意义。帝王将相、哲人文豪、菩萨道士都被请入殿堂，与乞丐同列，揖让进退，惺惺相惜，彼此观看各自在对方身上斑驳依稀的投影。

藏龙卧虎

中国传统工商界的各行各业都有行会，对内统筹协调，对外自我保护，类似于中世纪欧洲社会的所谓"基尔特"（guild）；即使是扛夫脚力之流，也有其组织，如学者全汉昇（1912～2001）所称"苦力帮"者。① 许多行业都有行业神，或称祖师爷。大多数行业

---

① 　全汉昇：《中国行会制度史》，第168～176页。

神是该行的创建者或者对这个行业作过巨大贡献的人，其中很多出自传说，并非真实人物。尽管不一定是真实的历史人物，一旦被一行业中人尊为神，则备受膜拜。其中比较著名的有木工中的鲁班（约公元前 5 世纪人物），造纸业中的蔡伦（逝于公元 121 年），钱庄业中的赵公明（约公元前 3 世纪人物），茶叶业中的陆羽（733～804），棉纺织业中的黄道婆（13 世纪后期人物），酿造业祖师爷杜康（传说人物），理发业中的罗祖（罗隐，逝于公元 909 年）等。历史学家李乔的一项研究发现，传统中国至少有 160 个行业有行业神。① 许多行业的守护神本是该行的杰出人物，死后多年才被尊奉为神，颇如日本神道尊奉的神（kami）往往是已逝的真实人物。

一个行业的建立一般需要几代人的努力辛劳，不是个人所能成就的。但行业神的观念和习俗为本行的人员提供了一种认同感和凝聚力，以及某种程度上的心理安全感乃至自豪。所以在中国许多会馆公所里，行业神的偶像或牌位往往被置之厅堂，供会员顶礼膜拜。遇有节庆纪念，敬拜行业神更是重大典礼的主要节目。由于行内人物无论大小均需膜拜祖师爷，行业神的习俗还给予本行会员某种程度上的心理平等感，学者岳永逸颇为形象地称之为"磕头的平等"。②

就像所有历史悠久的行业一样，乞讨也有它的行业神，而且还远不止一个。中国许多行业神的崇拜可称是多神教，乞丐这一行也是如此。中国乞丐至少有半打以上的行业神。各地乞丐信奉的行业神不尽相同，但他们无一例外都是英雄豪杰和上层人物。如不加牵强，这些人物中的大多数和乞讨这一行业风马牛不相及。

例如，东亚文化中影响最大的哲人孔丘（公元前 551～前 479

---

① 参见李乔《中国行业神》上、下卷，1996。
② 见岳永逸《磕头的平等：生活层面的祖师爷信仰——兼论作为主观感受的民俗学》，《中国农业大学学报（社会科学版）》第 25 卷第 3 期，2008 年 9 月，第 21～34 页。

年）和佛教的创立者释迦牟尼（Shakyamuni，约公元前565～前486年）都被乞丐奉为他们的行业神。这种攀联虽系牵强，却也不完全是空穴来风。公元前489年（鲁哀公六年），时年63岁的孔子应邀访问楚国，途中被羁绊在陈国和蔡国之间，断粮七日。陈、蔡两国都是楚国的对手，孔子和他的学生们在这种敌意的环境里饥肠辘辘，"面有菜色"，"如丧家之犬"，形同流浪汉，而孔子则泰然处之，依旧"讲诵弦歌不衰"，且对弟子们说："吾闻之，君不困不成王，烈士不困行不彰，庸知其非激愤厉志之始于是乎在。"① 意思就是艰难困苦能激励人的意志，锻炼人的才能。儒教中有关贫穷的一些广为人知的说法，如"君子固穷"、"君子忧道不忧贫"、"一箪食，一瓢饮，在陋巷，人不堪其忧，回也不改其乐。贤哉回也"之类，在在皆为贫穷背书。② 所以，乞丐们有足够的理由宣称孔子是他们的始祖。

　　世界上三大宗教之一的佛教的创始人释迦牟尼原是喜马拉雅山南山脚下一个叫迦毗罗卫的小王国（Kapilavastū，在今尼泊尔境内）的王子。传说他29岁时弃家出走，寻求人生的意义和永恒的解救。释迦牟尼在印度次大陆流浪了7年后，有一日在印度迦耶（Gaya）城郊迦耶山的一棵菩提树下大彻大悟，得"苦、集、灭、道"四真谛，成为佛祖。他的学说成了佛教。佛教经典明确记载："尔时，世尊食时着衣持钵，入舍卫大城乞食。"③ 后世游方和尚托钵化缘就是以佛祖为榜样的一种修行，除去宗教的使命，所谓托钵化缘也就是沿街乞讨，这比起一生中只不过"断粮七日"的孔子，更可为乞丐们所认同，释迦牟尼由此也理所当然地被奉为乞丐的祖师爷了。④ 民间更有将道教的创始人老子或老聃（名李耳，字伯阳，约生于公元前604年）也拉进来当讨饭祖宗的，从老子

---

①　《论语·卫灵公》；《孔子家语》卷5《困誓第二十二》。

②　以上引文见《论语·卫灵公第十五》和《论语·雍也第十一》。

③　见《金刚经》。

④　Sangharakshita, *Who Is the Buddha*, pp. 32 – 34, 54 – 57.

出函谷关、西越流沙的故事引申出去，说老子"云游"、"箪瓢黎杖度春秋"，所以也是乞丐的祖师爷，于是老子、孔子、释迦在民间并称三个"教化头"。[①] 儒、道、释为中国文化三大支柱，乞丐们全用上了。

乞丐们不仅宣称世上最神圣的宗教创始人为其始祖，他们更多的是将乞讨和俗世领袖相连。这是有些讽刺意味的，但也完全可以理解，即世界上最穷苦无助的人群要和人世间最有权有势的帝王将相攀附联姻。民国时期调查北京乞丐情况的一位作者写道："乞丐在北平早已成为一种古旧的职业……据一般老辈丐流追述该帮的起源，说某朝有个皇帝，在未发迹时也曾降身为乞丐。后来贵为天子，皇恩浩荡，便特封该帮逢门可乞，逢城设厂，逢镇设甲（即丐厂及丐头）。凡此附会传说，全无根据，但该帮却认为信史，借以自重其身价。"[②] 这是普遍存在的情况。

在这些被乞丐尊为始祖的帝王将相中有晋文公重耳（公元前697～前628）。公元前655年，当时还是晋国公子的重耳在一场宫廷政变中被迫去国，在华北各地流亡了19年之久，直至公元前636年返国登基，史称晋文公。晋文公掌权后复兴晋国，九合诸侯，一匡天下，成为著名的春秋五霸之一。重耳19年的艰苦流亡生涯和最后的大成功，使他在乞丐世界里成为神明般的英雄。重耳和乞讨最大的关系是那年他经过卫国（今河南濮阳一带），"卫文公不礼。去，过五鹿，饥而从野人乞食，野人盛土器中进之"。当惯了公子的重耳因为向他施舍的乡下人把食物装在泥盆子里递给他而发怒，但随臣赵衰却劝道："土者，有土也，君其拜受之。"重耳果然从善如流，拜谢了农人的恩赐。[③]

这里重耳不仅真正讨过饭，而且讨出了吉祥的预兆，后来最终成了大业，可称是中国最早的"讨饭王子"，所以为乞丐们津津然引

---

① 曹保明：《乞丐》（9），第96页。
② 李家瑞编《北平风俗类征》下册，第405页，转引自《北平的乞丐生活》。
③ 《史记·晋世家》；《左传·僖公二十三年》。

以为同道。① 此外被乞丐尊为始祖的还有唐玄宗李隆基（685～762）、宋太祖赵匡胤（927～976）、明太祖朱元璋（1328～1398）等。有一首流传于湖南、江西一带的莲花落，开场就用一大段诉说丐帮的"光荣史"，罗列了许多英雄豪强作乞丐的帮衬：

> 唐朝起，宋朝兴，
> 千古流传到如今。
> 不做强盗不做贼，
> 不祸国来不害民，
> 三条大路行当中。
> 化子莫要看不起，
> 洪武皇帝讨过米。
> 汉朝大将算韩信，
> 九里山前十里埋伏也把霸王困。
> 将军少年受过贫，
> 乞食漂母在淮阴。
> 大宋有个吕蒙正，
> 满腹经纶人中凤，
> 赴考京城时运否，
> 身无半文又生病。
> 讨米化子义气高，
> 讨得钱来救英豪；
> 英豪得中龙虎榜，
> 官居一品历三朝。
> 卑田院里挂直匾，
> 从此丐帮美名标。②

---

① 马克·吐温（Mark Twain）的历史小说中有初版于1881年的以英国爱德华六世（Edward Ⅵ of England）为背景的名著《乞丐王子》（*The Prince and the Pauper*）。
② 笑生、书清：《湘东卑田院拾遗》，第354～355页。

在中国帝王将相、英雄豪杰的圣殿里，有三位因其早年的游丐经历而被乞丐们最广泛地尊为行业神。他们是公元前5世纪的伍子胥、汉朝的开国功臣韩信和明朝的开国皇帝朱元璋。伍子胥长期的、不折不挠的复仇计划，使得法国七月王朝时代大仲马（Alexandre Dumas，1802－1870）的《基督山恩仇记》（*Le Comte de Monte - Cristo*）故事差不多像是一种19世纪的模仿，韩信大丈夫能屈能伸的精神成了千古传颂的佳话，而朱元璋则是中国最有名的"乞丐皇帝"。下面就此三个个例作一点分析。

"自从出了个朱皇帝"

朱元璋从极为卑微的地位——他年轻时曾讨过饭——跃升为强大的明朝开国之君是中国历史上为人津津乐道的故事，也曾激励过像毛泽东这样的政治领袖。中国历史上不乏崛起于社会底层、年轻时漂泊流浪的开国皇帝。据一种说法，自秦汉起，中国历朝产生过17个流民皇帝，最早的一位是汉高祖刘邦，最后一个是明太祖朱元璋，其余的都产生于西晋十六国、南北朝和五代十国这三个混乱的历史时期。[1] 其中朱元璋显然是"流民皇帝"之翘楚。

朱元璋本是安徽凤阳县一个贫农家的幼子，公元1344年他16岁那年，一场旱灾加上蝗灾使得他家破人亡。此后他在淮北和河南7个县讨饭逃荒了3年之久，常常白天敲打着两块牛胛骨沿街乞讨，夜晚露宿郊外。后来在奉朱元璋为祖师爷的"朱家门"乞丐帮中流传一首据说是朱元璋当年作的自嘲诗，颇能说明他那时状况：

> 铺着地来盖着天，日月星辰伴我眠；
> 睡觉不敢伸腿睡，恐怕蹬到太行山。[2]

---

① 周锡山：《流民皇帝》，第4~6页。
② 李玉川：《江湖行帮趣话》（5），第239页。

图 4 - 1　明太祖朱元璋画像

　　明太祖朱元璋显然希望人们记住他在宫廷画师笔下眉目清秀的形象（左），但是幼时贫困，讨过饭，感染过天花的这位开国皇帝的真实面容也许与民间流传的这张画像（右）更为相似。

来源：台北故宫博物院。

　　虽系无奈的自嘲，隐隐然却自有一种豪气。不管是否元璋亲撰，此作生动地写出了这条巨龙当时的物质条件和精神状态。绝望之中，朱元璋在 24 岁时在濠州（今安徽凤阳一带）投靠郭子兴（1302 ~ 1355），加入了红巾军反元起义。这关键的一步彻底改变了他的生活。此后的 16 年里朱元璋身经百战，从一个普通的士兵升到将帅，前后击败了陈友谅、张士诚、方国珍等强劲对手，在 40 岁时扫平群雄，成了明朝的开国皇帝。

　　朱元璋当皇帝后，并不刻意回避自己的卑微身世，反而常称自己是"出身寒微"的"淮右布衣"，是"起自田亩"的"匹夫"等。他曾这样回忆年轻时困苦的情况：

　　　众各为计，云水飘扬。我何作为，白无所长。依亲自辱，仰天茫茫。既非可倚，侣影相将，突朝烟而急进，暮投古寺以趋跄，仰穷崖而倚碧，听猿啼夜月耳凄凉。魂悠悠而觅父母无有，志落魄而怏佯。西风鹤唳，俄渐沥以飞霜，身如蓬逐风而不止，心滚滚乎沸汤。①

真是凄凄惨惨戚戚，把孤身一人、漂泊流离的身心痛苦写得淋漓尽致。

朱元璋还撰有《御制周颠仙人传》一卷，介绍他的乞丐朋友周颠的事迹。据称："颠人周姓者，自言南昌属郡建昌人也。年一十四岁，因患颠疾，父母无暇，常拘于是。颠入南昌，乞食于市，岁如常。"但这个乞丐有预言未来的本事，凡南昌有新官到任，周颠必求谒见，告以他的"异词"，即为之预测将来，称作"告太平"。朱元璋取得南昌后，周颠也按例来告太平。元璋不胜其烦，几次加以驱逐，周颠人却显了种种神迹，结果朱周不打不相识，成了莫逆之交。

常有"异状"的周颠人唯在朱元璋前略守规矩。有一次周颠人在清斋一月（即一个月不进食）后，容无饥色，"诸军将士闻是，争取酒肴以供之。大饱弗纳，所饮食者尽出之。良久，召至，朕与共享食如前，纳之弗出"。就是说，别人给他的酒肴他吃了又呕掉了，状甚难堪，唯有和元璋一起饮酒吃饭，"纳之弗出"，规规矩矩的样子。酒过且酣后，这个乞丐没头没脑地对朱元璋说了句"你打破一桶，再做一桶"。盖"一桶"者，"一统"也，预言朱元璋将打破元朝的一统，建立大明帝国的一统。周颠人还曾用神力为朱元璋治病疗疾、发风运兵等。此后据说幽隐于庐山。朱元璋成了明太祖后，亲制此传，并于洪武二十六年（1393）命人将此传勒石庐山，以便流芳百世。② 至今此碑还较好地保存在庐山仙人洞旁的御碑

---

① 《明太祖实录》卷1，危素撰《皇陵碑》，转引自吴晗《朱元璋传》，第14页。
② 《御制周颠仙人传》1卷，明太祖朱元璋撰。有北京中华书局1985年本，《明史》卷98《艺文志》三、《四库全书总目提要》卷147子部道家类存目有著录。提要记有："洪武二十六年，太祖亲制此传，命中书舍人詹希庾言之，勒石庐山，后人录出刊行。"《明史》卷299《周颠传》也载有："洪武中，帝亲撰周颠仙传，纪其事。"

亭里。①

朱元璋的传记作者吴晗（1909～1969）批评道："这些神迹都是元璋自己说出和写出的。说的全是鬼话，没一句人话。"②毋庸讳言，这里朱元璋是借助一个半真半假的神仙故事来宣传君权神授，作为他得天命治天下的一个旁证。但他不避嫌地大谈周颠人是个常年"乞食于市"的叫花子，加上他本人又讨过饭，正好为后世的乞丐所利用，成了奉朱元璋为丐业祖师爷的依据。这里我们可以看到中国文化中上下合流，共同神化乞讨，为各自的目的服务的行为模式：先是朱元璋以皇帝之尊而不耻与乞食于市的颠人攀亲，而后世的乞丐则以游民之贱而敢于拉了皇帝的大旗作虎皮。无论是哪种情况，在在都说明了中国文化中对乞丐的一种宽容态度和某种程度上的美化、神化倾向。

这位明太祖虽然不忘自己的苦出身，也颇以家乡为念，甚至还曾大兴土木，要把家乡凤阳建成"中都"，与国都南京双珠联璧，他的家乡却并没有因为出了个皇帝而受益。到清代时，这个淮河南岸的贫穷乡村地区还是灾荒不断。而在通俗文化中，朱元璋则被认为要对他家乡的不幸负点责任。凤阳当地的百姓认为，因为朱元璋做了皇帝，凤阳一地的好风水都给他一人占去了，弄得这里灾荒连连，老百姓不得已而四处流浪，尤其是到相隔不远的江南一带乞讨谋生。乾隆五十六年（1791）刊行的赵翼的《陔馀丛考》一书说：

> 江苏诸郡，每岁冬必有凤阳人来，老幼男妇，成行逐队，散入村落间乞食。至明春二三月间始回。其唱歌则曰："家住庐州并凤阳，凤阳原是好地方。自从出了朱皇帝，十年倒有九年荒。"以为被荒而逐食也，然年不荒亦来行乞如故。③

---

① 这块御碑高约4米、宽1.3米、厚0.23米。御碑亭是仿木构歇山顶石亭，平面呈正方形，每边宽5.8米，亭高6米。
② 吴晗：《朱元璋传》，第289～290页。
③ 赵翼：《陔馀丛考》，第757～758页。

将一个地方长期的贫穷归咎于某个人，哪怕此人是皇帝，大概也是不太公平的。事实上，凤阳的贫困主要源于长期的生态环境破坏。从 12 世纪末起，北宋与辽金等国在中原一带频繁的战争，严重破坏了黄河中游生态环境，黄河泛滥改道，侵入淮河。到了 16 世纪，大量的黄河泥沙终于使淮河入海处淤积，造成经常性的水灾。而处在淮河南岸的凤阳地区首当其冲，灾情不断。1930 年的一场巨大水灾后，整个凤阳地区更是濒临破产。①

不过，中国像凤阳这样的穷地方为数不少，却很少有像凤阳那样以讨饭出名的。凤阳的讨饭习俗除了穷以外，据说还是与朱元璋有关，特别是与他的中都计划有关。清初嘉兴人士王逋所撰《蚓庵琐语》记载："我郡每岁必有江南凤阳乞丐者。余尝问一老丐，云洪武中，命徙苏、松、杭、嘉、湖富民十四万户，以实凤阳，逃归者有禁，是以托丐潜回，省墓探亲，遂习以成风，至今不改。"②《清稗类钞》也云："江浙接壤之处，每入冬，辄有凤阳流民，行乞于市，岁以为常，揣其乞食之由，则以明太祖念濠州（即凤阳府）为发祥之地，乱后，人少地荒，徙江南富民十四万以实之，私归者有重罪。富民欲回乡省墓，无策，男女扮作乞人，潜归祭扫，冬去春回，其后沿以为例，届期不得不出，遂以行乞江湖为业矣。"③ 也就是说，后世凤阳一带的乞丐是明朝初年江南 14 万强迫移民的后代。

官方史料证明明太祖朱元璋决定在故乡建立中都时，确实曾计划在江南一带移民 14 万人到凤阳，并在中都驻兵 72600 人。"明中都"始建于明洪武二年（1369），6 年后已完成禁垣、皇城和宫殿等部分，但突然由朱元璋下令停止，估计是因为耗资太大的缘故。这 14 万的移民计划有无全部实现尚不清楚。但是这个皇城的移民计划后来和乞丐挂上了钩，却再次证明了中国文化中有一种为乞讨张目

---

① 参见易寄和修《安徽省凤阳志略》，第 28、34 页。
② 王逋：《蚓庵琐语》，《丛书集成续编》第 96 册，第 907 页。
③ 徐珂：《清稗类钞》第 40 册，第 8 页。

的意向。从王遒与老丐的对话中，可以很清楚地看出这个故事起源于乞丐群中。请看，乞讨者变成了"江南富民"的子弟和后代，在专制皇权下被剥夺了返回家乡的基本权利，不得不以流浪的形式悄悄潜归祭扫祖坟，最后"遂行乞江湖为业矣"，多么可怜而不得已。这样，原来是赤贫的乞丐就有了落难公子的味道，原来是伸手求助的流浪汉就变成了受害者。朱元璋当然要对此负点责任，凤阳花鼓调毫不客气地指出这一点：

> 说凤阳，道凤阳，
> 凤阳本是个好地方，
> 自从出了个朱皇帝，
> 十年倒有九年荒！
> 隆格隆冬锵，
> 隆格隆冬锵，
> 隆格隆冬锵冬锵来锵！
>
> 大户人家卖田地，
> 小户人家卖儿郎，
> 吾家没的儿郎卖，
> 捧着个花鼓走四方哟！
> 隆格隆冬锵，
> 隆格隆冬锵，
> 隆格隆冬锵冬锵来锵！①

　　"凤阳花鼓"到了 20 世纪初几乎成了"乞丐小调"的同义语。这首歌到 20 世纪末仍广为人知，不少城市居民都能朗朗上口，可见其通俗性（参见本书附录 2）。

---

①　《申报》1922 年 10 月 13 日；陈广忠：《两淮文化》，第 35～51 页；陈广忠：《淮河传》，第 1 页。

图 4 - 2 街头卖唱艺人

街头卖唱献艺的流浪汉常被视作乞丐一流。上图为英国人何顿（John Henry Hinton，1875 - 1948）于 1902 年左右摄于上海，下图为爱尔兰裔的英国士兵哈庆生（James Hutchinson，1885 - 1963）辛亥革命年间摄于北京街头。

来源：上图，*The John Henry Hinton Photographs China：1894 - 1918*；下图，*The Corporal and the Celestials：In North China with the 1st Battalion，Royal Inniskilling Fusiliers，1909 - 1912*。

朱元璋从乞丐到皇帝的戏剧化社会升迁在中国历史上虽是绝无仅有，"阴沟里的石头也能翻身"却是中国人的普遍信念。安徽有一首歌谣唱道：

> 天上大星朗朗稀；
> 莫笑穷人穿破衣。
> 哪有穷人穷到底？
> 看！臭粪堆也有发热时。①

这是农民在田里耕作时常唱的民歌，历史学家唐德刚（1920～2009）在安徽农村长大，对这首歌谣耳熟能详。他曾评论道：这首民谣"可置诸'三百首'中，而无愧色。它以'朗朗大星'来起'兴'；以'臭粪堆'自比；而'赋'出穷人绝不会'穷到底'的未来希望。'赋、比、兴'三者都有其自然的流露，实在是一首天衣无缝的好诗！"② 这首流传于社会最基层的歌谣，生动地反映了中国文化中对穷人翻身的普遍信念。朱元璋的故事只是戏剧性地将这一信念具体化了。③

炼狱和复仇

除了朱元璋，被奉为乞丐祖师爷的人物中最有名的一位是汉代的韩信（逝于公元前196年）。这位公元前2世纪的英雄人物，以其超凡的军事谋略帮助汉高祖刘邦（公元前256～前195年）建立了

---

① 唐德刚：《胡适杂忆》，第68页。

② 唐德刚：《胡适杂忆》，第68页。

③ 中国文化中对乞丐翻身的故事情有独钟也可以从一件小事上反映出来。美国出版的一本由著名作家约翰·托兰（John Toland）写的希特勒传记，原名《阿道夫·希特勒：一部权威传记》（*Adolf Hitler*：*The Definitive Biography*，Anchor，1991），中译本则作《从乞丐到元首——希特勒的一生》（郭伟强译，同心出版社，1997）。其实希特勒19岁到20岁时曾有很短的一段流浪生涯，主要是在维也纳街头卖画为生，希特勒传记作者一般并不把它当做希特勒一生中的重要经历，但中文版取这样的书名显然契合中国人从乞丐到皇帝的迷思。

与欧洲罗马帝国并驾齐驱的汉朝。韩信驰骋战场、攻城略地的业绩以及他与汉高祖等人的微妙关系是中国文学、戏剧和各种地方曲艺、民间传说的常用素材。韩信少年时代的贫困潦倒和他日后成为开国功臣的强烈对比则更符合中国人"英雄不怕出身低"的文化精神。关于韩信早年流浪的故事，最有名的是"漂母之恩"和"胯下之辱"，见于《史记》等权威记载。先看韩信遇漂母：

> 信钓于城下，诸母漂，有一母见信饥，饭信，竟漂数十日。信喜，谓漂母曰："吾必有以重报母。"母怒曰："大丈夫不能自食，吾哀王孙而进食，岂望报乎！"①

寥寥数语，将一个被饥饿逼得走投无路的游子的狼狈和一个自食其力的妇女的善良刻画得淋漓尽致。"漂母"一词也从此进入中国语汇，成为为萍水相逢者慷慨解囊的代名词。

再看韩信年轻时在他家乡淮阴集市上所受的胯下之辱：

> 淮阴屠中少年有侮信者，曰："若虽长大，好带刀剑，中情怯耳。"众辱之，曰："信能死，刺我；不能死，出我胯下！"于是信孰视之，俯出胯下，蒲伏。一市皆笑信，以为怯。②

又只是寥寥数语，将两千多年前一场街头恶少斗闹的场面描写得栩栩如生。少年的刁顽，韩信的木讷，闲人的无聊，似乎都可想见。

韩信"始为布衣时，贫无行，不得推择为吏，又不能治生商贾，常从人寄食饮，人多厌之者"。③ 这种状况，最能得到流浪者的同情。如果像韩信这样的人物在郁郁不得志时也曾漂泊流浪、遭人白眼，更何况普通乞丐？从另一角度看，如果像韩信这样的

---

① 《史记》卷91《淮阴侯列传第三十二》。
② 《史记》卷91《淮阴侯列传第三十二》。
③ 《史记》卷91《淮阴侯列传第三十二》。

人物也曾不得不"常从人寄食饮",何难想象流浪汉中有暂时不得志的英雄人物,从而善待他们?

中国文化中早就有"失败乃成功之母"、"吃尽苦中苦,方为人上人"、"不经一番寒彻骨,哪得梅花扑鼻香"之类的思想,这与前引孔子困于陈蔡之间时所说的"君不困不成王,烈士不困行不彰,庸知其非激愤厉志之始于是乎在",表达的是同一个意思。用孟子(公元前372~前289年)的话来说,人性往往是"困于心,衡于虑,

图4-3 韩信画像

来源:上官周《晚笑堂画传》,乾隆八年(1743)刻本。

而后作",所以"天将降大任于斯人也,必先苦其心志,劳其筋骨,饿其体肤,空乏其身,行拂乱其所为,所以动心忍性,增益其所不能"。① 这样,艰难困苦成了锻炼人意志的利器,是通往成功道上必经的炼狱之地。多少世纪以来,孟子的这段语录激励了无数的有志者,成了千万人的座右铭,而从中国历史上也可以找出许多成功的故事来印证孟子的观点。

另一位常被乞丐奉为祖先的是春秋时期的伍子胥(殁于公元前484年)。根据《史记》记载,伍子胥的父亲伍奢是楚国太子建的太傅,太子建被人诬陷,伍奢也受到了牵连。楚平王要杀伍奢,假称要伍子胥与其兄伍尚前往楚国的都城郢(今湖北省荆州西北纪南城)营救,其实是要斩草除根,杀尽伍门后代。伍子胥料到楚平王欲杀其父子,劝兄勿往,留有用之身为父报仇,但伍尚不忍见父亲被害

---

① 《孟子·告子下》。

而不救，还是前去相救，果然到了郢都不久就和伍奢一起被杀了。伍子胥则逃出楚国，但"未至吴而疾，止中道，乞食"。白天躲藏，晚上赶路，后盘缠用尽，只好拖着病躯，沿路乞讨。魏人范雎在说秦王时形容"伍子胥橐载而出昭关（今安徽省含山县城北），夜行昼伏，至于陵水，无以糊其口，膝行蒲伏，稽首肉袒，鼓腹吹篪，乞食于吴市"，是真正的乞丐一个了。[①] 后来几经周折，被公子光（即后来的吴王阖闾）重用。公元前506年，伍子胥终于帮助阖闾击败楚国，破楚首都郢。子胥也得以掘楚王墓，鞭尸三百，报了父兄之仇。

图4-4　伍子胥画像与塑像

来源：画像，顾沅辑、孔继尧绘《吴郡名贤图传赞》，道光九年（1829）刻本；塑像，Peter Potrowl摄。

但是，后来伍子胥与继承王位的吴王夫差（殁于公元前473年）政见相左。夫差不听伍子胥"联齐抗越"的主张，反而听信谗言，于公元前484年赠剑伍子胥，令他自尽。子胥愤恨，留下遗

---

① 《史记·范雎蔡泽列传第十九》。

言，要家人于他死后"抉吾眼悬吴东门之上，以观越寇之入灭吴也"。① 公元前473年，吴国果然被越王勾践所灭。史称夫差因羞于在阴间见到伍子胥，在兵临城下时用白布蒙脸后才举剑自尽。②

民间传说的版本则是吴王阖闾在击败楚国后，令伍子胥修筑苏州城墙。伍子胥见阖闾薄情寡义，欺压百姓，便在修城时留了一手。城垣建成后，伍子胥悄悄告诉手下亲信说："我要是死了，国家遭了饥荒，你们就把城墙扒了，百姓便可得救了。"当时手下人不知所云，只能姑妄听之。不久，伍子胥果然遭诬陷，自杀身亡。后苏州一带大旱大涝，民不聊生，饿殍遍野。这时，伍子胥手下的人突然想起他的遗言，马上拆了城墙，掘地三尺，发现城垣的地基是用糯米制成的砖块铺成的。于是苏州的百姓纷纷抱"砖"回家，得以度过荒年。人们感激之余，认为伍子胥在苏州要过饭，此举是报苏州人的恩。后来苏州一带的乞丐更把伍子胥的像供奉起来，称他为乞丐业的祖师爷了。③

应该看到，伍子胥不仅为乞丐游民所尊奉，他首先属于上层社会和主流文化。伍子胥是中国人忠孝节义的一个样板，更是报仇雪耻的一个圭臬。司马迁本人就对伍子胥推崇备至，他的"太史公曰"这样评论伍子胥：

> 怨毒之于人甚矣哉！王者尚不能行之于臣下，况同列乎！向令伍子胥从奢俱死，何异蝼蚁。弃小义，雪大耻，名垂于后世，悲夫！方子胥窘于江上，道乞食，志岂尝须臾忘郢邪？故隐忍就功名，非烈丈夫孰能致此哉？④

司马迁本人的经历使他对伍子胥这样能隐忍而终成大业的人物寄予无限的同情。天汉二年（公元前99年），司马迁因替战败

---

① 《史记·伍子胥列传第六》。
② 《史记·越王勾践世家第十一》。
③ 任骋搜集整理《七十二行祖师爷的传说》，第264~266页，讲述人：黄汉民。
④ 《史记·伍子胥列传第六》。

被俘、投降匈奴的将军李陵说了几句公道话，激怒了汉武帝，被处以腐刑。司马迁忍辱负重，奋发著书，终于完成了《史记》这部不朽巨著。伍子胥的故事也因了《史记》的生动记载而流传下来。①

不仅如此，伍子胥的故事还在中国通俗文化中得到普及和演绎，许多传统的戏剧小说皆以此为素材。例如由著名京剧演员、四大须生之一杨宝森（1909～1958）创排的《文昭关》，到了 21 世纪仍在"热播中"。② 伍子胥"吹箫吴市"是英雄落难的动人写照，而他的故事也成了中国版的《基督山恩仇记》，是"君子报仇，十年不晚"最具体的例证。乞丐们称伍子胥为祖师爷不过是底层社会对上层社会的"高攀"罢了，但这种高攀也再次反映了中国文化的一种上下合流。

为贫困祝福

这种上下合流除了在上述那些真实的历史人物的故事中显现出来外，更体现在许多神仙故事、民间传说、小说寓言中。这些神话传说虽然远没有历史人物故事那样有根有据，却同样地活灵活现、煞有介事，而且往往比历史故事更加传之久远，深入人心。

神仙化身

中国民间故事中一个源远流长、经常性的主题就是神仙化身为穷困潦倒者，下凡试探人心的善恶。从汉代起两千多年来，中国文学中有许多神仙装扮成老弱病残的叫化子在人间乞讨的故事。那些行善施舍和帮助乞丐的，往往在现世里就得了善报，或者最终得道升天。用佛教的概念，就是"明去暗来"。而那些对贫者冷漠、见危

① 另《左传》和《吴越春秋》也有详细记载。
② 2009 年的京剧《伍子胥》为庆祝 60 周年国庆推出的传统大戏。

难不救的人则往往在冥冥中得了报应。汉代的《列仙传》有段故事很有代表性：

> 阴生者，长安中渭桥下乞儿也。常止于市中乞，市人厌苦，以粪洒之。旋复在里中，衣不见污如故。长吏知之，械收。系著桎梏而续在市中乞，又械欲杀之。乃去洒者之家，室自坏，杀十余人。故长安中谣曰："见乞儿，与美酒，以免破屋之咎。"

> 阴生乞儿，人厌其黩。识真者稀，累见凶辱。淮阴忘客，况我仙属。恶肆狭及，自灾其屋。[1]

这纯粹的神话故事和淮阴侯的历史故事结合起来，目的是劝人与人为善。这类神话到南宋以后又往往和道教中的八仙连在一起。传说的八仙均出身人间，系凡人得道后升天，成为神仙，分别代表着男女老少、富贵贫贱。八仙个个神力无边而又极富人情味，其形象也与普通百姓十分贴近，故常被引入有关乞丐的传奇，而这些传奇故事，又非常突出地与饮食文化有关。[2]

食物的故事

中国的饮食文化常和掌故历史、趣闻雅事相连，使进餐不仅是一种口腹之欲，也是一种文化享受或人生经验。尽管乞丐衣衫褴褛，形象邋遢，却常成为中国饮食的文化配料，与乞丐有关的故事还不时赢得了商业价值。

一些和乞丐有关的有名菜肴最初也许只是一种穷人的食物，经改进提高后进入正式厨房。另一些也可能先是文人雅士的创作，

---

[1] （汉）刘向：《列仙传·阴生》。

[2] 据明代吴元泰《八仙出处东游记》，八仙按序分别为铁拐李、汉钟离、张果老、何仙姑、蓝采和、吕洞宾、韩湘子、曹国舅。

然后附会于江湖乞丐，有猎奇之意。中国文人的灵感和想象力在丰富的餐桌上从来就是特别丰富的。和乞丐有关的菜肴有时甚至是一种商业上的炒作，下面这则铁拐李和陆稿荐的故事就是典型的一例。

江南一带极负盛名的陆稿荐熟食店，原是苏州东中市崇真宫桥附近一家卖熟食的普通肉店。但从康熙年间起，一则神话故事广为流传，使该店自制自销的酱肉声名大噪，而且经几百年而不衰。直到民国初年，崇真宫南堍的店门附近还立有一块三尺多高的石碑，记述该店店主的遇仙记。碑文大意为：

> 康熙二年（1663）四月初，天气炎热，有一跛足病丐，向店主陆蓉塘乞钱，蓉塘虽屠夫，却天性慈善，见此丐老且病，步履艰难，即令卧檐下，日夕与之饮食。将半月，丐已壮健，叩谢蓉塘，谓久蒙恩惠，感且不朽，行将别，无所报，只有席地作卧具之破秧荐一条奉赠。蓉塘笑纳之。丐飘然去，陡觉秧荐发异香，蓉塘知丐必奇人，试抽一茎煮肉，香味沁鼻，始知遇仙，乃以陆稿荐作店号。[1]

在口述历史中，这样一位跛足病丐被认为是铁拐李下凡试探人心，而陆蓉塘好心得好报，经此奇遇后，他店里的熟肉就与众不同，香味扑鼻，特别适口。[2] 到了 19 世纪末，陆稿荐已成了有名的熟食

---

[1] 胡觉民：《陆稿荐的一块碑》。

[2] 另一种版本的传说则是与八仙中的另一仙吕洞宾有关。苏州人每逢农历四月十四日，都要到阊门下塘虹桥西首的吕祖庙（俗称神仙庙）去看庙会。这一天八仙要化身挤在人群中"与民同乐"，苏州人称之为"轧神仙"，谁能碰到仙人就会交好运。传说某年"轧神仙"的头天晚上，一个背条破草荐、捧两只叠在一起的瓦钵的乞丐，走进东中市崇真宫桥一户陆姓卖熟肉的人家求宿。陆为人心肠好，便让乞丐在他家灶门前歇了一晚。次日天未破晓，乞丐即不辞而别，却留下了那条铺在地上的破草荐。不久，伙计来升火煮肉时，便随手扯了一块草荐塞进灶膛，不料一阵异香散发出来。陆联想起乞丐用两个相叠的瓦钵为枕（叠口为吕），认定是吕神仙来指点他。于是将没烧完的草荐收藏起来，每次烧肉时，只取用一根放进灶内，煮的肉味道独特，声名鹊起。

"连锁店",而这个故事也已流传了二百余年。辛亥革命年间此碑尚在,后来在战乱中不知去向。碑虽没有了,但直到 1960 年代,苏州的老市民还能指出崇真宫桥附近的陆稿荐老店原址,人们对陆蓉塘遇仙的故事也还耳熟能详。不过像大部分民间故事一样,它只是一种口述传说,并无人深究它的起源。

但是,石刻的神仙故事却被纸写的地方历史否定了。清末苏州地方上的国文老师金畹香,著有未发表的《闲文野账》笔记一本,记录了陆稿荐故事的真正来源,应属信史。据《闲文野账》云,金畹香的祖上(原文有第几世祖和名号,已失)曾雇一厨娘名弥姐,即陆蓉塘之妻,最擅煮肉。弥姐所煮酱肉有香酥甘美、腴而不腻、入口而化的特点。弥姐于乃夫开店后,辞去金家厨娘之职,回家为蓉塘襄理店事,但尚常常煮了酱肉孝敬老东家。弥姐所煮的酱肉虽佳,陆家肉店的营业却并不理想。原来东中市的菜市和熟食店,向来东面集中于都亭桥以东,西面集中于皋桥以西,陆蓉塘这家熟食店所在的崇真宫桥则孤立中间,是商业地段上的"滑路"。

时有崇真宫桥下塘西面的神仙庙(又名"福济观")的当家道士为陆家肉店的老主顾,对弥姐所煮酱肉极为赞许,因而与蓉塘相熟。神仙庙香火很盛,所供神像即八仙之一的吕洞宾。蓉塘以营业日见清淡,难以维持,常向神仙庙道士诉苦:所煮熟肉虽非一般同业可及,但终无法吸引顾客。一日,那当家道士在听蓉塘诉苦时灵机一动,乃为策划,结合福济观的神仙,编造陆家肉店遇仙的故事作宣传,即上述那块碑的由来。碑文中的跛丐,据称是八仙中的铁拐李,本来是为吕洞宾祝寿而来(民间以农历四月十四为吕洞宾诞辰)。这样碑文经道士造意,由弥姐请老东家,即金畹香的上祖撰写成文,居然一箭双雕,得到预期的效果,为陆家肉店和神仙庙起了极大的宣传作用。蓉塘、弥姐还请老东家代题市招,金老祖乃题

"陆稿荐"作招牌。①

稿荐者，用稻草、麦秸等编成的铺床垫子也；稿荐作店名，既寓有不忘神赐圣物之意，也十分抢眼，令人过目难忘。这样陆家肉店遇仙，蒙铁拐李赠稿荐煮肉的故事不胫而走，本来就十分美味的弥姐酱肉成了脍炙人口的江南名肴。当时还少有注册商标、知识产权之类的概念，先是苏州一带的熟肉店纷纷仿效，以"陆稿荐"相号召，招徕生意，后来扩大到其他省市。蓉塘无子，老店没落，只能让别人鱼目混珠了。到了光绪三十年（1904）前后，这家原始陆稿荐就歇业了，但其他陆稿荐却像雨后春笋一样冒了出来。民国初年的商务版《上海指南》称："酱肉酱鸭以陆稿荐为最有名，但同名之店甚多，何者为真，何者为假，颇难分别。"该指南所列上海的28家熟食店中竟有24家称为陆稿荐，其中有"始创真陆稿荐"、"真陆稿荐"、"老陆稿荐"、"真陆稿荐生记"、"老陆稿荐新记"、"申浦老陆稿荐"、"沪南老陆稿荐"等诸多名目，无一不以"陆稿荐"为号召。②

陆稿荐的故事当然是个传说，但一些关于乞丐食品的掌故却是非常实际和现世的。中国食谱中极为知名也最直截了当地和讨饭挂钩的"叫化鸡"的来源就是如此。据称叫化鸡最初是江苏常熟一带的本地菜，现在则是全国性的一种佳肴了。有关叫化鸡初创故事的版本很多，但多大同小异。现仅举其一例。传说江苏常熟的虞山脚下有一乞丐，旧历新年前的一天从栖身的破庙里出来觅食，看到人们都在张罗准备过年，自己却饥肠辘辘，不知下一顿在哪里。这时，他见一妇女一手拉着个小女孩，一手提了只刚杀了的母鸡，往附近山脚下的小溪走去，显然是去溪边冲洗那只鸡。小女孩也许是困在屋里久了，一出来就兴奋地朝溪水奔去，慌得妇人随手把鸡往旁边的石板上一放，就去追小女孩。乞丐见天赐良机，拎了鸡就跑，跑

---

① 胡觉民：《陆稿荐的一块碑》。
② 《上海指南》卷9，第20页。

得气喘吁吁，还溅了一腿的泥。待到他跑回庙里才想到自己并没有炉灶，又不能生吃鸡，连煺毛都没办法。正发愁时，看到自己满腿脚的泥，灵机一动。他把整只鸡用湿黄泥包起来，在庙后面用几块石头搭了一个临时的火架，又捡了些枯枝断木，用庙里香台上的余烬点起火，烤那只湿黄泥裹着的鸡。等到裹着整鸡的黄泥团被烤得硬邦邦的像个陶器时，乞丐将它往地上狠狠一砸，黄泥团碎成了几大片，鸡毛也已全粘在泥上，只露出细嫩喷香的白肉来。那乞丐便狼吞虎咽地吃了起来。①

像中国许多有关食物的典故都喜欢和名人扯上关系一样，这个故事到此也拉进了一位大人物，即原军机大臣、户部尚书、光绪皇帝的师傅翁同龢（1830~1904）。翁同龢是戊戌变法时期清廷上层支持改革的最主要人物之一，他也因此在1898年6月慈禧太后发动政变将光绪皇帝幽禁前，被贬逐回江苏常熟原籍，交地方官监督。这时的军机大臣已如一退休老人那样生活。这天他正在虞山脚下散步，忽被一股肉香吸引，循着香气，漫步走到那庙宇后，见有乞丐正在大嚼一只刚烤好的鸡。那乞丐倒也大方，见有老者到来，撕了一片肉请他品尝，并不知这老先生是何许人也。翁同龢见那鸡的烤炙方法特别，就尝了一块，果觉鲜嫩滑爽且略带清香，与一般的烤鸡不同。

翁同龢是虞山脚下开办于光绪十三年（1887）的"王四酒家"的常客，最喜那店家自酿的桂花米酒，便把这别出心裁的烤鸡办法告诉了店主王四，并指点他做些改进。这叫化鸡的制作方法有点像美国传统的感恩节烤火鸡。先是取一肥硕的母鸡，去内脏后在鸡肚内塞上各种配料，如新鲜的猪肉、广式香肠、香菇等，加以12种调料如葱、姜、盐、丁香、桂皮、八角、茴香、酱油等。用网油紧裹鸡身，然后用荷叶包起，最外层用绍兴酒坛的封口黄泥包裹，用慢火烘烤4~6小时后，用榔头将黄泥外壳敲碎，除去荷叶，方可

---

① 张紫晨：《中国古代传说》，第256页。

食用。

如此复杂考究的烹饪方法当然非街头流浪汉所能采用，但这方法的原始发明权却属于乞丐。翁同龢也不掠人之美，亲笔题书"叫化鸡"一幅赠王四。从此"王四酒家"的叫化鸡闻名乡里，不久那酒家又迁到常熟南边60里的苏州城，生意更加兴旺。至今，总店设在苏州太监弄里的"王四酒家"所烹制的叫化鸡仍被认为是最正宗的。① 后来虽有人嫌叫化鸡这一名称不雅，改为"富贵鸡"之类，但终不及叫化鸡质朴自然，叫化鸡这一名字家喻户晓，上了正式的中国菜谱。②

还有一道叫"青筒鱼"的名菜，也与乞丐有渊源。这道菜各家食谱难寻其制作方法，但已入清廷宴席，为御厨得意之作。后来为有川菜近代史上第一名厨之称的成都厨师黄敬临（1873～1941）访得烹饪之法，经其提炼，成为当地名餐馆"姑姑宴"独家经营的名菜。青筒鱼的特色为鱼肴中不见竹笋，却具有浓郁的笋子的鲜香。原来制作的关键是要找一根刚由斑竹笋长出的新竹子，连节巴砍下一筒，然后将鲫鱼调味，配上海味，放入竹筒，密封好，再在炭火上旋转烘烤竹筒，直烤到竹筒蔫萎为止，倒出鱼来，端上桌席，便有不见竹笋却笋香飘溢的效果。而这道菜最初也与叫花鸡同，是乞丐没有炊具，用竹筒代之的不得已之作，不想经过名厨调理，成了独具风格的名菜。③

此外如著名的福州名菜"佛跳墙"也与乞丐有关。佛跳墙的出处有多种说法，其中之一是说清光绪年间，一日黄昏，福州有一群乞丐将从酒店、饭馆和富户人家讨来的残羹剩菜倒入一个陶钵里，在某家寺院的后墙外架起篝火烧煮。那日正好有半瓶要来的绍兴酒，

---

① 参见逯耀东《肚大能容》，第66～67页。
② 晚年以研究中国饮食文化著称的史学家逯耀东（1933～2006）曾就此评论道："其实叫花子与富贵虽相去天壤，嗜美味之好是相同的，何必更名，且鸡名富贵俗得紧。"见逯耀东《肚大能容》，第66页。
③ 崔显昌：《解放前四川乞丐的形形色色》。

也一并倒了进去。不想这样一来，陶钵里的菜热气腾腾，香味四溢，连寺院正在打坐的和尚闻了，也禁不住引诱，跳墙而出，大快朵颐，故有诗曰："酝启荤香飘十里，佛闻弃禅跳墙来。"该菜也因此而得名。[①]

佛跳墙又名"福寿全"，用料考究，烹制复杂，通常得用海参、鲍鱼、鸡鸭、鱼唇、花胶、蛏子、火腿、羊肘、蹄尖、蹄筋、笋菇等十几种上等原料加上绍兴酒、葱、姜、陈皮、桂皮、冰糖等三十几种配料，经过几天的调制烹饪才成一菜。如今这是一道上得国宴的头等菜肴，但是究其原委，却也与大杂烩同。这个乞丐和佛跳墙的故事虽属虚构，却也自有其情理相通之处。更重要的是，人们将乞丐拉来为一道上等名菜背书，而这个故事又能广为流传，也再一次从一个小小的侧面显示中国文化不忌嫌乞丐的特色。即使是普通的家常便饭，也有以乞丐相号召的。"江南炊烟好菜饭，主子寿辰无锡排"，据称这是丐帮的对子，这里的主子指的就是丐帮的帮主。1990年代旅居台湾的江浙菜厨师史明德在台北开饭馆，《中国时报》就以《丐帮菜饭登上台北餐桌》为题报道。[②]

化腐朽为神奇

将乞丐与名菜佳肴挂钩不过是主流社会对乞丐次文化包容接纳心态之一斑。在和饮食一样与日常生活息息有关的另一领域——药物方面，乞丐也扮演了重要角色。事实上，用草药土方治病的江湖郎中常常被认为是一种类似乞丐的职业。乞丐不但被视为医治某些疾病的专家，例如蛇伤，而且民间有一种观念，认为苦命的乞丐还能在不知不觉中保护生命。因为一个人如像苦难的乞丐那样经历了许多不幸而仍能生存下来，那他的命一定很硬，硬到足以在大千世

① 参见竞鸿主编《南方饮食掌故》，第313~315页。
② 见《中国时报》1997年3月22日，作者梁幼祥。

界中呵护他人。换言之，世界上最孤苦无依、靠路人施舍维持生活的人群在许多衣食无虞人们的心目中反倒变成了法力无边的守护神，这真是中国语文中所说的"化腐朽为神奇"了。

中药中有专治跌打损伤、疠疮的膏药。这些膏药大部分是外敷，但有些也能内服，医治疲劳过度等症状。外敷的膏药常常被叫作"狗皮膏药"，其中的故事即与乞丐有关。传说在河南彰德（安阳）有一个姓王的郎中开了一家膏药铺子。一天他在路上遇见一个烂腿的乞丐，出于同情，他用随身带着的膏药替他敷上。不想第二天，这个乞丐找上门来，说是烂腿处贴了膏药后不好反坏。王掌柜揭开膏药一看，果然如此。虽然有点疑惑，他还是给乞丐换了新膏药，指望这次药到病除。不想几天后这乞丐又找上门来，只见本来的小疮口已烂成深深的一个洞，流着血浓。那乞丐骂骂咧咧，说"卖膏药的都是吹大气的，彰德府的膏药净是假货"。善良的王掌柜觉得对不起这个乞丐，就把他带回家中。家里养着的那条平时颇驯顺的大黄狗猛地朝乞丐扑来，呵斥无用，王掌柜急了，抄起乞丐手里的木棍朝狗打去，不想一时情急，用力太猛，一棍子就把狗打死了。王掌柜羞恼之间，也顾不了许多，就把乞丐安排到后院的一间屋子里，自己匆匆卷了家里最值钱的细软出门去了。

他变卖了细软，买了千年灵芝、鹿茸、人参等最珍贵的药材，配成一副膏药，匆匆赶回家，想要赶快给那乞丐治好疮口。刚进门，就闻到一股肉香，走到后院，只见乞丐正在烤黄狗肉吃呢。那乞丐手里拿着一块吃剩下的狗皮，问王掌柜药配好了吗？王掌柜把药递过去，乞丐接过药来往腿上一按，连那块狗皮也捂到了疮上。王掌柜吃了一惊，乞丐却毫不在乎，拉着王掌柜一起吃狗肉。王掌柜无心吃狗肉，推让间，乞丐发火了，说："你不吃就是看不起我！噢，嫌我吃你家的狗肉不是？好，我也不吃了！疮，我也不看了！"说着就去撕膏药。王掌柜正要劝阻，乞丐已把那张粘连着狗皮的膏药撕了下来。这时王掌柜就更吃惊了：只见乞丐腿上的疮完全好了，原先长疮的地方只结了一个红紫色的小疤。他拿着狗皮膏药正在奇怪，心想那药物虽然好，可时间也太短了，抬头一看，却不见那乞丐。王掌柜这才悟到他是遇上了药仙铁拐李：是八仙前来指教仙方的呀！从此以后，彰德府的狗皮膏药就出了名。不过，狗皮膏药虽灵，只因为铁拐李当年曾经说过卖膏药的坏话，所以人们至今还把说大话假话者称作"卖狗皮膏药的"。①

这种故事从今日的眼光来看只是一个传说，或者简直是无稽之谈。但类似的故事却在中医行里十分流行，作为家史或行业史代代相传。也许神仙有点太玄了，于是

图4－5　清末民间流传的八仙画像

道教中的八仙是中国许多关于乞丐的传说故事的源头。图为清末民间流传的八仙过海图。

来源：作者藏画。

有些故事用"异人"来代替。中医行里常有某某药房祖上得异人指点或蒙异人亲授秘方，能制造神丹妙药的掌故。值得注意的是这些故事中不管是神仙还是异人，其化身总是乞丐，并且常常拉上八仙，而八仙中以跛足乞丐面貌出现的铁拐李则常是首选。许多有史可考的传统药房都与乞丐有关。下面试举数例。

江苏省扬州市的一正斋膏药店可称是中国现存的最古老的药店之一。此店开设于1622年，比历史悠久的北京同仁堂中药店还早几十年，至今仍可在镇江市中心五条街上找到它的遗址。它所制造和销售的膏药，在中国和东南亚地区的华人社会中享有"万应灵膏"的美名。据《镇江市志》载：

---

①　任骋搜集整理《七十二行祖师爷的传说》，第180～185页，讲述人：庆府柱。

唐老一正斋药店创始人唐守义，清康熙初年得他人传授万应买膏秘方，秘制成膏药施舍济人，因药效高而闻名。至今已有300多年。康熙五十年（1711年），河道总督陈鹏年为此题赠"橘井流香"匾额，膏药声誉日增。一正膏主要销往河北、河南、山东、山西、陕西等省，民国初年，还远销新加坡、印度尼西亚、马来西亚等国家和地区。早年在国内北方，有些富户把红缎一正膏作为馈赠品或用作妆奁。民国11年（1922年），唐一正斋改名唐老一正斋。抗日战争中该店毁于大火，1956年，唐老一正斋实行公私合营，1958年，并入镇江市制药厂，1966年，又划归市中药厂，一正膏一直继续生产。唐老一正斋旧址今为市级文物保护单位。①

这里得他人传授秘方所涉及的也是一个乞丐的故事。据该店的祖传说法，一正斋膏药店创始人唐守义为人忠厚善良，当年一个衣衫褴褛的老乞丐来店讨饭，唐守义解囊施舍，后又来多次，他人皆厌恶，唐守义仍怜悯乐助。老者感恩，有一日从怀中拿出一张秘方授于唐守义，嘱其"细心秘制，济世利民"，言毕飘然而去，从此不再出现。这便是后来名闻遐迩的一正膏（也称"益症膏"）。② 据称时清政府正在整治黄河水道，所征民工及兵勇，凡有体亏、损伤者贴用此药膏，效用明显，故得上述河道总督陈鹏年（1662～1723）

---

① 《镇江市志》下册，第891～894页。

② 《镇江市志》上册第15页载："唐守义秘制益症膏，后开设一正斋膏药铺，产品远销国内外。"1956年以"唐老一正斋"一正膏创办镇江制药厂，1965年又创办镇江中药厂。据《镇江市志》下册第1636页：唐棣（字尊楼），系唐氏第八代传人，镇江历史名人。《镇江市志》下册第1408页载："唐老一正斋膏药店"位于中山东路，店面为石库门，门两侧有圆形石柱。大门两边水磨青砖墙上各嵌有方形白石刻"起首一正斋唐家老店"、"工商部注册万应灵膏"等。老店创建于清康熙初年（1662～1663），以秘制主治跌打损伤等病症的"一正膏"而著称于世。在店堂内右侧墙上嵌有同治八年（1869）丹徒县正堂《奉宪勒石永禁》碑（永禁假冒一正膏）和民国初年八世孙唐尊楼所立重修店堂记。店堂后还保存创业时开的水井一口，誉称"橘井"。1982年"唐老一正斋"与"天下第一江山"、"天下第一泉"同时被列为镇江市首批文物保护单位。

亲赠的"橘井流香"匾。因一正膏疗效显著，在民间有"万应灵膏"之称，仿冒假造者不断，唐家为维护权益，亦防假药贻误病人，为之诉讼不断，从康熙五十四年到光绪十五年（1715～1889）期间，可查考的就有七次之多。[①]

唐老一正斋药店得"异人相授秘方"的故事在传统的中药铺常有大同小异的版本。例如，杭州闹市区大井巷的朱养心药室是当地的一家名店，创立于明朝万历年间，前店后场，在清末及民国年间和胡庆余堂药店、方裕和南货店、孔凤春香粉店、张小泉剪刀店一样蜚声杭城，该店的店史中就有这样一段关于店主朱养心遇仙的记载：

> 　　民间传说，八仙之一的铁拐李，扮作一个烂脚的乞丐来到朱养心药室。朱养心不仅施粥施饭周济他，而且为他治脚。为了医愈这只烂脚，他竟然用舌去舔去脓血恶臭，亲自调配膏药，终于感动了神仙，治好了烂脚。神仙送他一幅水墨龙画、一根拐棍。大井巷多次遭火累及周围数家，唯有朱家靠着这幅龙画避火。而这根拐棍作为搅拌药料的工具，使得制造的膏药，产生神奇的药效，药到病除。[②]

这显然又是一段杜撰的故事，但编撰传播这种故事是过去时代中药业重要的广告手段。神仙赐拐棍作为搅拌药料的工具的传说相当普遍，并非朱养心药室的独家创造。如重庆的伍舒芳膏药店开设于康熙年间，一直传说店主伍宏宪有根异人所赐的禅杖，称作神仙棒，用它搅拌药材，制炼出来的膏、丹有奇效。[③] 而这些故事里的异人又往往是老年乞丐或化成乞丐的神仙。

---

① 戴志恭、唐镇北、史宝珍：《唐老一正斋膏药店简史》，第246～247页。
② 裘松茂、周维贤：《朱养心膏药厂史话》，载安冠英、韩淑芳、潘惜晨编《中华百年老药铺》，第225～227页。
③ 伍敬舆、伍仪训、伍仪勤：《历史悠久的伍舒芳膏药店》，载安冠英、韩淑芳、潘惜晨编《中华百年老药铺》，第493～500页。

号称中国四大中药店之一的汉口叶开泰中药店，创始于 1637
年，有自制的参桂鹿茸丸、八宝光明散、虎骨追风酒等药，驰名
中外。传说该店曾发现有叫花子遗药缸一只，叶开泰的灵丹妙
药，就是用这药缸熬炼的，而这叫花子实是铁拐李的化身云云。[①]
安徽安庆的余良卿膏药店，创始于清咸丰五年（1855），所售鲫鱼膏药
治疮疖有特效，该店也以化身为乞丐的铁拐李相号召，宣称"八洞神
仙铁拐李下凡，送仙丹（鲫鱼）来熬药，凡无名肿毒，各种痈疽，一
贴即愈"。其实膏药里并无鲫鱼成分。该店还在江西景德镇定制了一
个铁拐李的瓷像，一直摆在柜台上作为市招。[②]

除了以化身为乞丐的神仙作招牌外，民间还有用乞赎罪、认丐
为父、求丐看病等风俗，同样是希图借乞丐而化腐朽为神奇。受佛
教轮回转世理论的影响，中国文化中有强烈的"积德"、"惜福"观
念。一般人似乎认为，个人的福分是命定的，或前世修来的，滥用
这点福分（江南一带的俗语称之为"作福"）犹如透支，日后必有
恶果；而"惜福"则能"积福"，犹如生息的银行存款，可保晚景
无虞、子孙兴旺。许多地方习俗，就以乞讨作为惜福和消灾的方法。
例如长江入海口处的崇明对老鼠有种种迷信，其中之一是"老鼠落
空"，说是"鼠出外寻食时，或失足落地，迷信妇女以为见者大不吉
利，非生疾病，必有它种祸事，必须设法禳解。禳解之法，须见者
亲往乡间，沿户讨乞白米，谓之百家米。回家以之煮饭，食下便可
解除灾晦。虽富家妇女，亦必装成乞丐样，向人乞米也"。[③] 显然这
个习俗的含义是以暂时的乞讨象征受苦受难，用来消灾禳祸。

这种逻辑也表现在其他风俗中。江西吉安新娘出嫁时，无论什
么季节都须穿棉袄，因当地有新娘入夫家时，无论大小长幼皆得任

---

① 叶元同：《中国四大中药店之一的叶开泰》，载安冠英、韩淑芳、潘惜晨编
  《中华百年老药铺》，第 365～373 页。
② 王华章：《余良卿膏药店史》，载安冠英、韩淑芳、潘惜晨编《中华百年老药
  铺》，第 309～313 页。
③ 胡朴安：《中华全国风俗志》下篇卷 3，第 123～124 页。

意以木棒击打新娘背肩等处的习俗，穿棉袄是为减轻疼痛。但是，除此之外，

> 尤奇者，新娘于所穿棉袄之上，须加一破烂污浊之衣，此衣乃临时借诸打鼓之苦力。其污浊之甚者臭味熏蒸，令人不能忍耐，乃使如花如玉之新娘服之登舆。舆中空气既不流通，其臭味之难受，可不言而喻。为父母者当无不爱惜器重其所生之子女，独于嫁女之时，令服破烂所污之衣，形同乞妇，实令人百思不得其解。问其何所取义，则以习俗相沿，庸众盲从，亦莫知其原因何在，但以风俗难违，亦不得不从众焉。①

其实这种风俗的内在逻辑如同上述崇明的扮丐妇消灾，不过后者是见了不吉征兆后的一种弥补，而前者则是在节庆，特别是女子进入婚姻这一人生重大阶段时的一种"防患于未然"。两者做法不同，但以象征性的乞丐生涯作物质替身以求消灾弭难的意义则相同。

同样的，旧时相当普遍的认积年的老乞丐作养父，以保佑孩子平安的习俗也是出于类似的逻辑。19 世纪末随《申报》附送、有清末浮世绘之称的上海《点石斋画报》曾有一个《认丐作父》的报道，说"寓沪粤人某翁，年近花甲，饶于财而艰于嗣。前月间其妇一索得男，翁喜出望外，而患得之余，忽又患失，谓老年得子，不易抚育，须认一穷爷，以压禳之。乃觅以一老丐至家，饷以酒食，俾子其子焉"。② 这种名义上的养父，上海人称之为"过房爷"。在四川，这种养父母俗称"保保"，其作用是一样的。

旧中国死亡率高，据社会学家许仕廉 1930 年代初的研究，当时中国人的死亡率为 25‰～30‰，平均（期待）寿命为 33 岁左右。但也有人估计中国人的死亡率高达 60‰～70‰。③ 1936 年国民政府

---

① 胡朴安：《中华全国风俗志》下篇卷 5，第 42～43 页。
② 《点石斋画报》，"癸"卷，第 77 页。
③ 许仕廉：《人口论纲要》，第 195、204 页。

实业部公布的人口平均寿命约为 32 岁。[1] 尽管统计数字不足，但中国的高死亡率是不争的事实。据许仕廉的研究，中国至少有 1/5 的新生儿在一周岁前夭折，不能长大成人的比例就更高。[2] 故旧时迷信，说是孩子生下后要经历"七天"、"痘麻"及"水"、"火"等三灾八难和无数这样那样的关、煞之后才长得大。四川一些人家的小孩除了求神仙、拜菩萨祈求保护外，还要在世上找"八字硬"、"命大"的人当"保保"，也即干爹干妈，来保娃娃过关煞。照一般人的解释，乞丐既然能历经九九八十一难而不死，自然是命最大、八字最硬的人了，于是便纷纷把子女拜寄在乞丐名下以求平安。当"保保"是乞丐生涯中可遇不可求的事情。据闻，民国时期四川什邡县有个老乞丐，"虽然本身是个'孤家寡人'，但由于他的长寿，五十岁以后，陆陆续续当了好些人家孩子的'保保'，到他八十大寿时，由他的众多的干儿、干女承头，居然举行了一次盛况空前的寿筵，摆了好几十桌酒，收了不少寿礼"。[3]

福建港口城市泉州有一个相似的例子。该城的涂门街在民国年间有个叫"青瞑旦"的盲人。无论从哪方面讲，此人都可谓不幸已极，不但眼睛瞎了，而且双脚弯曲残疾无法行走，只能双手托地移臀而行，当地土话叫作"攛街乞食"。但他非癫非痫，身上干净，又博闻强记，口舌伶俐，能坐于通帝庙前为善男信女解释签诗，于是人们多让幼儿拜他为义父。请他用手摸儿头，要给礼金，逢年过节，皆须递钱递物。据称旦的义子共三百多人，而每人的生辰日期他都记得一清二楚，到时他坐三轮车光临契子门，契子高兴地请他吃寿面，并送红包，所以旦的生活过得很富裕。[4]

重庆也有求叫花子收孩子为义子，赏"百家衣"（各色碎布拼缝的背心）、取丑名的习俗。这求"百家衣"的做法，与江西吉安

① 刘铮：《刘铮人口论文选》，第 244 页。
② 许仕廉：《人口论纲要》，第 201 页。
③ 崔显昌：《解放前四川乞丐的形形色色》，第 208~209 页。
④ 陈允敦：《旧泉州的乞丐》，第 328 页。

新娘出嫁时须穿丐衣的习俗如出一辙。重庆岩洞有个李姓的叫花头在旧洪岩坊城区一带认了十几个干儿，除了赏衣、赐名干亲家必谢重礼外，"三节两生"干儿对干爹也有孝敬。有时干爹拿点糖果去心疼干儿，所得的"反哺"也很可观。此类事情据称带有帮会保护性质，是"盗亦有道"。[①] 但如不是叫花头，这些乞丐生前虽然享受义子们的孝敬，死后却仍只是乞丐一个。例如泉州那个青瞑旦一直活到 1949 年以后，享年 90 来岁，去世后却没有一个义子来送殡。理由很简单，既然能保护他人的人自身不保，他那想象中的"神力"亦即利用价值也就没有了。他最终还是还了原，只是个老死了的叫花子，谁也不愿意为一个叫花子披麻戴孝，送他人生最后一程。

图 4-6　身穿百衲衣的老乞丐

这个身穿百衲衣的老乞丐据说是上海龙华附近的一个乞丐王。约摄于 1900 年。

来源：美国国会图书馆（Library of Congress）。

---

① 欧阳平：《旧重庆的丐帮》，第 427 页。

讨饭有理

贫者的广告

人如果穷得到了讨饭的地步，有时反而会变得坦然，"赤条条来去无牵挂"。大部分赤贫的讨饭者懂得整天愁眉苦脸无济于事，要生活下去还得想得开，甚至及时行乐，所以很多乞丐对生活抱着今朝有酒今朝醉的态度，似乎反而是"无产一身轻"。一首乞丐小调说得很明白：

> 不用费力不操心，只拜竹竿不拜神；
>
> 不怕偷来不怕盗，只有肚皮没文银。①

这里所说的"竹竿"是丐帮帮主权力的象征物，本书第五章详细讨论。尽管讨饭有讨饭的自由，在公共场合，乞丐又必须尽其所能把自己的贫困、不幸和悲惨的生活向公众显示，以此取得大众的同情和捐助。在这一点上乞丐可以说是挖空心思、无所不用其极，乃至于到了以穷为荣的地步。而如何最大限度地将贫困向公众展示，则是乞丐头目的看家本领之一。下面这个由四川民俗采风者崔显昌收集的民间故事就生动地说明了这一点。

一老丐头准备传衣钵，为了测验谁堪此任，他把最得意的三个徒弟叫到面前，发话道："吃我们这碗饭，全靠一个'穷'字。你们且各做一首说穷的诗，看哪个说得最穷，我就把这个打狗棒传给他。"这里的打狗棒就是前引乞丐小调中所说的"竹竿"。这是一根有一条暗记、经无数丐头之手摩挲得油光光、金灿灿的俗称"硬头黄"的竹杖。它是乞丐帮会中代代相传的"权杖"，谁得到它，谁就拥有了丐帮辖区的最高权力。三个徒弟当然都挖空心思作诗，以期得到老丐头手中那根魔棍。大徒弟想了想，做了这样一首"哭穷诗"：

---

① 李玉川：《江湖行帮趣话》，第 237 页。

> 吃的在肚皮头，
>
> 穿的在身上，
>
> 住的"桥公馆"（意为桥洞），
>
> 睡的"八脚床"（意为两根长板凳搭的床）。

老丐头皱着眉头，评道："吃有吃的，穿有穿的，又有住处又有床。不算穷。"

轮到二徒弟了。他吸取了大师兄的教训，在"哭穷诗"里回避了住处和床，只诉说和衣而睡，连铺盖、席子也没有：

> 穿的在肚皮头（意为卖了衣服换吃的），
>
> 吃的在身上（意为再吃还得卖衣服），
>
> 盖的是裳衣，
>
> 垫的是衣裳。

这该穷了吧？想不到老丐头还是摇头，笑着评道："哪来那么多衣裳？开成衣铺都可以了。也不算穷！"

精灵的幺徒弟最后念了四句，老丐头很满意，两位师兄也自叹不如。他的"哭穷诗"道：

> 穿的"千家衣"，
>
> 吃的万家谷，
>
> 盖的肚囊皮，
>
> 垫的背脊骨。

一穷至此，真正是"赤条条来去无牵挂"了，这丐头的打狗棒于是交到了幺徒弟手里。[①] 这则寓言式的故事忠实地揭示了乞讨的战略，即越穷越好，越能把贫困和悲惨展示到极点，越能引得公众的同情，得到人们解囊相助的机会也越大。

---

① 崔显昌：《解放前四川乞丐的形形色色》，第 161~162 页。

为祖宗收债

一个流传甚广的传说则更把孔子与东汉时期的隐士范丹牵扯在一起。故事说范丹隐居于一座用 48 根高粱秆搭起来的草房里，适逢孔子在陈国断食，孔子即派最能干的弟子子路去向范丹借粮。范丹礼貌地接待了子路，然后说："我要问你几个问题，只有答对了，才能借粮给你。这些问题是：世界上什么东西多？什么东西少？什么使人高兴？什么令人恼怒？"子路一时语塞，不知如何作答，只能空手而归。孔子于是派最聪明的弟子颜回再去范丹处借粮。范丹以同样的问题问颜回。因为有了准备，颜回不慌不忙地回答："在这

图 4-7　精神矍铄的老乞丐

为求生存，乞丐也不能总是愁眉苦脸，而常常需要有点"难得糊涂"的乐观精神。图为北京一个精神矍铄的老乞丐。约摄于1926 年。

来源：Sidney D. Gamble Photographs, Archive of Documentary Arts, Duke University.

世界上，多的是人，少的是正直的人；借贷给人使人高兴，向人讨债令人恼怒。"范丹喜，慨然给了颜回米和麦，分别装在两个用鹅毛编织的袋子里。颜回不负师命，回到孔子居所，将两袋米、麦倒出。想不到倒出的米、麦各成小山堆一座，远远超过鹅毛袋子所能容纳的量，于是孔子和他的弟子们安然渡过了难关。

颜回的回答显然有些愤世嫉俗，是对世俗社会和人情的一种略带讥讽的概括。这种讥讽为老生常谈，不过这个故事借孔门第一弟子颜回之口说出这一世故人情，反映了乞丐们欲借重孔门为这种愤世嫉俗正名。这个故事的另一个版本是说范丹问"尘世间啥喜欢啥

恼?"颜回答:"娶媳妇喜欢死人恼。"后得孔子点拨,才改为"借钱喜欢还账恼",用以说明金钱在人际关系中的重要性。[1]

孔子从范丹处借得粮食以后的故事也有至少两个不同的版本,都是为讨饭正名。版本一说孔子后来亲自到范丹处致谢,并问范丹,今日受此恩惠,将来何以为报?范丹不无傲慢地说:"将来让我的学生到你的学生处一家一家收债吧!"版本二说孔子在得粮后当场在一副竹板上作诗一首,略等于借条收据,遣颜回亲交范丹。竹板上写着:

> 范丹老祖供米面,来日孔丘礼当还。
> 贴对联处请稍候,家家户户不怠慢。[2]

门贴对联原是孔门士大夫和读书人的"注册商标",向门贴对联之家索要即向孔门子弟讨债。而由于门贴对联已成普遍的风俗,并非只是书香人家的所为,所以向门贴对联之家索要就变成向千千万万户普通人家乞讨了。

孔子与东汉桓帝时代(公元147~167年)的范丹是相隔几百年的两个不同历史时期的人物,因此可以说这个故事纯属子虚乌有。但是,在任何文化中,寓言故事的真正意义不在于故事情节的真实性,而在于产生故事的社会背景和使得故事得以流传的文化土壤。在这个故事中有两个社会。一个是以孔子为代表的主流社会,另一个是以范丹为代表的次文化社会。由于中国社会长期以来以儒家精英文化为正宗,儒家文化引导主流社会,所以故事中的孔子及其弟子以及所谓门贴对联之家所代表的就不仅是精英阶层,而且包括乞丐们天天打交道的整个"体面社会"了。同样的,范丹所代表的是另一个社会,即非正统的、无特权的、被歧视的弱势群体。在这个故事中,这个弱势群体要向以儒教为正宗的主流社会索要其祖宗欠

---

[1]　冯荫楼:《古汴乞丐生涯》,第154页。
[2]　任骋搜集整理《七十二行祖师爷的传说》,第246页,讲述人:常书怀;施珏兴:《嵊州乞丐"唱书讨饭"风俗》,载山东大学主办《民俗研究》1997年第4期,第57~77页。

下的旧债，也就是说，要讨回一份公正。换言之，故事巧妙地把孔子和他的弟子描写成债务人，这样乞讨就不再是卑躬屈膝的求助，而是理直气壮的索要，是讨回旧债了。这个逻辑有点像马克思主义理论中的劳工阶级有向资产阶级夺回"剩余价值"的与生俱来的权利，更有点像当代美国非洲裔族群中有人认为美国黑人今日得到政府种种福利照顾是理所当然的事，因为美国开国史上白人贩卖和使用黑奴多年，现在是到了偿还这一不光彩的世纪旧债的时候了。

范丹，又名范冉，字史云，虽史有记载，却远非名人。《后汉书》称他"好违时绝俗，为激诡之行"，将他归入"独行列传"一类，其中有关他甘于清贫的记载大致如下：

> 桓帝时，以冉为莱芜长，遭母忧，不到官。后辟太尉府，以狷急不能从俗，常佩韦于朝。议者欲以为侍御史，因遁身逃命于梁沛之间，徒行敝服，卖卜于市。
>
> 遭党人禁锢，遂推鹿车，载妻子，捃拾自资。或寓息客庐，或依宿树荫。如此十余年，乃结草室而居焉。所止单陋，有时粮粒尽，穷居自若，言貌无改。闾里歌之曰："甑中生尘范史云，釜中生鱼范莱芜。"①

这里所记载的范丹"徒行敝服，卖卜于市"，穷到十几年"依宿树荫"，"结草室而居"，甚至"粮粒尽"，但仍能"穷居自若，言貌无改"，便是他被乞丐引为同道、尊为始祖的依据了。范丹死于中平二年（185），年74，当时"会葬者二千余人，刺史郡守各为立碑表墓焉"，也是备极哀荣的。② 但与广为人知的韩信和伍子胥等历史人物不同，范丹虽然是个有正史记载的人物，却只有读史很多的文人学士才会偶一提及此翁。所以这个孔子借粮范丹的故事很可能是一些落魄文人杜撰的，也可能是稍涉文史而颇有创意的乞丐头目根

---

① 见《后汉书》卷81《独行列传第七十一》。
② 见《后汉书》卷81《独行列传第七十一》。

据口述传闻改编而成。

不管作者是谁，孔子向范丹借粮的故事在民间流传极广，南北各省皆然，范丹则被不少丐帮奉为祖师爷，尊称为"范丹老祖"。晚清时北京的乞丐就每年在西单牌楼北石虎胡同大规模地公祭范丹祖师。① 对这些赤贫的乞讨者来说，"有钱人欠了我们的债"这一说法极具吸引力。孔子在竹板上写的那首诗成了乞丐在"门贴对联"的诗书礼仪之家唱各种讨饭小调的经典原版之一。据称这个故事还成为两个乞讨习俗的来源。一个是因为孔子在竹板上写诗，乞丐们在讨饭时常用两片竹板做道具，俗称"的笃板"，边敲边唱莲花落。另一个是乞丐手里的打狗棒。据称范丹问孔子："门贴对联的人家往往有狗看门，我的徒子徒孙们如何上门讨债？"孔子嫌其啰唆，愠怒地回答："拿条棍子打狗！"

从此以后，乞丐出门讨饭，手中必持打狗棒一根！②

---

① 唐友诗：《京华旧时乞丐》。
② 冯荫楼：《古汴乞丐生涯》。

第五章　应对乞讨者

乞丐问题虽然不像起义暴动那样危及政治，却是长期令政府头痛的痼疾。历朝历代总有一些应付乞讨者的政策出台，到了清代，政府对付流浪乞讨的政策和措施已臻成熟，大致可分为三个方面。其一，在建朝之初，清政府即在各地建立养济院和施粥厂之类的慈善机构，收留鳏寡孤独、无家可归者。这是继承前朝办法，但清政府更将其制度化了。其二，从18世纪开始，清政府就计划将乞丐纳入保甲制度。政府曾制定过详细的规则，要求乞丐在县衙门登记注册，地方上的乞丐统归官府指定的乞丐头目管理。但是，政府的慈善福利总是杯水车薪，而保甲制度则是纸上谈兵。于是，就出现了第三种办法，即乞丐自发的丐帮组织，而衙门许可或默许这种草根组织最终便成了政府顺水推舟应付游民问题的最实际也是最有效的办法了。这种情况至民国时期仍然存在。下面就这三方面分别述之。

保甲制度

将乞丐纳入保甲制度的目的是控制乞丐，并防止游民问题引起的社会动荡。1777年，清政府的刑部曾就这个问题做过专门讨论，并计划将年轻力壮的乞丐纳入丐头的管辖之下，由丐头对辖下乞丐的不良行为负全部责任。为将此计划付诸实行，刑部还专门设计了一种登记册，称作"循环册"，分循册和环册，实质上是一式两份的登记簿，丐头手执一份，衙门存底一份。

循环册分三部分。第一部分即封面，上载丐头某，承管某某坊，共乞丐若干名。第二部分是正文，将该丐头承管的各坊乞丐分坊分项罗列，其格式如下：

丐某，年若干岁，某处人

外貌根据胡须的情况分无须、有须、微须三种

有无家属，是否残疾

现在某某处栖息：如古庙、凉亭等

旧日曾否犯案，近日有无为匪

第三部分填写至某月某日止，该丐头旧管几人，新受几人，开除几人，实在几人。其中"实在几人"一项须每月更新。[①] 关于丐头和循环册的作用，刑部也有详细规定：

> 该丐头于月之晦日［即月底］按月一报。赍循册送县倒换，本县即日阅对，发环册令填。如书役需索留难，准其喊禀提究，该管各坊乞丐，只任其在该数坊求乞，勿许硬索强讨，并不得越往别坊讨乞滋事。各丐近日有无为匪，责令稽查，随时禀报。每届月终，于实在几人之下一行，填写本月本管坊分乞丐，并无为匪滋事，如违甘罪字样花押。其下尚犯前项不法，立提该丐头重究。其旧曾犯窃之丐，如该数坊报有窃案，即饬丐头盘诘，押令协同捕保查缉。尚有外邑新来之丐，无得容留，该丐头即行禀官，以凭给发口粮递籍。[②]

根据保甲制度的规定，每个注册在案的乞丐还必须随时携带木制或竹制的腰牌一块，以资查询。腰牌也有统一格式，其正面文字为："县正堂谕土丐知悉：凡尔一类，奸匪易混，今各给腰牌随带。如有外来游丐，留心盘诘。尚遇行迹诡秘，立即通知丐头禀究，毋

---

① 徐栋、丁日昌：《保甲书辑要》，第 101 页。
② 徐栋、丁日昌：《保甲书辑要》，第 102 ~ 103 页。

图 5-1 腰牌的设计图像

根据清朝的保甲制度，地方上的乞丐要佩戴腰牌，类同于身份证明，但此规定难以实行。此为腰牌的设计图。

来源：徐栋、丁日昌《保甲书辑要》。

违特谕。"腰牌反面则有该乞丐的姓名、年龄，有无胡须，有无残疾，以及丐头的名字，发牌的年月日和编号等，不可谓不详尽，略似现代工业社会常见的商店、政府机关等单位工作人员佩戴的身份牌。如该丐离开此地或亡故，丐头负责将腰牌收回。①

我们并不清楚这些规章制度是否真的或者在多大程度上执行了。清政府经常强调保甲制度的重要性，历代皇帝对此还常亲自垂询。但是，可以肯定的是保甲制度过于理想化了，有清一代，这个制度从来就未曾像政府设计的那样运作过。既然保甲制度从未彻底实行，那么其中有关乞丐的部分当然也不可能完全付诸实施。有人称保甲制度为"中国式的乌托邦"。②即使是身负推行该制度重任的官僚精英阶层对保甲制度也无完全的信心。例如，美国学者罗威廉（William Rowe）对陈宏谋（1696~1771）的研究就发现，身为督抚大臣的陈宏谋对保甲制度持非常保留的态度。③ 国家企图通过保甲制度来管理和控制社会，特别是掌握和控制城市人口，而街头游民则是城市人口中最难掌控的一部分。如果保甲制度在普通居民社区也未能有效地实施，那么国家欲以此制度规矩乞丐游民，其难度也可想而知了。

---

① 徐栋、丁日昌：《保甲书辑要》，第 105 页。
② Kuhn, *Rebellion and Its Enemies*, p. 29.
③ Rowe, *Saving the World*, pp. 388-389.

　　尽管如此，保甲制度在管理乞丐方面还是起到一些作用的。19世纪和20世纪初中国各地到处都有丐帮组织，在一两个头目之下，一群乞丐组织起来集体乞讨和行动，而这些丐帮又往往得到地方政府的首肯或默许，有些还得到政府的资助，其中就有保甲制度的作用。各地丐帮头目一般是由地方衙门任命的，也有丐头先有了势力和地盘，既成事实，县衙门再对此加以许可和承认。不管是哪种情况，丐帮头目必须对官府负责，其中最主要的就是他统领的乞丐不得超越规定的地域和时间乞讨。乞丐头目还监管较小的犯规行为，例如行窃、打架、骚扰等等。作为回报，有时地方政府会派丐帮头目去管理贫民院或粥厂。但是，丐帮头目从地方政府得到的最实质性的帮助是重要的"财源"——获准他和他的帮会定期向当地的商号店铺收取保护费。这种费用被称作"丐捐"，是丐帮运作的主要基石。有关丐捐的情况将在第六章详述。

贫 民 院

　　清政府在各县大都设有养济院、悲（卑）田院、留养局等，收留社会上的孤、独、鳏、寡，即《礼记·王制》中所说的"天民之穷而无告者也"。① 这种制度古已有之，有关政府对贫民的接济至少从南北朝时期起就史不绝书。唐朝时设有"普救病坊"，宋朝时则有"广惠仓"，元朝时各路（略等于州县）都设有养济院。明太祖朱元璋刚即位，马上"令天下置养济院以处孤贫残疾无依者"。② 到了清代，这种官办的贫民救济院已是地方上的一种应有的常设机构。据17世纪后期专门指导县令为政的《福惠全书》言："文王之仁政，首哀茕独；平治之大道，兼重恤孤。夫鳏寡孤独，皆贫穷无告之民，王政所宜深悯者也。今各州县，俱设有养

---

① 《礼记·王制》："少而无父者谓之孤，老而无子者谓之独，老而无妻者谓之矜，老而无夫者谓之寡，此四者天民之穷而无告者也。"
② 《古今图书集成》卷815《乞丐部汇考》第488册，第18～19页。

济院，凡孤贫，俱设有布花口粮，使其栖止衣食，各得其所，朝廷之恩泽至渥也。"① 即官办县一级贫民院已成制度，并有一定的经费。②

但是历朝的这种贫民救济，无论是中央还是地方，从来就没有认真落实过。早在宋代，陈襄的《州县提纲》就提到"安养乞丐"，并敦促地方官和士绅阶层对贫民问题不可掉以轻心，实际上反映了慈善事业在地方上的不稳定性：

> 岁饥，丐者接踵，县无室庐以居之，往往穷冬严寒，蒙犯霜雪冻饿而死者，相枕藉于道矣。州县倘能给数椽以安之，岂不愈于创亭榭广园囿，以为无益之观美乎？昔范公祖禹奏乞增盖福田院官屋以处贫民，至今为盛德事，士大夫毋以为缓而不加之意。③

到了清代，虽然各地都建有明文规定的养济院，但实际情况也好不了多少。康熙朝离开国不远，又称盛世，但已是"往往州县、养济院倾圮废而不葺，孤贫多寄迹城门荒庙。口粮布花不按名支给，每致克灭正额，毙于饥寒，殊非仰体皇仁俯怜穷厄之心矣"。④

丐帮的出现在很大程度上是缘于政府慈善机构如养济院在济贫方面的杯水车薪和形同虚设。⑤ 从政府角度看，突然涌现的大批流民会造成治安问题乃至引起社会动乱，是需要认真对付的，而对付一

---

① Huang Liu – hung, *A Complete Book*, pp. 553 – 554. 中文原文见清代黄六鸿《福惠全书》卷26 "教养部"二。

② 关于中国传统的慈善活动，可参见 Yu – Yue Tsu, *The Spirit of Chinese Philanthropy: A Study in Mutual Aid*；夫马进《中国善会善堂史研究》，第30~57页。

③ 陈襄：《州县提纲》。

④ Huang Liu – hung, *A Complete Book*, pp. 553 – 554.

⑤ 最近有学者以晚明五个上层士绅的日记和文集为主要依据，详细叙述中国传统的行善好施文化和实践，认为晚明时代中国上层文人学士颇有慈善精神，而民间的慈善事业也自有其章法，见 Joanna Handlin Smith, *The Art of Doing Good: Charity in Late Ming China*。

般的游民则不是为政者的当务之急。① 中国文化注重原籍和乡土观念，政府视离乡背土的游民为"莠民"，即形容这些人如长在农田里的野草一样有害无益。但是只要这些人对社会治安不造成重大威胁，政府对他们的处境基本上是置之不理。清政府对乞丐的政策，包括保甲制度和养济院等，其主要目的不是为了济贫，而是为了防止临时性的流民变成长期性的游民。《福惠全书》就明确表示养济院只救济孤寡病残，乞丐不在救济之列，所谓"不得该地方丐长欺凌，以彼属乞流冒顶"。② 《福惠全书》被视为清代县政管理的百科全书，作者黄六鸿在山东和直隶等地做过知县，深知民间疾苦，他在任山东郯城县令时破的一件人命案子，后成为历史学家史景迁（Jonathan D. Spence）的著名作品《王妇之死》（*The Death of Woman Wang*）的主要素材。身为知县的黄六鸿显然知道职业乞丐救不胜救，地方上的养济院是无法解决乞丐问题的。清代的养济院、栖流所之类，以及民国时期的贫民院、习勤所等，很多具有半官半民的性质，地方士绅的捐资是其经费的重要来源，但远不足以应付游民乞丐。下面试举几例。

宁津县在山东西北部的平原上，离北京 300 多公里。这个县以中国杂技之乡著称，因为许多杂技演员出生在该县。事实上，所谓杂技之乡也正说明了这是个穷地方，因为穷得没办法，做父母的才不得不忍心让自己的儿女在很小的年纪就进入这既辛苦又危险的行当。在公众的心目中，街头卖艺人与乞丐流浪汉也只是五步与十步之差。清代宁津县的养济院建于 18 世纪初，到了 1896～1898 年，

---

① 即使是大灾荒，政府的救济也往往颇为勉强。如明朝万历二十一年（1593）河南山东诸省遭受特大水患，进士杨东明（1548～1624 年）作《饥民图说》14 幅（后收入《四库全书》，有江西巡抚采进本一卷），用作图配文的形式，向万历皇帝冒死上疏，反映他家乡豫东一带当时"水淹庄稼、河冲房屋、饥民逃荒、夫奔妻追、子丐母溺、卖儿活命、弃子逃生、人食草木、全家缢死、刮食人肉、饿殍满路、杀二岁女"等惨象，这才震动御听，得朝廷免去这一带租税，拨专款赈灾，传为"佳话"。由此至少可见晚明政府救济灾民之一斑。

② Huang Liu‑hung, *A Complete Book*, pp. 553‑554.

该院重建后，有二十多间房间，可容纳六七十个无家可归者，另有间办公室。从现在知道的材料来看，这个养济院每年每人的开支是3.6两银子，即人均每天的开支还不到一钱。即便如此，老弱无依者能入院已是很幸运的了，因为宁津县当时的人口超过23万，还不包括流动人口。这样一个县只有一个仅能容纳六七十人的养济院，可以想见许多需要救济的穷人只能流落街头。而且此后宁津县的人口增加了，养济院却没有再扩大。①

同样的问题也存在于河北的平泉县。平泉位于长城以北80公里，在北京东北约290公里处。早在18世纪，平泉府就因清政府在承德兴修夏宫而兴旺起来。在县城中心，有一股天然喷泉，形成一个几尺深的大池塘，"平泉"之名因此而得，并在1778年成为该县的正式名称。

1744年清政府下令允许长城以南的人民移居塞北。此后多年，华北大批贫困农民为逃避天灾人祸而到平泉一带谋生。但新移民在这块土地上的生活仍是十分艰难。1759年开办的乞丐、饥民留养局就是因此而建。府督司马嘉禄奉命集资建立养济院，从当地的士绅富户中募得505两银子作为基金，在县城宝月巷建立留养局（即养济院）。每年从这笔基金所得利息145两，加上其他一些募捐便是留养局的基本预算。平泉离承德皇家避暑山庄不过96公里，清政府在此留有为八旗子弟专用的"旗地"。这部分土地在暖儿河乡（现属承德县，当时归平泉州管辖），所收粮银的一部分拨给留养局开销。因此这个贫民院经费比较充足，规章比较明确。道光六年（1826）重修，增盖3间砖石结构的房屋。凡被收留人员，大人每天给米8合（10合为一升）、制钱（即铜钱）5文，小孩减半。有病的给药治疗，死亡的施以棺材，来往过路的贫民给予路费，样样照章办理。至民国年间，这个留养局在地方士绅的资助下还可以勉强维

---

① 宁津县1588～1949年一些年份的人口数据如下：1588年，38126；1674年，34032；1898年，233925；1908年，290674；1931年，318341；1949年，301645。见山东省《宁津县志》，第103页。

持，至 1932 年还留有 12 间房间。但抗战爆发以后就名存实亡了。[1]

官办的养济院规模有限、经费不足是一个全国性的问题。如果我们离开华北，到桂林这个华南风景如画的地方看看，情况也是大同小异。清代桂林是广西省的省府，有好几个官办的贫民院。现存最早的记录是 1686 年按察使黄性震在七星山之侧建立广济院，收养孤老、孤儿和贫困无依者。该院每年可得 47 石 9 斗 7 升原粮。按成年男性人均年食用约 3.6 石谷米计算，这个贫民院每年只能养活 14 人。[2] 1714 年，巡抚陈元龙建立了茕独院收养孤老，分南院（水车巷内）和北院（北门城内）。到了嘉庆年间（1796～1820），桂林有四家半民半官性质的栖流所（也作栖留所），分布在桂林城的四角，故习称东院、西院、南院和北院。这四院一直维持到 1950 年，其遗址至 1980 年代初仍清晰可辨。

民国时期，这四家贫民院每月每人的预算是 32 个铜元，这当然无法维持哪怕是最低水平的生活。补救的办法是这里所收容的老弱病残人员还必须外出乞讨，间或也搞点副业。据知情者透露，"东院收容的多数是江东附郭的乡下人，平时可到菜地拾点老菜，收获季节则到地里拾点残留的稻谷和红薯；西院则靠加工编棕绳。南北两院从事的项目较多，除了收购猪鬃、猪骨和鸡鸭毛，还编制毛刷、鸡毛掸和理发用的绒插。夏夜街头唱莲花落的女盲人，也都属于南北两院"。四院中南院情况较好，有时还能救济过路的穷人，临时每人每月发稻谷 20 斤。[3]

但是无论各院如何维持，桂林的情况同全国其他地方一样，主要的问题不在贫民院的待遇差劣，而是数量远远不足。1906 年桂林

---

① 马文汉：《平泉留养局》。

② Pierre‑Etienne Will and R. Bin Wong, with James Z. Lee, *Nourish the People: The State Civilian Granary System in China, 1650–1850*, pp. 241–242；《陈榕集》，第 67～68 页。

③ 萧乾主编《社会百相》，第 62 页。

人口约 8 万；6 年以后因广西省会迁往南宁，桂林人口骤降至 3 万。但因这一地区在民国时期兵灾不断，不久桂林附近各地的难民就蜂拥而至，尤其是抗战爆发后，人口迅速增长。至 1940 年时，桂林已经是一个有 20 多万人口的城市了，其中 2.4 万人被列为"流动人口"，也即流民、游民之类。但这还只是开始。桂林不久就成了广西人口增长得最快的地区之一，1940 年代初各种难民大量涌入，到 1944 年，桂林的人口已经超过 50 万。[①] 面对如此巨大的人口增长，全市却只增加了一所贫民院，即 1943 年桂林市政府在一家孤儿院旁边增加了一所贫民院。1945 年时该院容纳量为 63 人。[②]

如前所述，早在 17 世纪，许多官办的养济院就有房屋破败、经费不足、管理腐败等问题。不少地方官办的养济院无人管理，形同虚设。不过，官办的养济院本来就不是为职业乞丐所设。除了收容一些孤寡老人外，从政府的角度看，贫民院更是为了防止社会不安而设。传教士约翰·格雷对此有相当精确的观察：

> 1857 年冬天我在上海时，曾注意到一张道台告示，说是已经在城里设了一些房子，供无家可归的流浪汉栖身。我发现常去那里的流浪汉可以领到一捆稻草当睡觉的床褥。每天两次，这些人可以得到一点薄薄的米粥。我认为这种救济所的起源不在于道台或他所代表的政府的仁慈之心，而是出于一种有根据的担忧，即如果不给流落在上海街头的无家可归者一点留宿之地的话，这些流民就可能变成强盗土匪，做出种种犯法之事。这张告示说得很明白：流民如不进入救济所，就会被当作坏分子抓起来并受到严厉处罚。[③]

在华北，冬天流浪汉的庇护所，或为贫民所设的小客栈，用来

---

① 《桂林市志》卷 1，第 234～235 页。
② 《桂林市志》卷 1，第 952 页。
③ Gary, *China*, pp. 55－56.

保暖的"被子"不是稻草，而是鸡毛，所以这些庇护所又叫"鸡毛房"，一般收取一点住宿费，也有免费的，称作"火房"。"盖以宿穷民无被褥者，及流丐人。屋内泥涂纸糊，使无纤隙，积鸡毛二尺许，人宿其中，可免僵冻"。[1] 这当然是因为华北冬天严寒，又不产水稻，故用比稻草更保暖一些的鸡毛御寒。乾隆时曾任翰林院编修的蒋士铨在 1760 年左右曾作《京师乐府词》，凡 16 首，就事命题，分别写当时北京下层社会人民的各种苦况。第一首写的就是无家可归的乞丐夜宿鸡毛店的情景：

> 冰天雪地风如虎，裸而泣者无栖所。黄昏万语乞三钱，鸡毛房中买一眠。牛宫豕栅略相似，禾秆黍秸谁与致？鸡毛作茵厚铺地，还用鸡毛织成被。纵横枕藉鼾齁满，秽气熏天人气暖。安神同梦比闺房，挟纩帷毡过燠馆。腹背生羽不可翔，向风脱落肌粟高。天明出街寒虫号，自恨不如鸡有毛。吁嗟乎！今夜三钱乞不得，明日官来布恩德，柳木棺中长寝息！[2]

这还是乾隆盛世时京城的情况，由此可见政府对贫民救济之一斑。衰世之际，京城之外，政府济贫的情况就更可想而知了。据光绪年间在京洋人的估计，1878 年北京"光着身子的乞丐"（naked beggars）已达两万余人，而全城官办的避寒所仅能收容一千人左右，大部分还是康熙年间留下来的设施。[3]

比鸡毛房更临时性的慈善救济就是施粥了。施粥的地方称作粥厂，在那里，饥寒交迫的穷人可以得到一点热粥，有时还发放寒衣。上面提到的河北平泉留养局在抗战初期就因经费不足而改成粥厂。从农历十月起，每天施粥两次，每人每次一马勺，到来年春天解冻时为止。[4] 如同养济院一样，粥厂往往是官办的，但地方士绅、商业

---

① 李家瑞编《北平风俗类征》下册，第 416 页，引《永曹清暇录》。
② 李家瑞编《北平风俗类征》下册，第 416 页，引《忠雅堂诗集》。
③ Sidney D. Gamble, *Peking: A Social Survey*, p. 275.
④ 马文汉：《平泉留养局》。

团体和宗教机构也经常参与其事。

例如扬州唯一的道教名胜琼花观，就曾是由盐商及地方乡绅出资开办的粥厂的厂址。2004 年初曾在琼花观内发现一块青石碑刻，对此粥厂有明确记载，是现存的有关这一类慈善机构和研究清朝民间赈济制度不可多得的实物资料。这块石碑为青石质地，高约 2 米，宽 0.8 米，厚 0.2 米，碑上方刻有"扬州琼花观粥厂碑记"字样，碑记全文 1800 多字，皆楷书浅刻，立碑时间为光绪三年四月。据扬州古建筑专家赵立昌介绍，此碑主要记述了自隋炀帝下扬州看琼花开始，琼花观作为名胜古迹的几度兴废的历史。另外，该碑还记载了琼花观粥厂系由何莲舫、方子箴等权贵倡导，由盐商及地方乡绅出资开办，曾救济过 1.3 万余人等内容。由于要求赈济的人数众多，琼花观粥厂还在古石塔寺开办了分厂等。当时，扬州地区 1.3 万多人，徐、淮地区七八千人曾在粥厂领粥。①

北京的粥厂可能是全国办得最好的了，理由很简单，北京是明清两代的皇城。② 天子脚下，当然要有些显示皇恩浩荡的措施。晚清时政府资助的粥厂每年从农历十月起，到第二年五月止，连续开办 7 个月；除了供应食物外，还发放棉衣裤，③ 也是要显示所谓"皇恩广被"。到了民国初年，北京还有 12 家粥厂，不过施粥的时间已经缩短，而且没有固定的日期，一般只是从天气变得非常寒冷时开始，如果资金允许的话，到来年的春天结束。每年施粥的时间最短 100 天，最长 120 天。例如，1918 年北京的粥厂从 12 月 1 日开到次年 4 月 1 日，而 1915 年冬天时迟至 1916 年 1 月 2 日才开始施粥，4 月 20 日结束。到了 1920 年代中期，资金的匮乏使北京的粥厂都迟延到 1 月中旬天气极为寒冷时才开始施粥。

---

① 《扬子晚报》2004 年 1 月 14 日。

② 关于明清时期北京的粥厂，参见邱仲麟《明代北京的粥厂煮赈》和《清代北京的粥厂煮赈》两文。

③ 李家瑞编《北平风俗类征》下册，第 404 页，引《燕京杂记》。

图 5 - 2　佛教庙宇内的赈灾情况

1946 年 5 月，慈善机构在一座佛教庙宇内赈灾的情景。

来源：George Silk（1916 - 2004）摄，Time - Life Picture Agency。

图 5 - 3　北京施粥厂前等待施粥的老乞丐

约摄于 1917 ~ 1919 年。

来源：Sidney D. Gamble Photographs，Archive of Documentary Arts，Duke University.

北京粥厂施放的是由七分小米、三分大米混合煮成的热粥，平均每份热粥含 99 ~ 113 克的粮食。1911 ~ 1921 年北京 12 家粥厂每月平均施粥情况如下：

> 警察办粥厂：35 万到 40 万份
> 军队办粥厂：12 万到 15 万份
> 市政府办粥厂：8 万到 9 万份
> 全市每月总数：55 万到 64 万份
> 全市每日总数：18333 到 21333 份[①]

尽管北京每天都要施出成千上万份热粥，粥厂前却似乎永远排着长队。作家萧乾（1910 ~ 1999）出身贫苦，其父是北京东直门的看门人，萧乾从小便在东直门一带的贫民区长大。父亲早逝，母亲靠替人帮佣养活他。萧乾对到粥厂领粥曾有过非常生动的回忆，那时他大约 10 岁。

> 天还漆黑，我就给从热被窝里硬拽出来。屋子冷得像北极，被窝就宛如支在冰川上的一顶帐篷；难怪越是往外拽，我越往里钻。可是多去一口子就多领一勺粥，终于还得爬起来，胡乱穿上衣裳。那时候胡同里没有路灯。于是，就摸着黑，嚓嚓嚓地朝北京粥厂走去。那一带靠打粥来贴补的人家有的是。黑咕隆咚的，脚底下又滑，一路上只听碗盆磕碰的响声。
>
> 粥厂在北京羊倌胡同一块敞地的左端。我同家人一道各挟着个盆子站在队伍里。队伍已经老长了，可粥厂两扇大门还紧闭着，要等天亮才开。
>
> 那时北京的气候好象比现在冷多了。寒风常常把我的鼻涕眼泪都冻成冰。衣不蔽体的人们一个个跺着脚，搓着手，嘴里嘶嘶着，老的不住声地咳嗽，小的冷得哽咽起来。

---

① Gamble, *Peking: A Social Survey*, p. 278.

最担心的是队伍长了。因为粥反正只那么多，放粥的一见人多，就一个劲儿往里兑水。随着天色由漆黑变成暗灰，不断有人回过头来看看后尾儿有多长。偏偏这时候挤进来个"大鼻子"（指十月革命后流亡中国的白俄——引者按）。他混进队伍后，我听到有人大声喊道："中国人还不够打呢，叫这'大鼻子'滚出去。"接着又听到另一个人说："就让老头子排着吧，我宁可少喝一点。"

吵呀吵呀。吵可能也是一种取暖的办法。

天亮了，粥厂的大门打开了。人们热切地朝前移动……①

一天，萧乾走过东直门大街，看到一个验尸官正在收殓一具无名尸体，忽然瞥见从草席下露出来死者的脸，原来正是那天到粥厂讨饭的那个俄国人，他显然因饥寒交迫而冻死街头。据萧乾称，他后来决定谢绝剑桥聘请，留在祖国，与这桩街头偶遇很有关系："直到1949年在香港考虑去剑桥还是回北京时，这具'倒卧'对我还起过决定性的影响——我最怕当一个无国籍的流浪汉。"② 也许是因为白人在中国活活冻饿而死的事情不多见，所以萧乾终生记得此事。

作家杨绛观察到的抗战后上海一家施粥厂的情况似乎稍好。当时杨绛、钱锺书（1910～1998）夫妇住在上海蒲园（今长乐路570弄），杨绛每天去霞飞路上的震旦女校上课，抄近路由学校后门进校，正好要经过上海的慈善机构"普善山庄"设在霞飞路后面一片空场上的施粥厂，所以经常看到冬日施粥的场景。

附近的叫花子，都拿着洋铁罐儿或洋铁桶排队领粥，秩序井然，因为人人都有，不用抢先，也不能双份。粥是很稠的热粥，每人两大铜勺，足有大半桶，一顿是吃不完的，够吃两顿。早

---

① 《萧乾回忆录》，第11～12页。
② 《萧乾回忆录》，第13页。

图 5-4　北京施粥厂前排队领粥的儿童

想到马上能够吃到热粥了，施粥厂前排队等候的两个孩子不禁笑容满面。这家施粥厂显然临时设在一所学校里，照片背景中墙上的考生成绩榜和领粥队伍形成鲜明对照：对饥饿的儿童来说，进学校读书真是可望不可即的奢侈了。

来源：Sidney D. Gamble Foundation for China Studies.

一顿是热的，晚一顿当然是冷的了。一天两顿粥，可以不致饿死。领施粥的都是单身，都衣服破烂单薄，多半抢占有太阳的地方。老资格的花子，捧了施粥，挑个好太阳又没风的地方，欣欣喜喜地吃；有时还从怀里掏出一包花生米或萝卜干下粥。绝大多数是默默地吃白粥。有一次，我看见老少两人，像父子，同吃施粥。他们的衣服还不很破，两人低着头，坐在背人处，满脸愁苦，想是还未沦为乞丐，但是家里已无米下锅了。①

这个当时设在上海法租界高档地段的施粥厂显然是少数。事实

① 杨绛：《走到人生边上》，第149页。

上，就在当时的上海，杨绛本人就常看见路上冻死、饿死的叫花子，有一次还差点和钱钟书一起坐在一具蜷曲的倒尸旁边。① 萧乾目睹一白俄倒毙北京街头而终生难忘，而"路有冻死骨"却是 20 世纪中国城市里常见的现象。一个与杨绛同时代的上海居民回忆道，1940 年代末，"每天早上离我家半公里的马路上，收尸车在拂晓时将晚上因疾病或饥饿倒毙街头的人们例行公事般地搬上车"。② 在晚清和战乱频仍的民国年代里，中国城市里的穷人和无家可归者实在是太多了，而无论是贫民院或粥厂又实在是太少了。

图 5-5　上海马路上的收尸车

美国《生活》(*Life*) 杂志记者伯恩斯 (Jack Birns) 摄于 1947 年 12 月。

来源：*Assignment Shanghai*：*Photographs on the Eve of Revolution*，photographs by Jack Birns.

---

① 杨绛：《走到人生边上》，第 148 ~ 149 页。
② Wu，*Bitter Winds*，p. 1.

图 5-6　上海弄堂口的停尸处

美国《生活》（*Life*）杂志记者伯恩斯（Jack Birns）摄于 1947 年 12 月。

来源：*Assignment Shanghai：Photographs on the Eve of Revolution*，photographs by Jack Birns.

　　在这种情况下，乞丐们必须找到一个自助、自救的办法。有组织的乞讨活动便成了乞丐们最实际的"自力更生"办法。乞丐自发的组织一开始也许并没有马上得到政府的重视，但一个县官并不需要超常的智力和判断力就会很快发现，这种有组织乞讨是帮助他处理乞丐问题的现成办法。乞丐的秘密组织（或称丐帮）往往和半官半民的贫民院及保甲制度连在一起。丐帮于官府而言花费不多，或者全无开销，却能起到官府不能起到的控制和限制乞丐的作用。所以丐帮这种组织能经历晚清和民国年间种种巨大的政治变化而不堕，直至 1949 年共产党掌权后才销声匿迹。下面就来看看 20 世纪中期以前各地的丐帮组织。

"天下拣饭的是一家"

在湖南衡阳有一条小街，有着一个颇具诗意的名字：雨花亭。它位于衡阳有名的回雁峰东侧，小径傍山蜿蜒而上。山脚下有亭名雨花，街名由此而得。不远处又有一座叫作寿佛殿的古寺，飞檐画栋，林木森森。然而，这条因亭而名、以寺为邻的山麓小街却曾是衡阳有名的乞丐窝。雨花亭街宽约两米，长不过两百多米，由于离市区较远，又靠近香火旺盛的寿佛殿，所以很久以来，就有游民流落到这里，露宿在寿佛殿前的戏台两侧。这条街也因此成为当地养济院的所在地。

在清代，这里已有"养济院"、"栖流所"、"南门上院"、"南门上厂"等名目。乾隆二十九年（1764）建坊添修养济院的碑中说："衡城养济院……雁麓右侧，穷民无靠者，萃而居焉。"这是现存的关于这条小街最早的文字记载。光绪十年（1884）"修栖流所"碑记中说："……故失所者以雁峰寺戏台两侧为乐郊之适，日则乞食，夜则安宿……苦辈无容身之地，爰筑斯室，名曰栖流所。"[1] 到了民国时期，这条街有八十多户人家，其中除了两户做线香的和一户甲长以外，其他都是乞丐，共二百多人，分居"南门上院"、"南门上厂"、"栖流所"三处。这些人都是丐帮的成员。[2]

衡阳官办的贫民院和丐帮的形成以及两者的交叉关系颇有代表性。首先，雨花亭的庙宇、戏台和山麓景观吸引了大批香客和旅游者，为乞讨创造了有利的条件，这种因宗教和大众娱乐结合形成的公众场地而滋生乞丐的现象在全国比比皆是。其次，这地方又在市中心之外，并非一般市民居住之区，流浪者比较容易蜗居下来。就

---

[1]　周沛：《衡阳的丐帮》。

[2]　周沛：《衡阳的丐帮》。

像全国其他城市一样，一个乞讨流浪汉集中的贫民区一旦形成，地方当局往往顺水推舟，"选"此地设置养济院所。然而，尽管直至民国时期雨花亭一带的贫民院还受到市政府的财政接济，然而这些贫民院主要由丐帮操作，而非政府主持。衡阳当地的规矩是"作田要交粮，讨米要入行"，入了丐帮才能乞讨在当地已成了天经地义的事。入帮（也就是被上述院、厂、所收留）时每人要缴纳两元入院费，如果一次交不起，也可以日后讨来补交。这些钱归乞丐头子（当地叫做"头牌"）所有。①

图 5 - 7　衡阳施粥厂

抗战胜利后，设在湖南衡阳的一家施粥厂外景。

来源：George Silk（1916 - 2004）摄，Time - Life Picture Agency。

这样的丐帮在全国各地都有。丐帮头目往往与中国大的帮会组织例如红（洪）帮、青帮、哥老会等有关系，但丐帮本身因为在社

① 周沛：《衡阳的丐帮》。

会最底层而自成一体，不必从属于大的帮会。丐帮的起源目前还不清楚，但这种"不清楚"恰也说明了丐帮的性质，即它们是自发的、秘密的和渐进的，这种底层社会组织慢慢形成以后，它们的起源也被有意无意地忘却了。

丐帮虽然似乎看不见摸不着，其实它们总有一个地方上的据点。这种据点可以是当地的养济院、栖流所之类的救济机构或者是地方上多年来渐渐形成的乞丐窝。事实上，这两者之间的界限并不分明。官办的贫民院总是建在当地最差的地段，如前所述，贫民院很少是完全靠政府的资金生存的。它们大部分，有时几乎是全部靠当地的商民，尤其是店铺的捐资维持。官办贫民院资金不足和管理不善是明清以来一直存在的老问题，其结果是贫民院里的乞丐只能在许多方面自我管理。此时若有一两个能干而又有些威信的乞丐出来管事——而事情几乎总是这样发生的——一种帮会的雏形就出来了。县老爷于是很乐意为这些头领背书，将管理乞丐流民这一"脏活"交给他去干。有时事情可以是倒过来发展：开始地方上并没有官办的贫民院，但渐渐地街头游民乞丐麇集于一区，往往是破庙、坟场或棚户集中之地，形成一个乞丐窝，而其中也就有了领头人物，地方当局于是对此认可，将此地划作贫民院，领头人物也就成了官府指派的丐帮头领。

不管属于何种情况，这类下层社会组织形成的原因是这些孤苦无助之人需要有一种能互相帮助、有兄弟之情的团体，他们也需要一种能自我调节、保持一定的群体次序和安定的机制。换言之，丐帮也是一种利益集团。晚清和民国时期流行的一首乞丐小调就很明确地表现了乞丐们寻求团结互助的精神需求：

> 有家要出家，没家要找家，哥们姐们抱一团，天下拣饭的是一家。①

---

① 池子华：《中国近代流民》，第116页。

另一首乞丐调差不多充当了华北乞丐组织"穷家行"的"行歌"。它这样号召天下的讨饭同行：

> 上会来称兄道弟，下会去你东我西，瘸老病瞎是一家，生死存亡不分离。①

这些简洁明了的乞丐小调表达了一种把这些看来散漫无羁的人聚拢在一起的同志之情。国家济贫力量和意愿的不足使得乞丐只有自己组织起来，自我规矩，以便向乞丐以外的社会索取最大的捐助。就像其他秘密会社一样，乞丐们一旦组织起来，自我保护的关键之一就是对外保密。一般公众视丐帮为最底层社会的一种带有某种阴谋和犯罪性质的秘密组织，但大部分人并不知其情，更少有人知其详而录其事。至于乞丐本身，绝大部分是文盲，许多人一辈子从未握过笔，事实上也绝少有乞丐记录自身生活和丐帮内幕的例子。

尽管如此，丐有丐帮却不是什么秘密。丐帮的情况至少可上溯到宋代。宋人孟元老在著名的《东京梦华录》中叙述北宋首都开封"士农工商诸行百户衣装，各有本色，不敢越外民俗"时，就特别提到"至于乞丐者，亦有规格。稍似懈怠，众所不容"。②虽然语焉不详，却也令人窥到其中的一点信息，即乞丐是一个有"规格"的、看上去松垮却不可忽视的团体。尤其是作者在叙述东京（开封）民俗时一开始就提及乞丐之"亦有规格"，也可见后者在北宋都城里的重要性。前文提到的宋代陈襄的《州县提纲》卷二中也有与丐帮有关的文字，在"常平审结"一节中，作者就详述了地方"丐首"利用政府的义仓渔利的情况：

> 常平义仓，本给鳏寡孤独疾病不能自存之人。每岁仲冬，

① 《宁津县志》编委会：《穷家行》，第29页。
② 孟元老：《东京梦华录》卷5《民俗》。

合勒里正及丐首括数申县。县官当厅点视以给，盖防妄冒。然里正及丐首藉是以求赂，有赂非穷民亦得预，无赂虽穷民不得给。兼由丐首括数，而得给者往往先与丐首约当，给米时则分其半。疾病羸弱者不能行履，所给或尽为丐首奄为己有，不然亦衰常例，而丐者所得无几矣。夫丐首强壮亡疾病，一家率数人蚕食于常平，而又强掠如是，其弊可不革哉！要当严禁其乞觅不公之弊，遇初冬散榜，令穷民自陈，庶几常平不为虚设。[①]

也就是说，官设的救济机构义仓已渐为地方上的丐帮头目所控制。这里所提到的丐头显然是官府指定或认可的，与里正同为地方小吏。明代文学家冯梦龙（1574～1646）的话本小说中收录过一段"金玉奴棒打薄情郎"的故事，其中的女主人公金玉奴的父亲金老大就是南宋首都杭州（时称临安）的一个丐头。故事中的金老大虽非为非作歹之徒，他作为丐帮头目的威权却十分明确。冯梦龙所描写的这个丐头大约是现存关于丐帮情况最早的文字记录了。

　　话说故宋绍兴年间，临安虽然是个建都之地，富庶之乡，其中乞丐依然不少。那丐户中有个为头的，名曰"团头"，管着众丐。众丐叫化得东西来时，团头要收他日头钱；若是雨雪时，没处叫化，团头却熬些稀粥，养活这伙丐户；破衣破袄，也是团头照管：所以这些丐户，小心低气，服着团头，如奴一般，不敢触犯。[②]

根据这段故事，团头一职是可以世袭的，金老大从"祖上到他，做了七八代团头了"。[③] 如果这段记载基本属实，则至少在 12 世纪

---

① 陈襄：《州县提纲》。
② Birch, *Stories from a Ming Collection*, p. 23.
③ Birch, *Stories from a Ming Collection*, p. 23.

时，中国丐帮已经作为一种社会组织存在了。

冯梦龙的这段话近年来也曾多次为历史学家引为古代丐帮存在的证据。话本小说来自民间，虽不足做正史资料，但在反映世风民俗上自有其不可替代的价值，尤其是反映在士大夫和传统史家不屑记录的底层社会情况方面。根据这段史料，我们不妨说至少在冯梦龙生活的明代末期即 16 世纪末 17 世纪初，丐帮已是相当普遍了。下面这段清初发生在安徽东部天长县的乞丐故事离冯梦龙时代不远，可为佐证。

> 毛瘫子者，天长人，胎而瘫者也，以两手拄地，坐以行乞。然虽乞人，而好义。顺治己亥，海贼陷江宁，天长亦为盐枭刘泽所据。县令自缢于里巷之门，数日，暴其尸。毛适过之，泣曰："县爷耶！"乃殓之于演武厅。枭平，新令至，闻其事，义之，遂书一竹版，署毛为养济院长以旌之。
>
> 于是毛出入乘一丐之肩，若骑而行者。群丐属目，甚荣之。毛既为丐长，而县岁有给、市月有钱。遂有草屋三楹，一妻一妾；而以瘫也，不设几榻，褥草为席，妻卧上席，妾则侧席。岁时，妻妾置酒，群丐上寿。贱而尊，窭而乐也。①

显然，这个故事因毛瘫子以一残疾人在战乱中冒着危险，为暴尸街头的县令下葬而有了英雄色彩，而他后来得新县令赏识，一妻一妾、出入有人驮的"人上人"的生活情景又颇显滑稽，所以流传了下来。但这段记录中的官府任命养济院"院长"也即乞丐头目的情况，却反映了丐帮在明清之际已普遍存在。

外国人笔下的中国丐帮

到了 19 世纪，西方来华人士只要在中国生活一段时间，往往会

---

① 徐珂：《清稗类钞》第 40 册，第 10 页。

对丐帮有所耳闻，有的还会目睹。以打开幕府时代闭关锁国的日本而闻名于世的美国海军上将培理（Commodore Matthew A. Perry，1794 - 1858）在他 1853 ~ 1854 年划时代的东亚之行中两次访问了中国。他虽然只到了广东和东南沿海一带，且行程匆匆，但在日记中却对中国的丐帮有相当详细的记载。培理说，中国各城市都有各自关于乞丐的法律和慈善组织。广州就有四种慈善机构，分别照顾孤寡、收留弃婴、收尸、照看麻风病人等。培理指出，所有这些机构都已腐败不堪，结果是领头的胡作非为，靠"照顾穷人致富"（make themselves rich by *taking care of the poor*，斜体部分意为这种照顾穷人是要加引号的）。① 可见此时丐帮已经是一种相当普遍的社会现象了。

外国人对中国这种下层社会秘密团体的观察不免肤浅。但是我们要知道，由于丐帮的性质，只要不是帮会成员，无论中外人士，都是圈子以外的观察者。外国人在看中国时，因其新鲜感，往往对于一些中国人自己司空见惯、熟视无睹的现象饶有兴趣，能从不同的视角加以观察。西方人士中有些因慈善救济等原因而与乞丐有直接的接触，有些长期观察中国乞丐情况，有些甚至还亲自到乞丐窝走一圈，有意识地做些实地考察，进行寻访问谈。可以说，从 19 世纪中叶起，西方人士对中国乞丐观察了一个世纪，留下了不少资料，足可为近代中国乞丐史作一佐证。

曾任香港副总督的英国人约翰·格雷（John Henry Gray，1828 - 1890）曾在广州参加过由当地富商资助的乞丐聚会，从他下面的记录来看，这显然是一次当地店主合资招待丐帮的例行的请客吃饭。

　　1866 年 11 月 3 日，我有机会参加了这样一次聚会。那是在广州西郊兴泽坊的彰恒客栈。当我进入餐厅时，丐帮中的一个头领让在座的乞丐们全体起立，以示尊重。乞丐们一直站着，

---

① Matthew C. Perry, *The Japan Expedition, 1852 - 1854: The Personal Journal of Commodore Matthew C. Perry*, pp. 124 - 125.

直到头目们示意他们坐下。然后我在头目的陪同下进入里面的雅座，那里只放了几张桌子。我的同桌都是丐帮中的大佬，因为只有他们才有资格坐在宴会最里面的雅座上。[1]

就聚会形式和礼节而言，丐帮似乎可以与其他行会组织相比。美国人何天爵（Chester Holcombe，1844 – 1912）在中国居住多年，25 岁时以传教士身份来华，两年后转为美国驻华使馆翻译，后来一直在使馆工作，直至 1885 年离华，其间曾几度任美国驻华使馆代办。多年在中国，特别是在北京的居住经验使何天爵有机会对乞丐做近距离的观察。据他自己说，他对北京"各种年龄的男女乞丐"作过长达 15 年的细心观察。何天爵甚至和长年在美国公使馆附近流浪的乞丐成了熟人。何天爵认为乞讨在中国已成一习俗性的制度，他很精当地指出："中国政府既然对百姓中的这一部分人口不作制度性的帮助，只好采取默认乞讨是个正当职业这一策略。"

何天爵写道："北京的乞丐有常设的帮会或称社团，由一个乞丐王和王后主持其事……整个城市被小心翼翼地分成几大块，没有乞丐敢越雷池半步。"[2] 这与《北平风俗类征》所记录的完全一致。北京当地人称这种组织为"丐厂"，除乞丐王外，头目中有老大、老二、老三等，而一般的乞丐则称作"徒弟"。[3] 何天爵从未有机会看到北京的"乞丐王"，而他也认为这是理所当然的，因为据他所知，乞丐们称"乞丐王不可被凡眼所识"。不过，何天爵和北京的乞丐太熟了，有幸与北京的"乞丐王后"有一面之交，并对她印象不错。何天爵形容她是一个"举止得体、衣着讲究、大约六十五到七十岁的中国妇女"。[4]

中国西南的城市成都离北京有 2500 多公里，丐帮的情况却与京

① Gary, *China*, pp. 60 – 61.
② Holcombe, *The Real Chinaman*, pp. 324 – 327.
③ 李家瑞编《北平风俗类征》下册，第 416 页，引《北平的乞丐生活》。
④ Holcombe, *The Real Chinaman*, p. 327.

城大同小异。英国传教士瓦勒（Joshua Vale）曾说：就以观察中国人的社会生活而言，没有比省城更好的地方了，"因为在那里你通常可以看到社会每一个阶层的各种事务都完整无误地表达出来"。瓦勒挑了最下层的群体——乞丐——作为他的观察对象，并在 1907 年写了一份关于成都乞丐情况的报告。瓦勒认为政府对乞丐的慈善措施，包括冬天的施粥、发放棉衣，"对减轻这一阶层人们的痛苦而言只是杯水车薪"。像北京乞丐一样，成都的乞丐也只有组织起来求生存。瓦勒说成都的"乞丐王得到当地官员的承认，他们统治着乞丐，对地方当局负责着乞丐们的行为"。据瓦勒的观察，成都的乞丐王"常常站在东门外的桥上向他治下的、从城里（乞讨后）出来的乞丐收税"。① 成都当时有 35 万居民，估计长期在街上流浪乞讨的职业乞丐就有 1.5 万左右。事实上成都的乞丐王不止一个。整个城市分成了几个乞讨地盘，丐头们各自为王。瓦勒所看到的，应是成都东门一带的丐帮头目。②

　　在省会以外的县府小城，西人也观察到和大城市差不多的丐帮组织情况。1927 年，一个叫爱蜜拉·史特特的美国妇女访问了浙江南部沿海城市平阳，记录了她采访到的当地乞丐情况的一些生动细节。史特特对乞丐产生兴趣是因为她一住进下榻的客栈，就从房间的窗口看到小楼隔壁的一个大院里有成群的乞丐："各式各样衣衫褴褛的乞丐聚在那里，有些在抽烟，有些在赌博，另一些在大声喧哗，或者叫叫嚷嚷、吵架般地讲话。其中有许多形容可怕的残疾人，他们或病或残，但在这一片难以形容的污秽中，大部分人却有着一种奇怪的好情绪。"这个大院紧挨着一栋曾经很有些气派的旧楼，是当地人称作"讨饭会"的丐帮总部。史特特向她的佣人阿福打听讨饭会的情况，阿福就把她介绍给客栈经理、一个名叫"甜梨"的老头，让甜梨向她介绍他隔壁的这群奇怪的邻居。

---

① Vale, "Beggar Life in Chentu".
② 崔显昌：《解放前四川乞丐的形形色色》。

图 5 - 8 浙江平阳一老乞丐

浙江平阳一个衣不蔽体、骨瘦如柴的老乞丐，平日以捡破烂为生。史特特摄。

来源：*Asia：Journal of the American Asiatic Association*，October 1927.

图 5 - 9 浙江平阳一丐头

史特特镜头中的丐帮头目一副丰衣足食的样子，只有八仙桌上的讨饭罐透露出一点他的乞丐身份的信息。

来源：*Asia：Journal of the American Asiatic Association*，October 1927.

史特特形容甜梨是个"喋喋不休的老人",手里握着一个一尺来长的烟斗,很乐意谈地方掌故。"啊哟,中国各地都有讨饭会。能干的乞丐很会把他们这一行干得兴兴旺旺的。这些讨饭的只是外面看上去是个穷光蛋,我们中国人可谁也不敢小看他们的势力。"显然,一个西洋女人对中国讨饭的兴趣使这个客栈老板好客之心大增;谈到兴头上,甜梨自告奋勇地说可以陪史特特到乞丐窝里走一遭。这倒使这个好奇的访客有点措手不及。史特特承认她是鼓起很大勇气才接受这一邀请的,因为这是她在中国这么多年从未经历过的。这次乞丐窝"探险"却是一次友善之旅。史特特不仅直入乞丐窝,细细观察,还有机会和丐帮头子聊天。

> 我们穿过乞丐大院,没有人阻拦,这是因为我的向导早就向这"基尔特"各方面打点过了。里面的人都在各干各的事,但时时都停下来盯着看我这个"洋鬼子"。不过他们都很有礼貌,而且很愿意向我们展示这里的一切……
>
> 有两个厨房准备这里所有人的伙食。这些饭菜包括米饭、咸鱼块、卷心菜和番薯。这种共产式制度在这个帮会里一丝不苟地遵循着。帮会的头目给每个会员制定一个固定的消费水准。那头目是个老头,尽管衣衫破烂肮脏,看上去却也自有他的尊严。他掌握着全帮会的仓库的钥匙,那里存放着每个会员必须贡献的基本伙食和现金。如果一个会员连续几天不交饭钱,他就必须出去"自谋生路"。[①]

何天爵认识的北京乞丐声称普通人的眼睛不能目睹他们的最高首领,与之相比,史特特见到的这些乞丐应该算是很友善的了。他们甚至对干乞丐这一行有些津津乐道、以此为荣的意思。这种小城好客的风俗使史特特在平阳和中国其他城镇收集到不少为一般民众所不熟悉的有关乞丐生活的材料。

---

① Stott, "Chinese Knights of the Open Palm," p. 831.

综上所述，外国人能对从京城到省城到小镇的乞丐和丐帮的情况做诸多的了解，说明这种民间组织的存在已是一种既很突出又非常普遍的草根社会现象了。诚如历史学家王尔敏所言："丐帮之存在，是国家大问题，需要严肃研究，不是点缀，亦非儿戏。"① 下面一章就来详细叙述和分析乞丐组织的内幕。

① 王尔敏：《明清社会文化生态》，第466页。

第六章　街头的社会契约

　　乞丐虽然处于社会最底层，流动性大，看起来杂乱无章，一旦组织起来，其内部运作却也井然有序，有时甚至等级森严。从帝国晚期到民国时代，丐帮是全国各种秘密社会组织的一部分。丐帮的灵魂就是帮主，有丐头、甲头、团头、老大、头牌等名目。在公众心目中，这个乞丐头目已经有点像一位低级士绅，或者说是一个非官方或半官方的警棍。对被他管辖的乞丐来说，这个头目就是老板，有着真正的权力。这个权力来自丐头本人的号召力、组织手腕、社会关系网等，而最重要的则是他的地位得到地方当局或本地士绅的许可或默认。

　　学者周德钧根据中国出版的各种文史资料所提供的材料，对20世纪初全国的丐帮作了很好的简介：

　　　　清末民初之际，丐帮组织更趋发达，几乎每一地区，尤其是通都大邑，都有相应的乞丐组织。如北京的丐帮有"蓝杆子"、"黄杆子"两支。"黄杆子"系由破落贫困的八旗子弟所组成，是高级乞丐的组织，丐头则由王公贝勒充任。"蓝杆子"是普通乞丐的首领。在河北西南、山东西北部分布着一支规模庞大的丐帮，名叫"穷教行"。有时又称为"理情行"，其内部成员有死捻子、活捻子和杆上之分，"穷教行"帮中有派，如死捻子又分为韩门、齐门、郭门。在吉林海龙一带，丐帮有"大筐"和"二柜"两种，"大筐"由瞎、瘸、聋、傻、哑、瘫等残病乞丐组成，"二柜"则由一般乞丐所组成。无锡的丐帮有

"流门"、"蠹门"两支,"流门"包括医、卜、星、相、地理、书、画、棋、说书、弹词、铎、募化、花鼓、唱莲化等"乞丐"所组成;"蠹门"又分东行、西行两类,江湖上有"三十门大蠹,七十二小蠹"之说,大抵也是一些靠江湖技艺和贱役苦力乞食的乞丐所组成。泉州的丐帮分为本地丐、外地丐。开封的丐帮称为"穷家行"或"杆上的"。在长江中下游地区,丐帮有"三江"、"两湖"的派系之分,例如汉口的丐帮多属西湖派系,派下有门宗,门宗下又分"字",可谓枝繁叶茂。广州的丐帮规模也属可观,名曰"关帝厅人马",其组织网络以广州为中心,影响所及,直到附近南海、番禺、东莞、顺德等县。重庆有聚集在洪岩洞的丐帮,云南的丐帮则称为"舵"上,帮主曰"舵头",其组织形式与名目与哥老会颇有渊源。兰州的丐帮称为"砂锅子",丐头叫"万师父",也曾繁盛一时。①

丐帮组织虽然听起来五花八门,名目繁多,但如仔细分析,它们无论在性质上或内部运作上都基本相同。长城内外、大江南北,从黑龙江到云南,从内蒙古到岭南,从西北塞外到闽浙沿海,丐帮组织的存在和运作大致有以下几个特点。

首先是国家对社会贫困的救济不当(有时是完全阙如)和慈善性社会团体的不足,使得无助的游民只得自己结成团体以求生存。

其次是这些下层社会帮会组织都得到当地官府或士绅阶层的许可或默认,有些丐帮甚至是从官办的贫民院直接演变而来的,并领取一定的经费。

再次是丐帮组织得以生存的主要经济来源是向当地商民收取保护费即丐捐,而丐帮组织也必须恪守信用,保证付费商民不受游民乞丐的随意骚扰,是为中国社会一种特殊的"社会契约"。

---

① 周德钧:《乞丐的历史》,第145～146页。以上所述,可参见《近代中国江湖秘闻》下册,第268～448页。有关中国学界研究乞丐问题的一般情况,可参阅罗国辉《乞丐问题研究综述》。

最后，丐帮组织内部大多有规章纪律，有各级丐头监督实行，这些规章纪律虽然大都不成文，也未必一定能严格执行，更未必能做到公正廉洁、赏罚分明，但由此也维持了一种有组织乞讨的可行性。

简言之，东西南北丐帮情况的类同说明了中国乞丐组织的制度化，以及它们作为一种自发的底层社会团体在诸多方面惊人的一致性。以下本章诸节即围绕着这一中心论点加以述论。

华北的"杆上的"

1899 年 6 月 3 日，有几个年轻的美国妇女在北京前门一带的城墙上散步时遇到一群乞丐。从其中一位后来在写回美国的家信中描述的情况来看，这只是一群普通的乞丐，但在这些外国人眼中，这种场景却是非常触目惊心了："这些半裸的可怜虫在行人前排成一队，然后跪在他们脚下，磕头，用最可怕的样子哭喊号叫着。他们用头顶着地，然后一圈一圈地打转，同时不停地发出叫声。"这些美国妇女禁不住问两个衣着体面的中国人为何没人阻止这些乞丐，她们得到的回答是没人敢这样做，因为这些乞丐都有帮会，谁影响了他们的生计谁就要倒霉。①

北京和华北大部分地区（特别是直隶即今河北一带）的乞丐帮会叫做"杆上的"，丐帮的头子叫做"大杆"。这些名称来自乞丐帮主所持的作为权力象征的木棍。这根木棍一般漆成红色，外面套红色的丝绸袋，高高地悬挂在帮主家中或乞丐窝里最显眼的地方。帮主继承大统时，必须对着乞丐祖师爷的图像和这根棍子行磕头大礼。而对一般乞丐而言，这根棍子的意义则不仅在于礼仪，更是帮主威权实实在在的一个象征。每个新入伙的乞丐必须对这根棍子磕头，并被告知如有犯规不法之处，这根棍子便是处罚他们的工具。遇有节日大典，入会的所有乞丐整齐地排着队，对着这根木头棍子磕头如仪。

---

① Conger, *Letters from China*, pp. 68－69.

　　这种仪式在某种程度上旨在重申丐头的权威。当乞丐群中有人违反帮规或犯下大罪，丐主将杆子带到他的"法庭"，在那里他可以用这根棍子责罚犯规者。而即使他将犯规的乞丐施以重刑，甚至责罚至死，通常也不会有官司上身，因为丐头的位置是由官府指定或默许的。一个丐帮头目的位置一旦确定，他在这个帮会里就是操生死予夺大权的小霸王。

　　但这根杆子却是个圣物，非有重大事情，丐头从不轻易使用。从实际功能来说，因为乞讨是一种流动性的行为，这根杆子也不便随身携带。作为一种折中办法，丐头常常带一根旱烟管（在19世纪末香烟进入中国以前，旱烟管是中国人最普遍的吸烟器具）。这根旱烟管比普通的旱烟管粗且长，所以它可差强人意地代替留在乞丐窝里的那根杆子在街头责罚乞丐。

　　丐帮的杆子虽然涂成红色，在北京，普通的丐帮却叫做"蓝杆"，以区别于八旗贵族中叫做"黄杆"的丐帮。清朝入主中原后，清廷将满人依其与皇室的亲疏关系分成八旗，是为贵族。但一些八旗子弟虽有贵族之名，却无贵族之实，加以入关后脱离了习惯的游牧生活，在京城无所事事，悠闲游荡，不理生计，结果坐吃山空，沦为乞丐。不过因为他们是八旗子弟，虽然是乞丐，却与一般乞丐不同。"黄杆"的头目一定是皇室成员，或至少与皇室沾亲带故。他们通常是一些桀骜不驯之徒，虽然有王公贝勒的称号，却不容于皇家正统，便只能在京城的游民乞丐中称霸。黄杆子不像一般乞丐那样天天出去乞讨，而只在新年、端午和中秋三大传统节日出来。而且他们只向商家店铺乞讨，一般不向住家索要。

　　"黄杆"的丐帮成员出门讨饭遵循一种古老的仪式，犹如官府大员出巡。他们通常是两人为伴，有时是两对同行。一人唱曲，一人敲鼓板和之。唱曲者伸出手，手背向上；击鼓者放稳鼓，鼓板使平。这便是索钱的暗号。这时，懂"规矩"的店主或掌柜的就要步出店面施舍，施舍者必举手略高于头，然后将钱币轻放在鼓板上。所施之钱不得少于大钱五枚，而且店主必须在求乞者唱完第五句曲调前施舍如仪。

整个过程中，双方不交一语。如一切按规矩办，求乞者会马上离去，店铺一切恢复如常。一旦不按规矩办，则会有大麻烦：

> 若不谙此例，或靳而不与，或与而不如仪，则若辈即旋身而走，明日倍其数而来，后日更倍其数而来。自启市及闭市止，不索钱，亦不出恶声，往往围聚于店门，往来居民恒指而目之曰："黄杆子今日与某店开交涉"。则惴惴然唯恐祸及，势必使贸易停止。迨后店主托人和解，则数千数十千，视其时日之多寡、情节之轻重而定之。①

这里的乞讨显然已非求施舍，而是一种变相的强索了。"黄杆"的头目也因为有此特权而致富。明末清初人彭岵孙在《帝京十二咏》中专门列有一首《丐诗》，描写北京城里乞丐在其魁首指使下的横行霸道，诗中"拥巨万"的猖獗"此徒"即应是"黄杆"的头目：

> 贤达且乞食，况彼饥寒天。淮阴非漂母，馁殍城南隅。所嗟京北瞎，猖獗容此徒。其魁拥巨万，抱妾衣玑珠。不逞亡赖儿，百十行与俱。诣市任颐指，攫取蔑敢呼。沿卷有风母，叩头牵人襦。不避司隶仗，反骂司阍奴。道逢谨趋让，诸公正当途。②

《丐诗》将八旗贵族子弟充当乞丐头目的张狂情况描写得淋漓尽致。"黄杆"因有八旗的背景，故能如此嚣张。明黄色为帝王之色，只有皇帝本人能以明黄色为衣，就是他的嫡亲弟兄也不可篡用。③

---

① 徐珂：《清稗类钞》第 40 册，第 3 页。
② 转引自周德钧《乞丐的历史》，第 168～169 页。
③ 据末代皇帝溥仪（1906～1967）自传，1917 年他 11 岁时，一次与 10 岁的弟弟溥杰和 9 岁的大妹一起在皇宫内玩捉迷藏，玩得正高兴时，溥仪一眼看到溥杰内衣袖子露出黄色，立刻沉下脸喝道："溥杰！这是甚么颜色，你也能使？这是明黄，不该你使的！"溥杰马上垂手恭立。此时早已进入民国，宣统皇帝不过因民国政府的优待条款而得以留居宫禁，然明黄为帝王之色、深黄（或称金黄）为贵族之色的概念在紫禁城内的小朝廷里仍根深蒂固。见 Pu Yi, *From Emperor to Citizen: The Autobiography of Aisin – Gioro Pu Yi*, p. 17。

"黄杆"虽非明黄色，也未必与帝王直接有关，但自然代表着一种"贵族"的权势。然而不管何种颜色，到了19世纪，这根悬挂在乞丐窝里的木棍子既是丐帮头目的兵符印绶，又是华北乞丐们的共同标志，"杆上的"一词成了人们对乞丐的通称。[1]

图 6 - 1   清朝南北两大科举考场

左为北京考场，右为南京考场。无论南北，也不管是乡试、会试，榜上有名的考生回到家乡，在城镇口迎接他的第一人往往不是家属亲友或当地官员，而是前来乞赏的当地丐头。

来源：左图，Sarah Pike Conger, *Letter from China*, 1909；右图，William Edgar Geil, *A Yankee on the Yangtze*, 1904。

长城之外

在长城以外汉化程度较低的内蒙古和东北地区，这种"杆上的"乞丐团体也同样存在，而且和北京的丐帮并无重大差别。长城内外丐帮情况的类同，从一个方面再次说明了中国乞丐组织的制度化和作为一种底层社会自发团体的一致性。

一个东北小城中的三代丐头

离东北的主要城市哈尔滨西南大约48公里有一座有围墙的小城，叫做双城。在城的西南角有一条叫富翼胡同的小路。颇具讽刺

---

[1]   徐珂：《清稗类钞》第40册，第2页。

意味的是，这条"富翼"道上聚着的却是本城的乞丐。这些乞丐是有组织的，他们的居处叫做"乞丐处"，是双城府半官方的贫民院。而另一个有些讽刺意味的是，这个贫民院外表装饰得相当堂皇，与富翼胡同的名称颇相符合。据当地人的描述，这是一个大四合院，"伞屏红大门上悬挂着'双城府乞丐处'的金字立牌匾。院内中间有二门，里边有海青草正房五间，东西配房各二间，画栋雕梁，极为美观。外院有东西草厢房各五间，矮檐纸窗，一明两暗，对面火炕，这里是乞丐食宿的屋子"。[①]

根据 1895 年出生的双城府本地人张润清的回忆，由清末经民国和伪满十四年，双城府乞丐处名义上一直是官方机构，但事实上双城府衙门只是给了丐帮头目一个官方承认的地位，并没有给予多少实际的经济资助。从清末到抗战胜利后的 1946 年，张润清经历了三代丐帮头目（也称团头）的统治。第一代丐帮头目是一个叫张祥的旗人，此人从张润清记事起就是团头，任职至 1914 年他死时为止。据说张祥年轻时因为善于阿谀逢迎，得地方当局欢心，所以当上团头。他的满族背景大约也有帮助。不管出于什么原因，张祥当了几十年的团头，他在双城的地位似乎已不仅是一个叫花头儿，而且也是地方士绅了。例如当地人不呼他为团头，都称他为"占爷"，间或也有人用"职务"开玩笑地叫他"处长"。按习惯法，团头的位置是可以世袭的，但张祥似乎还公正，死时没将位置传给儿子，而是给了当时口碑还好的义子、绰号"关傻子"的关福吉。

收养义子在当时的中国一般并没有正式的法律手续。在乞丐圈子里，所谓义子不过是说关福吉深得张祥信任，是张祥用心栽培的亲信。丐帮头目这一位置虽然可以按血缘继承，但乞丐中也有"传徒不传子"的说法。究竟传徒还是传子，可以因人、因时、因地而异。关福吉能接下"占爷"的衣钵，还因为他生就一副活泼而滑稽的相貌，又在戏班子里跑过龙套。特别是他在京剧《法门寺》中饰

---

① 张润清：《清末以来的双城府乞丐处》。

过小太监贾桂，在《红鸾禧》中演过"杆上的"团头金松，颇得县官和商会会长的欢心，后来他们就支持关某出任乞丐处头目。关傻子想不到从饰演戏里的"拜杆"到后来真的成了金松那样的团头了。

关福吉病死于 1924 年，张祥的孙子张兴邦当上了团头。张兴邦当时已 40 多岁，一向游手好闲，不事生产，抽鸦片成瘾。他贿通商会，得以继承祖业，当上乞丐处头儿。此人统辖双城乞丐 20 多年，是双城团头中最刻薄的一个。乞丐，特别是外来的乞丐，宁可住破庙，也不愿意进入富翼胡同四合院的屋檐下受张团头的"照管"。张显然利用职权谋了不少私利。例如伪满时期，当格布（又为"袼褙"）缺乏时，张包买破烂，命众叫花子打成格布，高价出售，从中获取厚利。这样乞丐处实际上成了他的私人工厂，而张则得以把他的住宅修整一新，还购置了 20 多垧地（合 300 多亩），俨然成了大地主。[①] 但抗战胜利后不久，张也就时蹇运尽。1946 年共产党军队占领双城，在接着进行的土地改革运动中，乞丐处的 50 多个乞丐和张在乡下的佃户纷纷起来揭发张的劣行，张自知众怒难平，像许多有鸦片烟瘾的人寻短见时常做的那样，以吞食生鸦片烟自尽。[②]

双城的乞丐如他们在北京和华北各地的"同行"一样，也是以一根木棍即"杆"作帮中权威的象征。这是一根大约二尺长的木棍，上半部漆成红色，下半部黑色，下面缚着半尺长的皮鞭，所以整根棍子也可以说就是一条鞭子。如华北各地"杆上的"一样，双城团头的这根棍子也既是权力的象征，又是用以责罚乞丐的刑具。

双城乞丐处的长期存在显示了地方政府、上层社会和丐帮组成了一个相当稳定的三角架构。在双城，县政府代表地方上层授予丐帮头目权力，换取他对政府的服务，即有效地控制地方上的乞丐游民。反过来说也一样，即双城的地方精英（主要是商会）以县衙门的名义决定谁当团头。无论何种表述，其实质是政府和社会精英阶

---

① 垧和亩的换算各地不同，在东北一般一垧地合 15 亩。
② 张润清：《清末以来的双城府乞丐处》。

层允许有组织的帮会定期向地方商铺和居民收取保护费，使之在实质上成为一种摊派给社会的捐税（本章下面对此有详细讨论）。丐帮得以运作的主要经费就是这种并无明文规定的丐捐，而团头总是用种种手段中饱私囊。但对团头来说，这也并非免费的午餐，因为他除了有管理乞丐之责外，还要组织乞丐为市政当局服务。从某种意义上说，团头已非一般意义上的乞丐头目，其地位具有一种准警察头子的性质。

双城的团头有接纳城里所有无家可归者进入乞丐处之责，他也有掩埋地方上所有"公尸"之责，包括县监狱里死去的囚犯、路上的无名尸体和刑场上处死的犯人。双城四个城门都由乞丐日夜充当守门人，而指派守门也是团头之责。由乞丐充任这类角色似乎很奇怪。但在像双城这样一个几乎没有雇佣警察的经费，却有着许多流浪人口的小城，这种安排在市政当局的立场看来合情合理，甚至是明智之举。事实上双城在这方面只不过是一个典型的例子。我们在下面会看到中国各地都有类似的以乞丐充任各种市政劳役的情况。在中国特定的市政环境下，这样的做法可称是一种不幸的因地制宜办法。

图 6-2　清朝同治年间当众处决犯人的场景

杀头示众是中国的老传统。从统治者的角度，这种方法可以起杀一儆百的作用。清场收尸和掩埋却常是地方乞丐的任务。

来源：美国国会图书馆（Library of Congress）。

内蒙古草原上的"梁山泊"

民国初年内蒙古的包头是一个有 6 万多人口的城市，但在行政上仍是一个镇，隶属萨拉奇厅（后称萨拉奇县）。清末时包头只有一个萨拉奇厅派来的"巡检"管理地方事务；到了民国初年，包头也只有一个 30 人的警察团，驻扎在包头城里，属萨县巡警营的一个分驻所。对一个 6 万人的城市来说，这显然是不足的。包头实际上是由当地商界的 5 个代表组成的委员会或称议事机构管理。其中由工商业主的公会组织"大行"出代表 4 人，四郊的地主组织"农圃社"出代表 1 人。这个议事机构，受萨拉奇厅委托，由巡检和巡官监督协助，处理包头地方上的各种事务，事实上也就是包头的行政衙门。但其警务则由这议事机构雇用聚在包头市区草市街以北一个叫做"死人沟"地区的乞丐负责。[①]

死人沟的乞丐组织号称"梁山"，它事实上就是当时包头的警察机关。梁山这个名称显然来自《水浒传》，其中心地点、丐帮头目所在地即按《水浒传》中梁山泊好汉的传统，称作"忠义堂"。[②] 死人沟原是一个停厝棺材的地方，后来乞丐们在那里掏窑打洞居住，渐渐成了包头的贫民窟。清末民初，这里还是"黑房"（临时监狱）的所在地，也有几家代办丧事的鼓房，所谓"忠义堂"就设在鼓房内。死人沟的居民主要是乞丐，但也有鼓房差役、流浪艺人、轿夫等，都属"梁山"管理。

梁山供奉的祖师爷是明代的永乐大帝（1403～1424 年在位）和汉代的范丹。他们的头目也有一根象征权力的"杆儿"，叫做"拐挺"，平常置于祖师像前面的供桌上，有事的时候用它行刑打人，除梁山头目以外，谁也不许捂动。像梁山泊造反的好汉一样，这些乞

---

① 新中国成立后死人沟改名"慈人沟"。
② 《水浒传》对中国乞丐游民的文化影响甚巨。许多秘密社会也以《水浒传》中的梁山泊人物为偶像。有关这方面的讨论，可参见王学泰《游民文化》，特别是第六章，和王学泰《中国游民》，特别是第二章。

丐游民也因贫困而结义，所不同的是宋朝梁山好汉是揭竿起义反贪官污吏，这里的梁山乞丐却是组织起来为官府服务，以维持基本生存。在梁山头目的支配下，死人沟的乞丐们承担着许多在通常情况下应由市政工人或警察担任的工作。例如，夜间负责全城的巡逻打更，提着"大行"的灯笼，可以盘问、检查乃至逮捕夜不归宿的行人。有时守城门的兵丁晚上要溜到城外去赌博，私下就把城门钥匙交给梁山人代管。梁山人例行的市政服务还包括清理街道上的垃圾、官厕里的粪便、路旁倒毙的死尸。城里发生火警，由他们负责扑灭；各种自然灾害，亦由他们充当救灾队。1918 年包头鼠疫流行，死了3000 多人，尸体都由"梁山好汉"们负责抬到城外焚化。

1926 年包头正式建县，市面繁荣，人口增多。12 年后，又升为市，市政建制开始正规化。渐渐地，警察机关代替了传统上由梁山人担任的市政工作。盛极一时的梁山乞丐帮也开始慢慢地没落。不少乞丐离开包头，有的参加了哥老会，成了河套一带的土匪。但包头的市政改革并没有完全使丐帮消失，一直到 1940 年代末，梁山仍是当地乞丐半公开的秘密组织，而且像大部分丐帮组织一样，带有官方背景。梁山的最后一任头目是死人沟的保长李根罗。李曾在国民党名将商震（1884～1978）的三十二军当过排长。1933 年冷口抗战时受伤回到包头，[①] 恰逢他当梁山头目的叔父病逝，他便把叔父的徒弟赶走，当上了梁山的首领。

李根罗主持下的梁山虽然是这个帮会组织的没落阶段，但死人沟作为包头丐帮基地的状况却并无大的改变。1946 年春，记者刘映元通过包头警察局局长的关系得以参观乞丐窝，并到李根罗家里采访。此时乞丐窝里已是一派凄惨景象，大部分人住在破窑洞里，与棺材和死人为伍。记者去时是白天，乞丐中能行动的人都外出乞讨，只有五官四肢不全的人坐在炕上捉虱子。而李根罗家里却十分富裕，

---

①　冷口抗战发生于 1933 年 3 月 6 日河北省迁安冷口关。此战是九一八事变后，中国军队的唯一一次进攻战。

"一进门，三间大正房全是玻璃门窗，里边一律紫漆家具，墙上有八扇屏和自鸣钟，炕上是栽绒毯和红缎被，正中的神龛中有两座金碧辉煌的牌位，就是供奉着永乐皇帝和范丹老祖。"提起梁山的往事，李有今不胜昔之感，但仍以梁山曾为藏龙卧虎之地而自豪，他对记者说："辛亥革命时这里的人跟阎锡山当兵，有八个人在晋军中升了团长和营长。现在有一个给孙殿英当过县长的人，也在这里讨吃。抗日战争时我曾掩护过调查室（军统）的人。你老兄的朋友在包头丢了东西，只要你老兄来找我，不出三天准能给找回。"①

图 6 - 3 福州一建立在乱坟上的乞丐窝

约摄于同治年间的福州。

来源：John Thomson, *Illustrations of China and Its People: a series of two hundred photographs, with letterpress descriptive of the places and people represented*, 1873 - 74.

---

① 刘映元：《包头流氓底层社会的"梁山"》，《文史资料选集》第 38 辑，第 258 ~ 269 页。孙殿英（1889 ~ 1947），河南永城人，国民革命军中将。孙因 1928 年率军盗取东陵慈禧和裕陵乾隆墓而恶名昭彰，人称"盗墓将军"。

上海的丐帮

八霸之一的赵丐头

一个局外人要和丐帮头目见面，又从他口里知道一些帮内情况并非易事。刘映元是认识包头的警察局局长韩霁堂，并由韩派他的刑事队长牛占田把保长李根罗找来亲自交待，才有机会详细了解和亲身到乞丐窟去观察内部情况的。

同样，当1933年上海沪江大学社会学系的两个女学生蒋思壹和吴元淑，在上海作乞丐调查时，她们必须通过关系采访民国初期上海的丐帮头目。当时上海有称作八兄弟的八个丐主，他们属于乞丐中资格最老的"天"字辈人物，但只有他们的姓氏被记录下来：陆、周、钟、王、沈（两名）和赵（两名）。这八兄弟将上海分成东南西北四大块，每块由两兄弟管辖。蒋和吴采访了八兄弟之一的赵丐头，其人此时已半退休。蒋和吴因认识基督教青年会的周哲新女士，而赵某与周女士外祖母家的账房熟识，所以辗转相托，方得以采访。蒋、吴两位这样叙述她们和赵丐头见面的情况：

> 三月五日赵某约我们于南市茶馆里，二时许周女士与我相偕赴约。到茶馆中，周女士问那一位是赵先生，当时即有一人前来招呼，唤堂倌泡茶，周女士恭维他一下，他是觉得很高兴。当时我（们）留心一看，他是一个很有气概、圆面、大眼、身子高大的男子，年约四十岁左右，精神很足，样子很强健，穿件黑色哔叽长袍和马褂，瓜皮帽，白袜黑鞋，态度很大方从容，人也很精明的样子，文质彬彬，很有书生气概，本地口音，声音不高。当我们问他市内的平民治安问题，他承认从前做过丐头，不过现在已经洗手了，从他那里，我们知道了许多关于

（乞丐）组织的事宜。①

赵丐头上过三年私塾，这大概对他颇有影响，使他举止"很有书生气概"。不仅如此，他还颇有以天下兴亡为己任的意思。他告诉蒋、吴两位，他之所以情愿做丐头，是为了三个缘故：一为维持市中治安，二为国家，三为同胞；道德的制高点相当不凡。言谈中，赵对上海地方当局和有关方面处理乞丐问题的方法颇有微词。在他看来，南京政府推行市政改革以来，乞丐帮会向本地商家收年费（即所谓的丐税）的做法不再得到官方的许可，但除此以外又拿不出有效的办法来管理乞丐。赵形容市政各方对付乞丐的办法都是敷衍："办教养院的成员，都是缺少经验，强捉乞丐入院，所以有许多人要逃去。后来因为经费不足，于是停办。租界当局，对于乞丐唯有捉来，放入华界，市府也无法可想，只有任他们去。有时也驱赶出境，有时捉来放入游民习勤所，但这样办法都非根本办法。"

那么什么是根本办法呢？赵某认为如办乞丐教养院，"乞丐当分男女老少，每人有每人的待遇，不可一律看待，经费由各商店公派，院务由熟手办理，如此方可成功"。其实质就是回到丐帮制度。所谓"经费由各商店公派"，即是丐税制度；所谓"院务由熟手办理"，这个熟手当然就是丐头及其手下的大小头目了。其实早在 1928 年南京政府成立之初，这位赵丐头就和其他几名丐帮头目先后呈请上海社会局，予准维持丐头制度，但被驳斥不准。② 这里他显然是——套用一句"文革"语言——"人还在，心不死"。赵表示他"极愿帮忙"管理上海的乞丐，甚至对蒋、吴两位吹嘘如获官方信用，他有能力"可使境内无有一个乞丐"。③

赵丐头委婉地暗示他可以充当警察管辖上海的乞丐，看似略显狂妄。但这也并非毫无根据的空穴来风，如上所述，丐头发挥类似

---

① 蒋思壹、吴元淑：《上海七百个乞丐的社会调查》，第 37 页。
② 陈冷僧：《上海乞丐问题的探讨》，第 13～21 页。
③ 蒋思壹、吴元淑：《上海七百个乞丐的社会调查》，第 37 页。

作用在中国各地并不少见。程子卿（1885~1956）是上海法租界警察局政治处的一名资深侦探，但他的出身却是"郑家木桥的小瘪三"。程是浙江人，发迹以前当过米店学徒，也曾是上海市区郑家木桥（今福建南路一带）小有名气的"马路英雄"，因郑家木桥是上海有名的乞丐窝，所以他得了这一外号。像赵丐头一样，程子卿也读过三年私塾。虽然在法租界警察局政治处任职，程并不懂法语。但是，程子卿曾拜黄金荣（1868~1953）为老头子。黄金荣是上海赫赫有名的三大流氓帮主之一，蒋介石年轻时也曾拜他为老头子。因这一层关系，程在法租界警察局游刃有余。1949年5月共产党接管上海时，程子卿已在法租界警察局任职37年之久。

这"小瘪三"却在中国近代史上留下了一个不小的印记。1921年7月30日晚，当中国共产党第一次代表会议正在上海法租界望志路（今兴业路）108号一个普通住宅中一个只有18平方米的客堂间进行时，一个穿着灰色长袍的中年人突然闯进来，说是找一位王主席，随后匆匆离开。这似乎是一般的找错门，但富有地下工作经验的共产国际派来的荷兰人马林（Maring）立即觉察出来者不善。根据他的建议，与会者随即撤离。代表们后来到浙江嘉兴南湖租了一条游船继续开会。这中年人走后不久，法租界的巡捕就来到会议现场搜查，但并无所获。这样，这些共产党人（包括毛泽东在内）逃过了此一大劫。这个不速之客就是程子卿，当时他得到情报，说有外国人在此秘密集会，遂借故闯入住宅侦探。1949年后经当局中的"一位重要人物"说明程在法租界巡捕房工作期间，也做过一些对中共有利的事情，故程平安躲过镇压反革命等运动的冲击，几年后病逝于上海。不难想象，如果当时与会代表不及时撤退而全数被捕的话，中国历史必有重大的改写。①

---

① 据叶永烈1990年8月9日采访程子卿在法租界巡捕房的同事薛耕莘。见叶永烈《红色的起点》，第393页。此事尚可参阅田骅《开埠以后上海乞丐群体成因初探》，第57页。

帮中等级

赵丐头对上海市政当局的抱怨并非毫无道理。如果说清代地方政府对游民乞丐还有些救济措施，民国以来的上海慈善事业则绝大部分是私人性质的。1937 年抗日战争爆发前，政府救助乞丐的措施是通过慈善团体成立上海游民习勤所。作为南京政府施政计划的一部分，1929 年起在全国范围内建立游民习勤所实际上是半监狱性质的，收容在那里的人每日须反省、忏悔和接受国民党的党训。开办这个机构的一个主导思想显然是认为造成游民乞丐问题的原因在于流浪者个人的道德缺陷而非社会，需要通过该机构来让这些不务正业者"习勤"。上海的两个游民习勤所中的一个在 1932 年的一·二八战役中被日军炮火夷为平地，剩下的一所约可容纳 500 名从 12 岁到 60 岁的男性乞丐，这与日夜流浪于上海街头的两万余名乞丐相比，显然杯水车薪。上海游民习勤所从 1931 年 6 月得国民党上海市党部的批准设立，到抗战前的 1936 年为止，所接受、教育的游民，总共 2231 名而已。[1] 这些游民也未必都是乞丐。据中华基督教妇女节制会的报告，抗战前上海大约有 60 多个慈善机构，但除一两所外，都不以乞丐为救助对象。[2]

所以要在这座中国第一大城市以乞讨生存，上海乞丐形成了中外有名的丐帮。著名的《大美晚报》（*Shanghai Evening Post and Mercury*）在 1933 年报道说："乞丐们组织精良，每一帮派控制一个区域。除非受到邀请或事前得到许可，他们各守地盘，绝不逾越。"[3] 一本英文的上海指南式的读物这样形容丐帮："官方虽然否认，事实却证明上海有着组织精良的乞丐同盟。该同盟由一个乞丐王或酋长

---

[1]　金泰丞（Kim Tai - Seung）：《纪律与更生——1930 年代上海游民习勤所的游民管理》，《东洋史学研究》第 85 辑，2003 年 12 月，第 255～282 页；阮清华：《上海游民改造研究（1949～1958）》，第 46～66 页。

[2]　Frances W Liu. "Woman's Fight Against Beggary," pp. 101 - 102.

[3]　L. Z. Yuan, *Sidelights on Shanghai*, p. 57.

统领，恩威并用，管理着这批衣着破破烂烂的人群。没有人认识这位乞丐王，也不知道他身在何方，但他管治由他统辖的这支由瘸子、盲人和各种残疾人组成的大军却成绩昭然。一个地点绝不会有两‘派’乞丐同时乞讨，但同时也绝少有一个地点会没有一个乞丐。”①对此《申报》不无讽刺地说，划分地盘对上海乞丐来说比中国军阀的分土割据还重要。② 丐帮头目对他管辖下的乞丐情况显然了如指掌。据撰写过那本有名的《出卖上海滩》的美国记者霍塞称，如果有人在黄包车上掉了一个手提包，乞丐头目有办法使它完璧归赵。③30 年代初，上海的赵丐头称他能在 10 分钟内召集全市乞丐，以当时上海交通、通信条件而言，显然语属夸张，但也可见乞丐头目对其掌控街头游民的信心。

据蒋、吴的调查，上海丐头的产生，是由地方上的董事、地保推选当地地痞恶棍中稍有办事能力者充任，可传袭子孙，也可传甥侄。若子侄辈中无人可以主持，则另行推派。上述天字辈的八大帮主下各有 6 个大头目；每个大头目名下，又有 30 个小头目，都是丐头信任的人。以区域划分，上海的乞丐又可分为凤阳帮、淮阴帮、山东帮、江北帮、本帮 5 种。

在丐头们的直接控制下，大头目的责任是巡街，监督所管辖地区内乞丐，尤其是防止乞丐们骚扰已经缴“税”的店家。小头目的职责通常是为那些每年缴了大数目的店铺值夜，但他们自己并不值夜，而是指派下面的乞丐充任。丐头们还常介绍临时工作，从中盘剥。例如上海茶叶业中最苦的炒茶工作，都由乞丐充任。据 1920 年代的调查记载：“这炒茶的工人，又是一种特别状态。炒茶的工作，不是常年都有的，只春末夏初一季，栈家从安徽运来新茶，才招集他们来炒。他们这班人平素都是沿门讨饭，不肯工作的；到了炒茶的时候，他们的头目叫做丐头的，就用强制的力量，把这班乞丐找

---

① 　Ellen Thorbecke, *Shanghai*, p. 45.

② 　《申报》1936 年 2 月 13 日。

③ 　Ernest Hauser, *Shanghai: City for Sale*, p. 241.

得来，做炒茶的生活。每家茶栈多的百人，少的三五十人。茶栈发给的工钱，是照锅计算：每锅可炒七八斤，给工钱六十文；每工可炒六锅，应得三百六十文的收入。但是当丐头的，没有许多把（给）他，不过让他吃二饭；最出力的，给他一套衣服，就了不得；多余的全是丐头自己下腰（包），茶叶炒完，他们依然走向四方，风餐露宿去了。"①

最下层的乞丐头目被称作"爷叔"。名义上，爷叔的地位在小头目之下，但他的实际权力却接近大头目。爷叔手下总收有几个刚入行的小乞丐，通常是儿童少年，称作"小用"。对于一个新乞丐或小用来说，爷叔既是老板、剥削者，又是引路人、保护者。当爷叔是乞丐梦寐以求的未来。一旦成为爷叔，手下有了若干小用，就不必行乞。爷叔的经济来源大致有如下几项：（1）其势力范围内的街上小贩，如豆腐担或线粉汤摊之类，必须按月津贴他数元，否则必受他手下的小用欺负，非但白吃食物，而且将碗盏等弃于黄浦江里；（2）小用每日须孝敬爷叔二三百文，如无故不交，必受爷叔的私刑；（3）界内人家喜庆、搬家、开店、换招牌、吃讲茶等，爷叔都有相当的进账；（4）夏天水果行将瓜果堆在露天，雇爷叔全夜看守，爷叔得了看守费，唤一小用干此差事，次日该小用则可免交丐费；（5）小用过了几年对乞丐之道有了些经验，也可办"交出"，即可以一次性地孝敬爷叔四五个银元，从此他就可以自由拜师收徒弟，自己做爷叔了。②

铁拳与饭碗

不管每个丐帮内部组织如何，其中心人物总是丐头，所以人们通常不无夸张地称丐头为"乞丐王"。熟悉北京乞丐情况的美国传教

---

① 李次山编辑《上海劳动状况》，《新青年》第 7 卷第 6 号，1920 年 5 月，第 50 页。
② 蒋思壹、吴元淑：《上海七百个乞丐的社会调查》，第 6 章第 8 节。

士何天爵认为中国乞丐中的"官员"是"选举产生的",他并不无讽刺地评论道:"就我所知,在大清帝国的皇城里,只有乞丐才有行使投票的特权。"说丐帮头目完全是由乞丐们自己选举或推举未免将事情简单化了。如前所述,地方上的团头往往是县衙门指定的,而得到这种任命还需要地保或地方商会的推荐,所以和地方士绅或有力人物拉上关系也是当上乞丐王的关键因素之一。同时,当团头还必须与大的帮会组织例如青帮、洪帮、哥老会等有拜过老头子的关系。

从另一方面说,成为乞丐头目确实需要有群众基础,而且这也是一个丐头得到官府支持和任命的基本要素。除了有帮会的关系外,一个乞丐还必须有一定的性格特点才能使他在街头流浪的芸芸众生中脱颖而出,也就是说,成为乞丐头目需要有个人威权和性格魅力,要坚强,有魄力,敢于冒险,还要有组织领导能力和侠义精神。前文提到,丐帮头目的位子可以世袭或传给徒弟,但一个软弱的头目也可能被乞丐群中的强者取而代之。

当丐头还要身强力壮,甚至还要有一点非凡的经历或不同寻常之处。民国时期成都的两个流浪汉成为丐头的故事就很有代表性。一个名叫温斌的丐头在1948年时大约40岁。他当过兵,做过小生意,也当过小偷。他的左手在一次计划不周的偷窃中被砍掉,他从此成了残废,只得以乞讨为生。但在他的乞丐同伴心目中,他的残疾倒是经历丰富和性格顽强的标志。温斌很快成为成都最繁杂热闹的东门一带乞丐的头目。此人既剽悍胆大,又口齿伶俐,善于察言观色、随机应变,这正是当乞丐头目所需要的能力。成都北门城隍庙一带有一个叫饭甑子的乞丐头目,有点特异功能,可以三天不进食,看起来照样精神如常。而他又饭量惊人,一顿能吃下常人两三天的饭量,因为他姓范,所以人称饭甑子,而他的真名反倒被人忘记了。有人亲眼看见他在万福桥桥头同好事者打赌,一口气吞下20

只生鸡蛋而神色不变。①

一个成功的乞丐头目能够以理服人，或至少处事有章法。乞丐头目对乞丐们的训导也常以那些传说中的祖师爷为榜样，鼓励他们在困苦的讨饭生涯中保持达观情绪，或者说要有点阿Q精神。乞丐中流行的一些顺口溜，则从另一方面表达了乞丐的人生观，如：

> 不求富，不贪贵，不向皇上叩头跪。
>
> 不交税，不纳粮，不犯王法任徜徉。
>
> 念啥书，耕啥田，人生不过几十年。
>
> 得自由，且自由，不给儿孙作马牛。
>
> 没有房屋住庙台，酒色财气不关怀，残菜剩饭吃饱后，清风明月任徘徊。
>
> 人生不过梦一场，为谁辛苦为谁忙，富有四海皇天子，也得空手见阎王。②

这些顺口溜当然起了一定的心理安慰作用，乞丐头目要渲染或鼓励这种精神，使他手下的人不致太消沉。但是乞丐头目不是宣教师，他对乞丐群的统辖管制主要不是用宣导法，而是用刑罚，而且对下属几乎有生杀予夺的权力。丐帮组织得以运转，丐头赏罚分明而非滥用刑罚至关重要。乞丐帮会都有秘密的帮规。每个乞丐入会时对着祖师爷的画像和那根象征帮主权力的杆子宣誓，违者按规矩

---

① 崔显昌：《解放前四川乞丐的形形色色》，《重庆文史资料》第26辑，1986年6月，第163~165页。
② 文安主编《晚清述闻》，第118~119页。

处置。这些规矩往往十分严厉。虽然丐帮为秘密组织，帮规为组织秘密，不得轻易外传，但从流传出来的戒条规矩中，我们还可得其大概。例如湖北和河南交界的老河口一带的乞丐组织就有"十戒条"和"十案刑"的帮规，违反"戒条"者即按"案刑"处置。这十戒条以及配套的十案刑为：

一戒"挑灯拨火"（即拨弄是非），违者割舌；

二戒"点火引线"（即暴露同行），违者剁手指；

三戒"带马上槽"（即指引失主），违者挑脚后筋；

四戒"溜边爬垛"（即偷自己人），违者剁手；

五戒"越边臭杂"（即偷相好、邻居），违者剁脚趾；

六戒"指人卖马"（即自己偷了东西、诬陷同行），违者剜眼；

七戒"欺孤傲孀"（即欺侮外来同行），违者赔偿；

八戒"欺花灭柳"（即调戏侮辱同行的妻女），违者推潭淹死；

九戒"顶包窝棚"（即戏弄在组织内的妇女），违者暗处死刑；

十戒"八里方五里壑"（即越过划定范围进行偷盗），违者剁腰。①

这里每个"戒条"都用暗语，使外人不知所云，这是中国各种帮会常用的办法。② 汉口的丐帮也有类似的十条，也皆用隐语，使知者自知，外人则莫名其妙。一旦犯规，轻者罚跪，用荆条打耳光；重则割舌头、剁手足、挖眼睛，乃至装进麻袋投江或活埋：

一、越边抽舵（指偷乞丐住户周围人或乞丐同行的东西）；

---

① 郑源川：《老河口的乞丐组织》，《湖北文史资料》1989 年第 3 辑，第 233 页。

② 参见郭绪印编著《洪帮秘史》，第 81～149 页。

二、顶色卧莲（指嫖同行之妻）；

三、点水发钱（指即充当内奸进行告发）；

四、引马上槽（指暴露了所做之坏事）；

五、溜边拐将（指借同行的东西不还或拐走别人的徒弟）；

六、挑灯灭火（指在同行中挑拨是非）；

七、欺孤傲孀（指欺压同行中的老弱孤残）；

八、遁逃扯谎（指欺骗自己人而逃跑）；

九、偷言耳哄（指偷听别人私话外传）；

十、迷糊吃大（指讨得的钱财不公开交出）。①

我们并不清楚这些行规是否每条都真的实施了，或者它们是否经常被付诸实施。其中有些行规也许主要是作为一种威慑和恐吓手段，有防患于未然的作用。但无可怀疑的是这些帮规戒条是中国各地乞丐组织的主要支撑之一。上海的乞丐也有类似的规矩，例如不可到已经付了保护费的店家商铺乞讨，不可到别的丐帮地区乞讨，不可扰乱街头的公共秩序，不可调戏同行妇女，等等。违者扎馄饨（即将犯规者用绳子扎成馄饨状，并禁食数天）、鞭打、赶出帮会，乃至处死。②

另一方面，乞丐头目要负责本帮乞丐的基本生活，主要是要让他们有饭吃，有衣服御寒，能在乞丐窟里过夜，病了可不必上街乞食。这与冯梦龙所描写的南宋京城里的乞丐"若是雨雪时，没处叫化，团头却熬些稀粥，养活这伙丐户；破衣破袄，也是团头照管"的情况几乎一致。据蒋、吴1930年代初的调查，上海乞丐的纪律，"是每个乞丐，每天把十分之几的所得报酬，交给领袖们储积，以备疾病老死的急切需用，所以上海的乞丐，不愿进工厂或假意慈善机关里去工作，他们觉得工厂的资本家，和假慈善机关的职

---

① 贺鸿海、陈忠培：《旧汉口的乞丐帮》。

② 蒋思壹、吴元淑：《上海七百个乞丐的社会调查》，第83~84页。

图6-4 19世纪末福州的一个乞丐头目和他的三个帮手

这个乞丐帮主显然正在教训他的下属。此照片为著名苏格兰摄影师汤姆逊（John Thomson，1837-1921）所摄。汤姆逊是近代为数不多的有机会认识中国地方上的丐帮头目并为之摄影的西方人士。

来源：John Thomson，*Illustrations of China and its People*：*a series of two hundred photographs*，*with letterpress descriptive of the places and people represented*，1873-74.

员，剥削他们的膏血，更胜于他们的领袖"。[1] 丐头负责管理他治下区域内的乞丐，使他们恪守规矩，并负责与区外的丐帮交涉。用一种形象的说法，即丐帮头目的统治方法是一手拿着皮鞭，一手拿着饭碗。他既高悬着皮鞭，约束游民乞丐，又使他们有基本衣食保证，不致冻饿而死。到了晚清民国时期，这种"胡萝卜加大棒"的丐帮组织已经遍及全国，利用这一组织成为各地政府和商界对付乞丐问题最普遍和有效的办法。

但是这种办法充其量只是权宜之计，而且是要由整个社会付出代价的。丐帮的存在在很大程度上是社会和帮会之间的一种默契，

----

① 蒋思壹、吴元淑：《上海七百个乞丐的社会调查》，第82页。

而政府则参与其中，用国家的权力来保持两者之间的一种平衡。这个三角游戏中最关键的规则，也是丐头得以统治丐帮的基础，就是所谓的丐捐。

丐 捐

正如其名称所表明的那样，丐捐（或称丐税）是一种变相的税收。它是社会大众为解决（或者说只是临时解决）乞丐问题所被迫作出的一种捐献。没有任何正式官方的法律条文为这种征税背书，但丐捐却是清代至民国城市里商家和部分居民不能免除的税款。其结果是，中国的"中产阶级"——店主、手艺人、小业主、商人和各类城市居民——以丐捐的形式，为政府承担了养活不断涌现、永无尽止的乞丐游民大军的任务。

商人店主和居民定期出资以"买"回不受乞丐骚扰的环境，在晚清和民国初年已是极为普遍的现象，来华西人在他们的日记、书信、回忆录和各种著作中对此多有记述。这些文字出自不同人之手，却有惊人的相似之处，有时简直相同到如抄袭一般，但它们却实实在在地是作者各自的亲身经历。下面从比较有代表性的著作中略选数例，以从一个特殊角度观察丐捐这一习俗。

耶鲁大学中国语言文学教授威尔斯·威廉斯（Wells Williams，1812－1884）如此记叙鸦片战争后中国各地乞丐税或丐捐的情况：

> 这个阶层受一个首领管辖。这个首领咨询了地方元老和地保后，将他们放在各个邻里社区，在法律允许下收取丐捐。白天这些人挨家挨户地要钱，一般每人不得少于一文钱。他们坐在商店门口，唱着小调，敲着的笃板，打着小棍，以引人注意。如果客人不多，店主便随便他们在那里喧闹，因为他知道他们在此逗留的时间越长，他们再次光顾的次数就越少……许多人为了避免每天的骚扰，就每个月给丐头一元或更多的钱打发这

些乞丐。有婚殇喜事的家庭，或航船新靠口岸，都要付钱给丐头，以避免这群嘈闹讨厌人群的出现。①

稍后，1860 年来华的英国人约翰·马克格文（John Macgowan，殁于1922 年）作了如下的报道：

> 乞丐的兄弟会由一名从地方官那里获得很大权力的头领控制。因为成群衣衫褴褛的乞丐出现在店铺前会把顾客吓跑，该头领就与商家谈妥月规钱，每月按家收取后在店铺门上贴一张葫芦印，以示此家已与丐头有合约，不受乞丐骚扰。②

英国外交官和著名的汉学家翟理斯（Herbert Allen Giles, 1845 - 1935）在 1882 年对中国各地的这种收丐捐的情况作了很好的概括："中国大大小小的城镇都有乞丐基尔特。其成员定期向店主索取钱款，店主付款后则不受骚扰。"③

如果说，这些报告有些笼统，所讲的都是全国的情况而没有具体的地点，近代来华的西方人士，特别是传教士，对各地的丐帮情况也作了不少生动详细的记录，而这些地方上的具体事例则是上述综合性报告的最佳注脚。下面就沿着这些洋人的踪迹，到全国各地看看。

前面提到约翰·格雷 1866 年在广州亲自参加过一次市民招待乞丐的大型聚会。据格雷记述，"广州的富商们一年两次在城里的一些公共大厅里宴请当地的乞丐。这些商人们这样做的条件是乞丐的帮会成员得在专门的时间，而不是每天上门乞讨。这种类型的慈善事业在此地已是一个古老的传统"。④ 格雷所参加的那种聚会是广州市民为乞丐所作的慈善捐助中礼仪性的部分，在这友好

---

① Williams, *The Middle Kingdom*, vol. 1：742.
② Macgowan, *Man and Manners of Modern China*, p. 293.
③ Giles, *Historical China and Other Sketches*, p. 187.
④ Gary, *China*, pp. 60 - 61.

招待后面的实质内容是市民们必须付保护费给当地的丐帮以求年内安宁。

19 世纪末，广州的乞丐由一个叫关帝厅的丐帮统辖。关帝厅的头领是来自北方的丐帮头目陈起凤，据称陈曾在河南少林寺当过几年头陀，练得一身过硬的拳脚功夫，身边又有一伙亡命之徒，结成死党，称霸一方。后因北方灾荒，遂南下发展，仗着人多势大，夺取了关帝厅的帮主地位。清末广州住户每办红白喜事，必先送一笔黑钱（黑话叫做"碧陈"）到关帝厅，讨回一张木板刻印的"附城花子陈起凤"符篆式的东西，贴在门口，以保婚丧诸事顺利进行。这笔例捐的数量根据住户的经济情况而定，富贵人家大约四五元，中等的约两三元，较穷的一元数角就可以了。

关帝厅所得的丐捐分作五份：丐头和当地的段警各占一份，其余三份为群丐所有，用作关帝厅所辖乞丐的生活开支。据称陈起凤在世时关帝厅是很照顾乞丐的，对于疾病死亡者都有一定的抚恤。有病不能出去行乞的，厅内安排专人看护，严重者送广州城西的方便医院就医。死亡者由关帝厅安排殓葬，甚至组织群丐送殡，做得像模像样。但也有所得丐捐大部分为丐头所中饱的现象，陈起凤死后这种情况更甚。①

我们再看看福州的情况。美国传教士杜理笃（Justus Doolittle）在福州居住了 14 年之久，他在 1865 作了如下的记录：

乞丐头领会和他管辖的地盘内的店铺掌柜、商人和钱庄主人约定，在一段时间内他辖下的乞丐不到他们的店铺、堆栈或钱庄乞讨。外来的宗教性的募化、难民、流民不在此列。乞丐头目和店铺等谈妥后，他会得到一笔从几元到一二十元不等的年费。作为双方已达成协约的一个证据，丐头会给店铺商号一张红色的长条纸，上面或印或写着一句话，大意是："会内弟兄

① 李松庵：《解放前广州几种光怪陆离的行当》；王楚夫：《广州乞丐集团——关帝厅人马》。

不得来此骚扰"。这张纸条会贴在店铺或钱庄的醒目之处。丐头拿了钱，每年会在群丐中公事公办地分配，但不用说他会拿其中的大头。商家和乞丐帮会一旦有了这样的契约，如有本地的乞丐再上门乞讨，主人家只要指一指这张红条子就可以赶他走了。①

这和广州几乎一样。在长江下游一带的城市，例如杭州和宁波，每年秋末冬初，

> 乞丐王或他手下的丐头会和店主们洽谈，如果他们拿到一小笔年费，这店铺就不会受到这些职业乞丐的骚扰，而一张为此作证明的纸条也会贴在柜台附近的显著地方。如果店主拒绝付这种税，他的日子是不会好过的。乞丐们连家带小地天天上门，在门口叫着，骂着，或者将自己的脸刮破（比这更暴力的行为则很少见），直到掌柜的在绝望中抛出一个铜板（二十四分之一便士）。于是这些乞丐走开了，不过第二天他们又回来这里乞讨……②

西人在苏州所观察到的丐捐情况与此完全一样。苏州丐头的主要任务就是保护店主不受乞丐经常性的骚扰，为此他必得收取保护费。在 1920 年代，城里一般店铺的丐捐从每月一二百文到一千文不等。新开的店铺，尤其是当铺，必须在开张时付一笔钱给丐头。苏州的乞丐"都知道其中规矩，不会到付了丐捐的商家乞讨"。有些店铺还和乞丐们约定每月初二和十六为乞讨日。乞丐们可在这两日上门乞讨，其他日子则禁止乞讨。③

日本德川幕府时期曾通过清朝商人对中国江苏、浙江、福建一带民间传统习俗和社会情况作了相当详细的调查，后来由主持其事

---

① Doolittle, *Social Life of the Chinese*, p. 261.
② Moule, *New China and Old*, p. 124.
③ Gee, *A Class of Social Outcasts*, pp. 21, 24.

的长崎地方长官中川忠英将调查记录编成《清俗纪闻》，于宽正十七年（1799）出版。关于乞丐组织和丐捐的情况，这份报告以风俗指南的口吻写道：

> 凡临五节或婚礼之类庆贺之日，常有乞丐来门前乞求赏钱。此时，须给与米、钱。
>
> 亦有于事先广唤丐头，给予五六十文或一百、二百文，通知在某日有庆贺之事，令其使众丐于当日不来门前。此时，可从丐头拿到收票，贴于门前。凡贴有此收票之人家，乞丐绝不来乞讨。[①]

该调查记录还收有收票的图片，系一长条，顶端画有一个元宝，下书"一应乞丐头上人打发毋许强索"。[②]

这是江、浙、闽、粤的情况。如果我们沿着长江上溯到华中，丐捐的情况与华南和江南一带也几乎一样。传教士福斯特（Arnold Foster）这样记录晚清时的汉口乞丐收"税"的情况：

> （丐头）把整个城分成几个街区，乞丐们便在自己的城区二三成群地乞讨。他们带着棍子和锣，走进店铺大声喧闹，以至店家和顾客都不能听到彼此的话语。这样掌柜的就急于花几个铜板打发他们，而乞丐一旦得了铜板也就马上离开了。
>
> 有些店主和本区的乞丐头目商定一种办法，即由店主每年给丐头一笔钱，条件是他治下的乞丐不得前来乞讨。丐头拿了这笔钱，将其中一部分在乞丐群中分配，他自己当然占了相当大比例。然后他给店家一张红色的纸条贴在门上，纸条上写着："会内弟兄不得来此骚扰。"此后如有职业乞丐再来此乞讨，店主就可以指着这告示要他们离开，通常乞丐们看到告示

---

① 中川忠英编著《清俗纪闻》，第164页。
② 中川忠英编著《清俗纪闻》，第169页。

马上就走了。如果他们赖着不走，店主就可以将他们打走。如果没有这张已和丐头达成协议的证明，店主是不敢这样做的。[1]

全国各地收丐捐的具体时间和数目因地而异。在长江中下游一带，大致每年农历二月和八月是收"税"时间。晚清时一般是商家一次付三千文，住家二千文。每到收"税"时，丐头就带着几个亲信，肩膀上背着一个钱袋挨家挨户地收取丐捐。凡是纳了丐捐的，丐头给一张"丐条"，其式样是：上面是一张剪成菱形的绿纸，上书"奉宪"二字，表明收丐捐是官府许可的；下面是一张长方形的红纸，长约七寸，宽一寸多，上用黑体字印着"纳春（秋）丐捐二（三）千文"字样。[2] 在很多地方，这种"丐捐收讫"的字据因为画有葫芦而称作葫芦纸，而葫芦则是八仙之一的铁拐李的"注册商标"。例如福建泉州一带，丐帮的大宗收入就是"贴葫芦单"。此单为一张木印的小纸条，上印一个小葫芦，内写"兹领到贵府钱＿＿千＿＿百＿＿十文，前去分散五院流丐，不敢一人到此来扰，立此为据"。[3]

图 6-5 清朝乾隆年间的丐条

德川幕府时代日本人中川忠英搜集到的清乾隆年间通行于江南一带的丐条。

来源：中川忠英，《清俗纪闻》，1799。

江南一带乞丐收取丐捐有意设在农历二月和八月传统的外来乞丐进城乞讨的时间。这种传统与中国是一个农耕社会密切相关。农历二月正是中国新年和春耕开始之间的一段闲季，而八月是秋收的季节，容易乞讨，所以二月和八月常有从各地来的流民到江南城镇

---

① Foster, *In the Valley of the Yangtze*, p. 13.
② 《上海滩黑幕》第 2 册，第 201～202 页。
③ 陈允敦：《旧泉州的乞丐》，《中国江湖秘闻》下册，第 325 页。

乞讨。此时付了丐捐的店户商家就会感到这保护费付得值得了，因为"每到二、八月，江湖流民一到各城镇，先遍走各条街巷，查看有没有人家没有贴丐条的。如果找到无丐条的人家，则机会来了，各种乞耍手段形形色色，可称奇技大观。有的把铁镖丢在柜台上面，声称是过路镖客流落到贵地，病困潦倒，特向主人家寄镖借钱。有的把刀枪剑戟各种武器排列在主人门口，逐一耍，使主人家铺面无法开张。有的把高凳、桌椅、高杆、牌门等东西顶在鼻尖、额头等处，招揽看客，堆集在店铺门口。有的手拉胡琴，口唱京腔昆曲，声称请主人聆听琴曲。这种种把戏的代价都得打发一二百文……"①

店主们要靠自己的机智而不是国家行政或法律的力量来维持一个最基本的做生意的环境，这一点本身就说明了中国政府在对付因日趋严重的社会贫困而造成的乞丐问题时的无能。前面已经提到，即使在首善之区的北京，丐捐在皇帝的鼻子底下照收不误，而且还有行情市价。例如，1906 年北京一家普通的商店开张时给本区的乞丐帮会的丐捐为 10 个银元。店面越大，收费也相应增加。②

上海是近代中国最西化的城市，常被称作"国中之国"、"在中国却不是中国"、"另一个中国"等。但最西化的上海，收丐捐的情况也与其他地方大同小异。事实上大约没有比收丐捐这一现象更能说明上海乞丐与中国其他地方的乞丐"本是同根生"的血缘关系了。前已述及，20 世纪二三十年代的上海乞丐由所谓八兄弟即八个丐帮头目统辖，这八兄弟将上海市区划成四大块，每块由两个头目共管。上海的职业乞丐都知道自己可以乞讨的"丐区"，而绝不会越界。丐区的重要性在于丐捐，即只有丐区的头目有权向本区内的店家征税。一如上述江南一带的传统，上海的丐帮一年中春秋两季向商店征收保护费。收费后，丐帮头目给店家一种分成两部分的收据。一部分

---

① 《上海滩黑幕》第 2 册，第 202~203 页。1937 年上海大通书社出版的金老佛《三教九流江湖秘密规矩》也有雷同的记载（第 116~120 页）。

② Gamble, *Peking: A Social Survey*, p. 274.

是一张菱形的绿色蜡光纸，上面用毛笔写着一个大大的"看"字；另一部分是一张长方形的红色蜡光纸，上书"一切江湖兄弟，不得乞讨"。店家有了这张护身符才能免受乞丐的骚扰。像北京一样，上海丐捐的多少也是根据商店的大小而定，民国初年的"税率"从几个银元到20个银元不等。大部分店主觉得一年付两次丐捐免了乞丐一年到头的骚扰还是值得。有的店主甚至付一年80个银元给丐帮，既是保护费，也雇用一个乞丐晚上看门，而上海当时一个纱厂女工一天工作十几个小时，月入不过8~10个银元。①

　　丐捐在中国的盛行有种种原因。首先，正如一句中国俗语所形容的，"不怕凶，只怕穷"。乞丐是赤贫阶级，正因为一无所有，他们反而无所顾忌，无所畏惧，不怕失去什么。这种破罐破摔的态度使得他们能在社会上实施某种程度上的恐怖主义。例如上述泉州的情况，倘若店主或办婚丧喜事的家庭不与丐主达成葫芦单的协议，则散丐一个接一个地上门乞讨，主人势将难以应付，故宁可花较大的一笔钱给丐头，以免门庭塞满乞丐，大碍观瞻。至于未入帮的乞丐，丐头也能设法施加压力，使其不敢前来骚扰，葫芦单的价值就在于此。②

　　其次，商家店主们付了保护费以后就能免去乞丐的骚扰，这一点信用是丐帮的立帮之本，他们是一定要维持的。如果有本地的乞丐在已经交了丐税的商家乞讨，店主可以责打和驱赶，或者将其交丐头处理。违规的乞丐一旦被交到丐头那里，会受到严苛的惩罚。同治年间在华的一个传教士曾经这样报道："根据已经确实的报告，如果一个乞丐反复地违规乞讨，丐头可以对他加以各种处罚，乃至处死，没有人会过问。"③ 如果强行乞讨的是外来乞丐，本地丐头的责任就是制止他们或将他们赶出去。在这一点上丐头总是尽责的，唯有如此，他才能建立在所辖地盘上的信用和权威。据记载，

　　①　蒋思壹、吴元淑：《上海七百个乞丐的社会调查》，第81~83页。
　　②　陈允敦：《旧泉州的乞丐》，第325页。
　　③　Doolittle, *Social Life of the Chinese*, p. 261.

1915 年 2 月江南西镇有私跑码头的帮会散人刘某率领五六个弟兄沿街勒索，向来老老实实交纳丐捐的商户也被他们恶乞硬讨。有人报告当地的丐头张某，张即出面命令他们离开，不想刘某见丐头带的人少，依然继续骚扰，全然不给丐头面子。全镇商民对此都很惊讶，为何这次丐头的威令不行了，来者竟能置若罔闻。次日，天将明未明时传来凄惨的救命声，居民执灯出门，朦胧中隐约看见一群人推搡着五六个一丝不挂的人向镇东市头走去。待到天亮后，人们才知道昨天抗命不遵的几个乞丐，已经被丐头张某派人"活种"了（帮会黑话把活人沉入河里为"种荷花"，把人活埋在土里称"活种"）。张丐头还在镇上的茶馆里被众星捧月般地围在当中，由众人听他讲那"执法"故事。众茶客听得头皮发麻，等丐头一行走后，一同到东市头察看。那里原是一片野地荒墓，枯木荒草乱坟之中果然有几座新坟。有大胆好事者想掘开，看看是否还有未死之人。同去的有当地的地保，生怕再生事端，竭力阻止。众人只得凭吊一番，默默而回。① 此事也旁证了前述同治年间那位传教士的报告。

最后，正如前文已经提到的，丐头们收取丐税是得到地方当局许可或者至少是默许的。地方当局这样做的目的是将游民和乞讨这一贫困问题在一定范围内交给丐头处理，免了官府许多麻烦。但是地方当局允许乞丐收取丐税还有重要的财政原因，即以赋予丐帮收税的"权利"为条件换取他们的无偿劳役。我们已经知道民国时期黑龙江双城和内蒙古包头两地利用乞丐充当市政杂役的情况。还可以再举个例子。重庆旧时称打更匠为"二分半公事人"，是团防团总委派的职务，充当者大多为乞丐。民国时期重庆洪岩坊有三个因嗜酒、无亲友、半残而沦为乞丐者，分别姓刘、苟、张，被时人呼为"三友失业社"，显然是典出当时上海著名的"三友实业社"。其中刘为打更匠，此丐除例行打更巡夜，还常充当官府与丐头的中介人，

---

① 《上海滩黑幕》第 2 册，第 208～209 页。

又是作奸犯科者的同伙、包庇者。深夜巡街，发现可疑分子，如无好处奉上，他便鸣锣撵逐；而一旦有贿赂给他，则"于人方便自己方便"了。此外如有路毙，打更匠可呈报保甲，领具薄板，叫两个乞丐抬去掩埋，所以这类打更匠在乞丐群体中地位较高，往往是乞丐承揽丧事的"经纪人"。[1]

这种做法由来已久，是清代类似制度的一种继续。清朝的财政制度相当集权，州县府省各级政府所收正规税项均需上缴中央。地方政府的财政收入并不来自中央政府的税收拨款，而出自所谓的陋规，即地方上自己设立的苛捐杂税。[2] 这种陋规之一就是让本地的乞丐充当衙门的杂役，称作"当官差"。民国初年的一份报道对清朝地方政府无偿使用乞丐的陋规有如下的叙述：

当官差的种类极多，衙门里的一切杂役都要乞丐充任，并专门备有衣裤以掩饰他们的身份。前清时期，县令出入衙门都有一班扛旗打伞、鸣锣开道的人，这些人则是由丐头选青壮的本地乞丐来充任的。遇到上司大官过边境，如走水路，则要恭敬地迎候在县过境，等官船进入县境，纤夫就换成本县纤夫，还要有几十名小差役追随着官船后面，以便随时听候差遣。如由旱路过境的大官，则需要更多的人手了。许多箱笼什物，由丐头亲自督率，一一率人搬运。另外，前拥后呼的旗锣伞扇也是由丐头指派他的弟兄充任。还有什么下乡、办县考等等，无不借助乞丐的力量，为其做助威、勤务的种种事情。

丐头承办官差的开支花销数目不少，但官府装聋作痴，一文不给，只得取之于丐捐。官府对丐头一年两季的挨户收取丐捐，也就不闻不问，听之任之。所谓官府暗底里实行保护政策，

---

① 欧阳平：《旧重庆的丐帮》，第429页。
② Ch'u T'ung-Tsu, *Local Government*, pp. 194 – 195.

就是指以上行为。①

这份报告的最后一段是点睛之笔，道出了官府与丐帮为各自的利益和实际运作的需要而达成默契、心照不宣的情况。19世纪末出版的随《申报》发行的《点石斋画报》上，对扬州大运河一代"勒丐当差"的情况和官府的政策也有较详细的报道和评论，适可佐证官府与丐头互相利用的情况，其文云：

> 乞丐，穷民也，苟不犯法，何莫非朝廷赤子哉！乃丐头凶狠，往往恃有约束江湖横丐之权而遂将懦弱者逼勒而鱼肉之。此等恶习，到处皆然，而扬州为尤甚。运河为南北通衢，官船过境，无日无之。丐头贿通衙役，沿途胁丐，勒令当差，稍不承顺，辄鞭挞从事。于是强者勉力支持，弱者委填沟壑，风砭雪虐，日炙雨淋，种种苦情，目不忍睹。
>
> 从前邑宰奉大宪札，示禁在案；其最著者为卫守备李公，禀请漕宪，永禁各属捉丐当差。其示中有云，凡遇差船过境，按名记里给价，雇夫拉纤，不准硬拉乞丐应差，勒石河干；似此可谓铁案矣。乃日久生玩，故智复萌，官示视若具文。夫价充其私橐，忍心害理，无逾于此。昔者文王治政，首重穷民之无告。安得震聩发聋之贤有司，奋其风行雷厉之权，为若辈警觉之也。②

这份报道有数点极可注意之处。首先，各地丐头确有得自于官府的"约束江湖横丐之权"，亦可以"贿通衙役"而得之，而这种权力马上演变为对地方上乞丐的统治权。其次，勒丐当差是普遍的现象，所谓"此等恶习，到处皆然"。最后，朝廷虽有明令禁止，地方官府也有具体政策，但长期形同具文，或稍有收敛后就"故智复

---

① 《上海滩黑幕》第2册，第205页。
② 《点石斋画报》乙卷，第30页。

萌"。这里所说的虽然是扬州地方当局通过丐帮头目勒索乞丐为过境漕粮船只拉纤的情况，但窥一斑而见全豹，以上所述各点，在不同程度上也是全国的普遍情况。

全国各地利用乞丐充当无偿劳役的陋规历数代而不变，这是因为这种劳役是由丐帮组织的，而其服务的对象又是当地的政府衙门。如果没有这些不付钱的劳力，县衙门就很难"办官差"。虽然县衙门不付费，它却通过允许丐帮向店家商铺收丐捐的形式对乞丐作了补偿。这种做法对衙门和丐头双方都有利：衙门省了钱，丐头稳固了地位。而且，丐帮的地位也由此而合法化。丐捐所支撑的当然不止是用乞丐充当无偿劳役的陋规，它养活了乞丐大军。地方政府允许丐帮"统治"街区，向区内商家住户征收丐捐的真正意义是，政府通过并无任何法律依据，充其量只是约定俗成的丐捐，悄然地将一种救济贫民的巨大的财政负担长期地转嫁给了社会。

第七章　乞讨的智慧

　　国家能长期地让社会大众承担救济贫民之责还因为中国社会中有关于贫困的文化（culture on poverty）作支撑。中国人关于贫困的观念和文化导致了一些颇具讽刺意味的悖论。衣衫褴褛、浑身肮脏的讨饭者怎么会和神仙相关，能在尘世和仙界之间传递消息？人世间最悲苦无助的人怎么会成了他人命运的守护神，可以登堂入室并被奉为上宾？社会上最贫困的人群怎么会和最受大众欢迎的财神连在一起，新年伊始就活跃街头？这些尽管看起来矛盾，却在公众的理念和实际生活中存在着。这种民间的文化习俗给了乞丐诸多机会，是乞讨能长期在中国成为谋生手段的一个重要原因。

财神到！

　　这种贫困的文化一半出自百姓的一厢情愿，一半出自乞丐的巧妙运作。民间视乞丐为神秘使者的观念虽然平时也有，但到了节庆时候，由于拜神祭祖是中国传统节日的最重要内容，就更加突出了。

　　从农历十二月中旬到来年正月十五的元宵节，中国传统的农历新年或称春节的准备和庆祝活动先后持续差不多一个月，有些类似美国从感恩节到西历元旦这一个多月的"节假季节"（holiday season）。当主流社会在喜庆的气氛中忙于过年时，乞丐们也应时而至，进行着各种各样的乞讨活动。春节期间堪称干乞丐这一行的忙季，这一点全国皆同。

临近农历新年最重要的准备活动之一是送灶神。民间习俗，家家有灶神司守厨房，日日目睹该户人家的日常生活，过年时灶神就要上天报告。送灶神的目的就是要灶神在玉皇大帝面前美言几句，保佑阖家老小来年平安。故祭灶神之物与一般祭神用的三牲四果不同，常用甜品如汤圆、麦芽糖之类，取灶神受用以后可以在天神前为该家庭"甜言蜜语"、美言一番之意。各地送灶神的日子略有不同，但大部分地方定为农历十二月（腊月）二十四日。此外，农历腊月也是民间驱邪逐疫、期望来年平安的时节。这些习俗为各地乞丐在腊月里进行大乞讨创造了机会。

从十二月初开始，乞丐就成群结队在街上出现。他们或涂面，或戴面具；或在街市表演，或沿门户叫跳；或化装作驱鬼的钟馗，或打扮成将要上天的灶公灶婆。这种风俗由来已久，历代记载颇多。唐末李淖的《秦中岁时记》中提到的"岁除日进傩，皆作鬼神状，内二老儿，为傩翁傩母"，即系俗称的灶公灶婆之类。① 宋人孟元老《东京梦华录》卷十记载："自入此月（腊月），即有贫者三数人为一伙，装妇人神鬼，敲锣击鼓，巡门乞钱，俗呼为'打夜胡'，亦驱祟之道也。"这里说的是北宋徽宗年间开封城的情况。明清时期江南一带地方志中对此尤多记载。嘉靖《江阴县志》记载：二十四日晚，"丐者二人傩于市，花面杂裳，傩翁傩母偶而逐"。天启《平湖县志》记载："逐除并戴胡头及作钟馗，以逐疫、除耗。"崇祯《乌程县志》称：二十四日"丐者涂抹变形为鬼判，跳跃驱傩"。万历《绍兴府志》："先数日，丐人佩鬼容，执器仗，鸣锣沿门叫跳，谓之跳灶，盖亦古逐疫之意。"清代私人笔记中对此也多有记载，如顾张思《土风录》卷一："腊月丐户装钟馗、灶神到人家乞钱米，自朔日至廿四日止，名曰跳灶王……谓之跳灶王者，旧俗在二十四日，是日必祀灶，有若娱灶神者，犹满洲祀神，谓之跳神也。"又清代褚

---

① 《四库全书·史部·政书类·通制之属·文献通考》卷260。

人获《坚瓠续集·傩》:"今吴中以腊月一日行傩,至二十四止,丐者为之,谓之跳灶王",等等。①

关于乞丐跳灶求乞最广为人知的是清代顾禄(字铁卿)《清嘉录》里的一段记载:"(十二)月朔,乞儿三五人为一队,扮灶公灶婆,各执竹枝,噪于门庭以乞钱。至二十四日止,谓之跳灶王。"②同书还有"跳钟馗"的记载:"丐者衣坏甲胄,装钟馗,沿门跳舞以逐鬼,亦月朔始,届除夕而止,谓之跳钟馗。"③ 中国民俗学的创始者之一周作人(1885~1967)对《清嘉录》中的"跳灶王"一条作了考证:"注曰跳俗呼如条音,王呼作巷平声。这跳灶王的风俗浙东亦有之,跳也读若条,《说文》注云徒辽切,可知正是古音,又王字古音雨方切,浙西有地名王店,正如此读,苏州呼此三字,乃都作古音,真是很有意义的事。顾君后边引证古书,说明这即是古代的傩,就是《论语》中所说乡人傩的那把戏,朱晦庵注中说傩虽古礼而近于戏,大概也觉得门口来了跳灶王的时候孔子朝服而立于阼阶有点儿好笑吧。"周作人还把这古老的习俗和当代政治联系起来,说:

> 丐者涂粉墨于面,装成男女鬼判,叫跳驱傩,现在看来似乎无聊,未必再举行了,可是原意也并不错,因为驱邪降福在人间总是希望的。傩即是打鬼。那些虚幻的鬼本不存在,可是太阳底下的鬼怪也还不少,老百姓嫌忌洋鬼子,先天的感到危险,正是对于帝国主义最深的警惕。涂粉墨于面,装成杜鲁门、麦克阿瑟、蒋介石、李承晚,跳踉街市,这不正是现代最好的驱傩么?反动派出去,和平幸福的人生才会进来,驱邪降福,此之谓矣。④

---

① 有关祀灶和灶神的习俗,可参见常建华《岁时节日里的中国》,第225~240页。
② 顾禄:《清嘉录》,第205页。
③ 顾禄:《清嘉录》,第206页。
④ 钟叔河编订《周作人散文全集》第二部分"跳灶王——饭后随笔"。

时值 1951 年，中国各地抗美援朝声浪正高，有过汉奸经历的
周作人将抗美援朝宣传游行比作赶走邪魔的跳驱傩，意在新政权
下紧跟时势，反对帝国主义反动派，也算是用心良苦了。不过周
作人提到的这种政治性的化装游行确也可视为一种现代版的驱傩
风俗。早在道光年间，上海本地人曹晟也谈到当地乞丐的化装求
乞为"傩之遗意"，他形容第一次鸦片战争中英军登陆上海时的
情况：

> 丐者于岁除，涂其面，作诸戏，以索钱。吾邑繁庶区也，
> 牛鬼蛇神，奇形百出，盖傩之遗意耳。忽于庚子辛丑闻一丐以
> 车袋冒其身首，一丐以索牵之，作牛鸣，曰"牵牛"，见之者以
> 其未尝睹而发嘘也，争予钱，于是丐牛塞途。岂知洋人一至，
> 四处夺牛，余视其状，仿佛残冬度岁时也。①

不管是"跳灶王"还是"跳钟馗"，均到腊月二十四日为止。
此后乞丐有一星期不上街，大概也在准备他们自己的新年。但农历
正月初二日起他们又大批地在街上出现。这时他们摇身一变，成为
财神的化身或使者，借着"接财神"的风俗，挨家挨户地"送财
神"。如湖南各地，"新岁初间，丐儿以红纸印财神像，沿家致送，
索喜钱十文，名为送财神"。② 这是乞丐一年伊始最重要的乞讨机
会，各地相同。乞丐们往往将"财神"两字写在红纸上，或画上传
统的财神图像，一边送上门，一边大声叫着"财神到！"掌柜的或户
主急忙接过"财神"，同时扔几个铜板给这些送吉利上门的乞丐。

此外还有诸多以招财进宝为主题的歌舞乞讨，花样与年前岁末
时的跳灶王大同小异。以下仅举两例。福建泉州一带的"摇钱树"。
乞丐在新年期间常三五成群，提一带叶树枝，上用红线结四五串铜

---

① 曹晟：《夷患备尝记》，载《上海掌故丛书》卷 8，第 22 页。按：英军在 1842 年
6 月下旬占领上海 5 日，此处所述应为壬寅年的情况。
② 胡朴安：《中华全国风俗志》下篇卷 6，第 23 页。

钱，摇之则叮咚作响，到了各家门口，齐喊一声"摇钱树啊！"接着便边摇边唱：

> 钱树摇得起，红旒伞，金交椅！钱树摇得响，剩钱剩银可买田！一摇兴旺，二摇发财，三摇双生贵子，四摇四代两公卿，五摇五男二女，六摇六国苏丞相，七摇七子八婿，八摇八仙朝国老，九摇九尚书，十摇十子十媳妇——恭喜发财啊！[①]

可谓天下的好事尽在其中矣。

图 7-1 丰子恺画笔下的摇钱树习俗
来源：《论语》第 147 期，1948 年 2 月 16 日。

在浙江绍兴一带有一种叫做"讴顺流"的乞讨方式，专行于新年期间。这种乞丐是两人搭档，一人手提竹篮，另一人拿着纸糊的

---

① 陈允敦：《旧泉州的乞丐》，第 327 页。

金元宝。到了各家门口，提竹篮的放下篮子，两人将金元宝抛来滚
去，同时互相唱和着乞丐小调，其词曰：

新正大发财，元宝滚进来；

顺流！

大元宝，叠库房；

顺流！

小元宝，买田庄；

顺流！

零碎银子起楼房；

顺流！

今年造起前三厅；

顺流！

明年造起后三堂；

顺流！

当中造起桂花厅；

顺流！

桂花厅上有句话：

顺流！

"冬穿绫罗夏穿纱"。

顺流！

……

立起身来捞年糕；

顺流！

阿官状元糕；

顺流！

姑娘凤凰龙糕；

顺流！

太太福寿糕；

顺流!

捞起年糕八大条;

顺流!

讴顺流个也话好。

顺流!

这个小调用绍兴方言唱起来铿锵有调,因为每句都以"顺流"两字作底,因名"讴顺流"。[①] 这种送上门来的小表演和满嘴的祝福,令人解颐。在新年的喜庆气氛中,人们比平时更容易解囊施舍。这也与西方在感恩节、圣诞节时社会上更多一些救助贫民和街头流浪者的慈善项目的情况不无相同之处。

乞丐送财神上门的习俗至今犹在。学者黄强在 1992 年 10 月考察江苏省无锡县胡埭镇太湖沿岸的村落后发现,尽管江南一带的乡村到处是新楼,在外观上变化很大,但像送财神这样的旧习俗却依然存在:"在一家楼房大门边的墙壁上,笔者发现一张粗糙的'财神'像。此'财神'像用红纸印刷而成,中间为线描的神像,两旁写着'添丁进财'、'祈求平安'的吉利词语。笔者向主人打听此财神像的来历,主人回答说,此财神像是春节时来村庄讨钱的'叫花子'所贴。每年过年时,从苏北来的'叫花子'挨家挨户乞讨钱财,主人家施舍给他们钱财之后,他们就在主人家门口的墙壁上贴上此财神像。"[②] 所述情况与清代及民国时期的送财神习俗几近完全相同,可见旧风俗之顽强。

红白喜事

上述春节时流行的各种乞讨方法,乞丐们平时也用,只是不会也没有可能像年节那样集中。不过新年毕竟一年只有一次,乞丐们

---

① 娄子匡:《新年风俗志》,第 49～52 页。

② 黄强:《化身为"乞丐"的来访神》,第 245 页。

还得在平时的风俗节庆中想办法乞讨，特别是人们通常所说的"红白喜事"。红喜事主要是指婚礼，但也可包括其他喜庆之事，如生儿、做寿、生意开张等。白喜事是指丧礼，尤其是享高寿而逝者的丧礼。中国古代有庄子妻死，庄子箕踞鼓盆而歌的故事，也反映了一种视生死为天理、死亦可庆的达观态度。[①] 一般来说，在红白喜事时，当事的家庭对前来祝贺或吊唁的人，都有所招待；即使来者是不速之客，与当事人家无亲无故，主人亦不可取拒人于千里之外的态度。乞丐便是利用中国文化中这种礼俗，将他人红白喜事化为自己的乞讨大典。

各地丐头人物的一个重要任务，就是对本地婚丧喜事的情况在事前就打听得清清楚楚，然后相机行事。曾有在华外人评论道，中国的"乞丐们好像有自己的情报机构向他们提供每一桩婚礼的详情，知道婚礼开始的准确时日"。[②] 乞丐们确实有多种管道获得消息，其中包括大户人家的婢佣、提供婚丧礼品道具的彩亭店、据阴阳八字定红白喜事日子的择日馆，以及送嫁妈、道士头、神姐等等。综合起来，丐帮得到的婚丧喜事情报就可以准确到钟点时辰了。[③]

据安徽宣城县（今芜湖市）新风乡丐头汪老二和与当地丐帮有长期接触的朝奉（店员）胡祺等人回忆，每逢婚庆喜事，有的富家事先向丐头送红帖，丐头到时派七男一女八人上门贺喜，表示八仙临门。他们由一人领队，备四包象征性的喜礼，例如一条喜糕、一个红枣果子包、一对小红烛、一串鞭炮，外加一个内装三枚铜板的红纸包，代表福禄寿三星高照。这八人一到，主人家的管事人即需在大门内厢排上一个桌子，先是糕点茶烟，后开正席，供"八仙"享用。而"八仙"们也并非"无功受禄"，每上一道菜，他们唱一段有关这道菜的小调作为贺词。其曲调为湖北腔调，唱词即兴而作，有雅有俗，含义也明暗深浅不同。如宴前上茶点时，他们唱道：

---

① 《庄子·至乐》。

② Macgowan, *Men and Manners of Modern China*, p. 295.

③ 陈允敦：《旧泉州的乞丐》。

> 甜糕香茶待佳宾，东家府上福满庭；
> 我们无钱送厚礼，莲花、道情众位听。

因八仙中蓝采和是打莲花落的，张果老是唱道情的，所以这小调中就寓有他们是代表八仙之意。茶罢，开宴上菜，斟好酒后，他们对酒起歌：

> 手奉美酒唱喜歌，东家贵客笑呵呵；
> 好酒只有高粱做，不兴庄稼酒难多。

此处"兴"意为"种"，故"不兴庄稼酒难多"实为"不种庄稼酒难多"，寓意财主家的酒宴都是靠贫苦农民辛劳所得。以后随着一道道菜上来，他们借物而歌，向主人家送上祝福，如肉菜：

> "大块文章"端上来，东家做官又发财；
> 年年都有好事办，喜事过后寿宴开。

这歌词中已经在预定下一次的"八仙"登门祝寿。又如鸡：

> 凤凰展翅五彩毛，东家吉日乐陶陶；
> 请来八仙祛邪气，事事如意节节高。

如鱼：

> 金丝鲤鱼跳龙门，东家满堂喜盈盈；
> 天地群龙风云会，乾坤朗朗唱太平。

最后一道是圆子汤，寓酒席将圆满结束之意，八人起立齐声高唱：

> 神狮戏滚红绣球，东家圆席客难留；
> 今朝唱完喜庆酒，明年做寿来磕头。

194

　　显然是再次预定下一次的登门贺喜。这八人临走时，东家要按为首者所报的人数，将酒席折成现钱连同一条糕回礼送出门，意为请没有上门的乞丐也同样吃一顿。主人家所费不赀，却又不得不如此。因为如不这么办，将闹得不可收拾，丐头可以在短时间内聚来四方同伙数十人甚至上百人进入大院，占据所有席位，顿时狗吠蛇盘，快板小调一齐来，名曰贺喜，实是取闹，弄得主人哭笑不得。①

　　在大部分情况下，办婚丧喜事的人家会把给乞丐的钱作为预算列入开支。但这笔钱必得交给当地的团头即丐帮头儿，由他出面摆平地方乞丐，使其不上门骚扰，也保证外来流浪汉不得乞讨。如事主自己将钱分发给众乞丐，就真是花钱找麻烦了，因为上门的乞丐将会没完没了。婚丧喜事时该给团头多少钱因地而异。1905 年出生的上海文史研究馆员张联芳保留着他 1927 年 10 月和妻子王景霞在松江泗泾镇结婚时的旧礼簿。礼簿的最后部分详细记载着各项开支，总共是 615.25 元。其中给丐头的是 1 个银元，此外还花了 4.8 银元雇佣吹鼓手 3 人，这一般也由丐帮雇人充当。② 在 1940 年代的战时首都重庆，这种保护费已经至少是十几元，即系 20 年前江南泗泾小镇的 10 倍以上。③

　　重庆富户欧阳平 1947 年结婚时就与当地的乞丐有一段颇能说明问题的故事。欧阳平的婚礼包括在皇后饭店举办一场庆祝舞会和在中午以西式宴会招待客人。那天饭店门口干干净净，没有一个乞丐。这是很不寻常的现象。因为皇后饭店是重庆有名的大饭店，本城有钱人家多在这里举办婚宴。如有婚礼举行，往往几十个乞丐猬集门口，衣着最脏最破的在前堵住大门，几个人躺在婚礼汽车轮下，使车无法开动，主人打发稍迟或给钱不足，乞丐便口出恶言。事主都要按规矩事先打点当地的乞丐头子，以免婚宴时出现成群的乞丐在饭店门口骚扰客人的尴尬场面。据抗战胜利后的"行情"，一般需要

① 　胡相：《芜湖旧社会的乞丐帮》。
② 　萧乾主编《社会百相》，第 115 ~ 117 页。
③ 　欧阳平：《旧重庆的丐帮》。

大约折合银元 10 余枚方能摆平。故凡是在大饭店举行婚礼之家，都得准备好这笔款项。

欧阳平深知不给乞丐送钱的后果，但因为忙于准备婚事，竟忘了此事。奇怪的是，乞丐们并没有出现，婚礼进行得很顺利。当天晚上，欧阳平又在家里以中式婚宴请客。开饭前，客人尚未入席，忽闻有人在门前送礼贺喜！欧阳平略觉讶异，便出去亲自迎接。只见来人三十多岁，身穿布料中山装，衣着整洁，但脸有（鸦片）烟容。他小心翼翼地站在大门外，手持书裱坊出售的廉价画轴，口中说道："弟兄伙给欧先生道喜！我们打过招呼：不准去'皇后'麻烦，连府上也不准弟兄伙来找麻烦。"欧阳平打开画轴，内有一纸红帖，上面用毛笔写着"张跛子、李瞎子……"诨名二三十个。欧阳平马上明白了，这是丐头买他的面子，虽然他忘了送例金，但乞丐们并没有去婚礼场所骚扰。不过，现在当然要补偿。欧阳平也是个见过世面的人物，当场随机应变，叫了家中一个袍哥老幺吩咐道："来的是叫化头，不便请进屋，你陪他上餐厅好酒好菜招待，套交情，送笔钱，不能呈凶得罪。"这一招真灵，不但婚礼平安，而且此后欧太太上街，偶有甩虱子的恶丐靠近，也会有别的乞丐出面，喝道："你瞎了眼，认不得欧太太！"①

一方面，不按习俗向丐头付费买平安的事主必遭骚扰，有时事情可以搞到不可收拾的地步；另一方面，乞丐对婚丧喜事的骚扰破坏并非漫无限制。表面上一群衣衫褴褛的讨饭者把场面弄得一塌糊涂，其实也是有分寸的。19 世纪在华多年的英国传教士麦高温曾经详细描述过乞丐骚扰婚丧喜事的场面，在他看来，尽管闹事的场面乱哄哄，乞丐却不会伤人，也不会有意损坏东西或乘机偷窃，所以他们并不犯法。事情闹得再凶再大，也不过是一群穷讨饭要点赏赐而已，无违法纪，难以对他们绳之以法。② 由此可见乞丐们这种有组

---

① 欧阳平：《旧重庆的丐帮》。
② Macgowan, *Men and Manners of Modern China*, pp. 295 - 297.

织的集体行动的成熟性。所以即使在像上海这样的近代大都市，有着一套西方的警政制度，对这类的骚扰活动也无能为力。1935 年国民党将军杨杰（字耿光，1889 ~ 1949）为娶姨太太，在公共租界西藏路上有名的一品香饭店（建于 1883 年）大摆宴席，不知怎么走漏消息，结果"一品香"被大批的乞丐、流浪汉和各种闲杂人等围个水泄不通，个个伸手要赏钱，从上午到下午不散。租界的警察对此毫无办法。结果还是杨打电话给上海闻人杜月笙（1888 ~ 1951），由杜出面，撒了三千银元，才驱散了众人。① 杜月笙能在上海滩上称霸多年，他这种做事的风格是一个重要原因。② 30 年代初上海还有一次大出丧遭到乞丐包围求赏，僵持了一整天，警察也到了现场，最后还是丧家付钱给丐帮了事。③

事实上，由于人们在婚丧喜事时对语言的吉祥与否特别敏感，乞丐们有时无须集体行动也能破坏场面，使人们不得不花钱买平安。例如，一个乞丐可以打着竹板，唱着这样的小调走近正在迎娶的家庭：

> 喜炮咚咚响，某府正迎亲。喜对彩绸挂满门：门外头马似龙车似水，门里头两面四个聚宝盆。福禄寿星作傧相，四大金刚守大门。八个童男八个玉女，笙管笛箫响个不停。新郎新娘并肩站，先拜天地后拜双亲。恭祝您白头偕老！恭祝您多子又多孙！

这样的祝词当然是要有赏的，这也可以说是一种委婉的求乞方法。可是如果办婚事的人家装聋作哑，迟迟不掏腰包，这场面就马上会有点难堪了。有经验的乞丐倒也不会直白白地破口大骂，只不过改动几个词，他的那首祝福调就变成嬉笑怒骂了：

> 进得喜房亮堂堂，新娘脚儿八寸长，老兄你们量量看，非

---

① 恒社旅台同仁编《杜月笙先生（镛）纪念集》，第 37 页。
② 《浦东地方志略》，第 25 页。
③ 蒋思壹、吴元淑：《上海七百个乞丐的社会调查》，第 84 页。

是一双八寸长？一进喜房好喜气，忽听新娘放个屁；众位老兄闻闻看，是个香屁是臭屁？①

这就是孔飞力所说的"社会恐怖主义"（social terrorism）。正常或"体面"（decent）的社会非常容易受到这些不幸和一无所有的人的攻击和侵犯。因为这些赤贫者早已落入社会最底层，他们已经是如此的不幸，所以任何诅咒对他们来说已没有什么意义；他们又早已是一无所有，所以也不再害怕失去什么。而正常社会中的人们却总有种种顾忌，怕失去什么，怕风云不测，怕人宅不安。正常社会中的人们又总抱着种种盼望，盼诸事顺利，盼前途似锦，盼好事临门，所以在这些一无所有的人群面前反而变成易受伤害的"弱者"了。

婚事如此，丧事亦然。到了晚清时期，不少城市的丧葬事已差不多完全由乞丐包办了。各地所谓的"杠房"大多由丐帮经营。这个行业最初以出租葬礼上所需的棺罩及仪仗队用的旗、幌、幡、帐、锣、伞、扇、车、轿、牌、鞭等为主，并雇用熟悉当时社会上满汉丧礼仪式的人为主家操办丧事。杠房最主要的人员，俗称"抬杠的"并非杠房的正式雇员，而是长期的临时工。他们基本上就是乞丐。在清末曾当过杠房业主的狄恒业，父子两代相承经营北京的"信成杠房"，据他回忆，"过去我所接触的人，多半是乞丐。因为那时所谓'杠夫'，都是临时从街头找来的一些乞丐，日子长了这些乞丐一听说有'杠'都闻风而来，或辗转相告，即或有个殡用几百个人，也毫不费力地组织起来"。② 北京一般民众称杠房业为"化子头"，也说明了乞丐与这一行的关系。③

像大多乞讨只有在人口稠密的城市里才能有所获一样，乞丐帮着办丧事基本上是一种都市现象。著名的汉学家明恩溥（Arthur

① 殷登国：《图说三百六十行》上册，第190页。
② 狄恒业：《说说过去的杠房行业》，载文安主编《清末杂相》，第124页。
③ 张官鼎：《解放前北京的葬礼和杠房业》，《文史资料选编》第14辑，第224页。

Henderson Smith，1845－1932）曾写道："城里送葬队伍中，大量旗、幡、伞、帐以及因上过漆和涂了金而闪闪发光的漂亮桌凳排列在贵人的棺材前后，而杠夫们却常常是面目肮脏、衣衫褴褛的乞丐，在送葬队伍中次序混乱地蹒跚而行，在农村地区极少或完全看不到这种情况。"[1] 明恩溥看到的是福建沿海一带的现象。在广州，包办婚丧喜事的仪仗铺为了照顾主家的体面，给所雇的乞丐、孤儿等统一发临时制服，雅称为"亲家郎"。制服分两种，喜事一律为红色镶黄边衫裤，戴绲红边的黄色草帽；丧事一律为白色镶蓝边衫裤，戴绲蓝边的黄色草帽。本来破破烂烂的乞丐们一旦穿戴起来，也巍巍乎相当壮观。[2]

图 7 - 2　1920 年北京的乞丐仪仗队

摄于 1920 年的北京。

来源：*Asia*：*Journal of the American Asiatic Association*，October 1927.

到了民国时期，虽然因市政改革等原因，丐帮和杠上的势力有所败落，但乞丐们帮办丧事的情况仍继续着。例如上海从清代起就

①　Arthur Henderson Smith，*Village Life in China*：*A Study in Sociology*，p. 193.
②　李松庵：《解放前广州几种光怪陆离的行当》，《广东文史资料》第 33 辑，第 230 ~ 259 页。

有所谓"箩间业"，大致相当于北京的杠房和广州的仪仗铺。民间婚
丧喜事遇有排道、肩抬器具等雇用乞丐，悉由该业承办。该业在
1929 年南京国民政府成立后不久就向上海市政当局呈请备案，虽遭
批驳，但这种丐帮的潜势力，至抗战前仍存在。[①] 这种行业的长期存
在并非完全是由于政府济贫政策的失败和处理游民乞丐问题的无能，
也因为它有一定的市场。雇用乞丐作仪仗队不仅便宜，而且可以在
短时间内召集大量人马，足以满足一些市民的虚荣心。西式的殡仪
即使在上海这样西化的城市，也直到 1940 年代末才慢慢成为主流。[②]
文化上的原因至关重要。西人史特特（Amelia Stott）曾注意过这种
现象，她在 1927 年写道：

> 有一年秋天我经过北京时，正好碰上城里的乞丐们在大罢
> 工。原因是他们的一个领头被逮捕了。按常理而言，这应该是
> 求之不得的大好事，但结果却并非如此。那时正逢结婚旺季，
> 中国传统家庭因为缺了吹打仪仗队而大感不便。他们当然可以
> 雇用外国人的管乐队，但最近一个新娘神秘的死亡被讨饭会
> 渲染成一个神怪故事。按讨饭会的说法，这个刚结婚的新娘
> 之猝死，是因为他们婚礼时雇了可恶的洋人的"时髦玩意
> 儿"。讨饭会并预言：任何婚姻如果没有历史悠久的乞丐仪
> 仗队的护送是注定要倒霉的。除了这个不祥的预言外，北京
> 的市民也因乞丐的罢工而感到诸多不便，所以民众是站在乞
> 丐这一边的。直到官方派了一个代表团向讨饭会郑重谈判释
> 放那位丐头，乞丐们才重开仪仗队，那些关于结婚的焦虑才
> 平息下来。[③]

史特特在文中特别用英文字母拼了 *tao – fan – hui*（讨饭会）这

---

① 陈冷僧：《上海乞丐问题的探讨》，第 13～21 页。
② 屠诗聘主编《上海春秋》（下），第 5 页。
③ Stott，"Chinese Knights of the Open Palm"。

个中文词，这应是丐帮在当时的一种普遍叫法。从这个事例可以看到北京的乞丐团体能相当老练地运用民俗和迷信为自己服务，抵抗国家权力和西风东渐；而且看来至少在这次风潮中，"讨饭会"是占了上风了。

上海乞丐众生相

乞丐们的各种乞讨方式，包括所谓的"社会恐怖主义"，只有在人口稠密的地方才能施展。中国最大、人口最多的城市上海便成了乞丐集中的地方，有人甚至称之为"乞丐天堂"。[①] 下面所叙述的上海乞丐的种种乞讨方式在这样人口高度集中的环境中更行之有效，甚至游刃有余。

20 世纪上半期的上海不仅繁华富庶，而且极其拥挤。据 1935 年的统计，上海公共租界每平方公里的人口是 51317 人，法租界每平方公里的人口是 48744 人。到了 40 年代初，公共租界每平方公里的人口是 70162 人，而法租界每平方公里的人口多达 83599 人。这些数字还只是就常住人口而言，不包括每天的游客和各种过客及访问者。根据 1953 年的人口统计资料，上海市区每平方公里的人口是 46500 人，上海市区 21 个区中有 1/3 的区每平方公里的人口超过 10 万人。市中心南京路一带每平方公里的人口是 148000 人，而上海老城南市区的每平方公里的人口则高达 159000 人。[②]

从 1917 年到 1947 年的 30 年间，社会学家、社会工作者、基督教人士、报社记者等对上海乞丐的乞讨方式进行过各种调查，其结果有 7 大类到 25 种等不同的统计，而几乎其中每种乞讨方式在乞丐中都有行话暗语表达，有些行话已为社会大众所知晓。但无论哪种调查，都无法穷尽上海乞丐五花八门的乞讨方式和伎俩。上海乞丐

①　陈泠僧：《上海乞丐问题的探讨》，第 14 页。
②　邹依仁：《旧上海人口》，第 21～22 页；胡焕庸：《中国人口》，第 172～174 页。

的许多乞讨方式与全国各地相同或者类似，即使是行乞的行话暗语也大同小异。① 以下择其要者，简而述之。

"盯狗"

乞丐在街上所用的最普通的乞讨方法就是跟在行人后面，口称"老爷"、"太太"、"爷叔"之类伸手要钱。这种乞讨方法在全世界大同小异。但是，其中也有诀窍。虽然所有的行人都是乞丐尾随跟踪的目标，但一般认为女人比男人心软，容易被打动。民国时期上海乞丐一段经常用的讨饭术语显然以妇女为乞讨对象："娘娘太太做做好事罢！一钱不落虚空地，明中去，暗中来，行了好心，有好报，发发慈悲心，开开金龙手，赏赐一个铜板，让穷人买碗粥吃吃。"无论乞讨的对象是男是女，也不管讨饭术语如何变化，乞讨者的主要目的是要使得被乞讨者感到同情、讨厌或者害怕（如感到"老天会处罚我如果我没有同情心"）。行人只要有其中任何一种感觉即容易掏腰包施舍几个小钱。

1920 年代初一个来自苏州、在上海城隍庙一带行乞多年后"退休"的乞丐曾不无得意地回忆道：

> 对人乞钱，亦有门槛：譬如对于老年妇女，对她"好太太观音慈悲！造渡众生！太太赐钱贫人！寿福双全！多子多孙！"反复狂颂；因为他们来烧香本着慈悲行善的心念，听我这一番颂语，个个心安掷钱了。遇见了小姐们（年约十七八岁的）更换口号，对她说："好小姐，祝颂你配个好姑爷，早些生个好娃娃。"因为小姐们最怕有人提及好姑爷，生个小娃娃这等声调，况且在此稠人广众的地方，给我当众狂喊，岂不羞耻吗？差不多脸都涨红了，她愈怒目相向，我的声调愈加喊得高，她要免

---

① 偶有材料说北方的乞丐较为老实，如河南洛阳"沿街乞丐，皆手执檀板，高唱梆调，挨户求乞，所与南方之哀的、强的、弄蛇的、善骗的种种行为，除哀的稍有，余竟鲜有耳"。见胡朴安《中华全国风俗志》下篇卷 2，第 39 页。

脱我的缠扰，立即掷下铜元了。[①]

看来当乞丐也要懂一点心理学，或者说要人情练达。这种乞讨方法的要点是坚持不懈。俄裔美国记者恩讷斯特·霍塞（Ernest O. Hauser，1910－2003）曾对1940年代上海乞丐的这种乞讨描述道：乞丐会"紧紧地盯着行人二三个街区，在走到第一个交叉路口前，他口中念念有词地乞求；过了第二条路口，他就开始讲脏话；不到第三个路口他就开口骂人了；等跟到了第四条马路，他很可能已经把身上的虱子跳蚤转移到你的外衣上"。[②] 虱子跳蚤是乞丐的一大工具，用虱子跳蚤来骚扰乞讨对象在上海乞丐中有一个暗语，叫做"接富贵"。据当时一个绰号叫"小浦东"的乞丐的说法，"'接富贵'就是你走到住宅或者商店里去讨钱的时候，揭开衣襟，露出了胸膛，靠在他们的门口找了只虱子，放进他们的屋子里面去，当然啰，虱子是谁也讨厌的，讨厌便要我们走，要走非先拿钱来不可，这样，身上的虱子总不愁捉完，尽管一直讨过去，一天也可以有五六块钱进账"。[③]

不过霍塞也许并不知道上海的乞丐是有地盘的，在恰当的地方，一个有经验的行人有时只要穿过一条马路，就能摆脱跟在身后的乞丐。例如，爱德华路（今延安东路）中央大戏院所在的那个街口就是丐帮地盘的分界线，两边的乞丐都不能越界乞讨。所以一个知情的老上海就可以在这里穿过马路，轻易地摆脱盯梢的乞丐。[④] 虽然如此，在上海的闹市中心行走，因为乞丐太多，还是免不了他们的骚扰。时人称乞丐犹如"伸手大将军"，在马路上向行人征各种"过路税"：

① 齐平：《有乞丐阅历的话》。
② Hauser, *Shanghai*, p. 240.
③ 徐迟等：《上海众生相》，第9页。
④ 《大晚报》1931年2月20日。

图 7−3　上海街头向穿着时髦女郎乞讨的孩童

在上海，除了向行人乞讨外，儿童也常在苏州河桥上靠帮忙推人力车上桥乞钱。此照片为 1911 年生于上海的英国人山姆·泰塔（Sam Tata）摄于 1949 年。

来源：Sam Tata, *Shanghai 1949: The End of An Era.*

伸手大将军常巡阅南京汉口两路。凡在这区域内的人，他就有权课他们一切赋税，作为将军府正项开支。内中税则分几项。一种是"富有税"：见了几个漂亮朋友，或是交际上的女明星；又或者是买香烟、兑铜板角子的人，是要他们破费的。一种是"地头税"：在这个区域内缓步徐行，东张西望的，是要他们破费的。一种是"鸳鸯税"：见了一男一女并肩密语，是要他们破费的。这几种税虽然没有经过国会、省会通过，却是没有人起来反对，比什么卷烟特税、宅地税闹个不清，是有力量得多呢！①

————————

①　张寄涯：《大将军言》，第 20~21 页。标点符号系引者所加。

图 7 - 4　北京胡同小巷中的乞讨图景

即使在北京的胡同小巷中，行人还是免不了乞丐的骚扰。

来源：Sidney D. Gamble Photographs，Archive of Documentary Arts，Duke University.

"告地状"

比"盯狗"要文明得多的是"告地状"。所谓"告地状"就是在街头路边放一张纸或一块白布，上面写着乞讨的话语；也有用粉笔直接写在水泥地或石板路面上的。乞讨者不必开口，低着头，愁容满面地坐在旁边，有的还不时地向走过的路人磕头。据调查者言，妇女、老人和残疾者用这种办法的比较多。所写的话语，大抵用毛笔，文字清通，例如一份 1933 年录自上海闹市区西藏路的地状云："落难妇哀求各界慈善君子，救苦救难，实因丈夫生病数日，无法可

205

想，只得路旁哀求来往先生随意功德。"① 有的文笔还相当文雅。例如 1949 年 4、5 月，上海马上要易手之时，马路上一个老年乞丐的地状如下：

> 活一日，难一天，
> 老苦寿偏迟；
> 吃一次，饱一时，
> 再餐否谁济？
> 老来苦，缘无子；
> 反服于战事。
> 此书字，此求济，
> 莫非为纸币。
> 三肠思，九转转，
> 无时不泪拭。
> 求君子，乞慈善，
> 有便种福田。
> 一文钱，也是善，
> 多多感救济。
> 好事大好事，
> 造德景长绵。②

这简直是半文半白的诗了。

因民国时期的上海为华洋杂居之大都市，还有用英文写的地状。1934 年上海《大晚报》记者在街头抄录了这样一份用洋泾浜英语写成的地状：

> I, Wong Ah – pao, am native of Nanking. I studied in the

---

① 蒋思壹、吴元淑：《上海七百个乞丐的社会调查》，第 64 页。
② Sam Tata and Ian McLachlan, *Shanghai, 1949：The End of an Era*, p. 65.

Changming High School. I come Shanghai look my friend and no find him. Now I have no money. No money no can buy food therefore hungry. Thank you if you give me coppers. Sincerely, Wong Ah - pao（signed.）[①]

翻译成中文是：

> 我，王阿宝，南京人。曾在长鸣高中读书。到上海寻友不遇。我没钱。没钱就不能买吃的，所以我很饿。您如能给几个铜板，谢谢。诚挚的，王阿宝（签名）

　　这份地状当然是以外国人为目标的。上海当时有大约六万名外国籍的长久居民，绝大部分是英美人，其他国籍的如法国人一般也懂英语，所谓洋泾浜英语即半通不通的英语更是十分普遍，王阿宝这份地状用的就是典型的洋泾浜英语。

　　无论用何种语言，所有告地状的内容无非是叙述痛苦经历，乞求同情和施舍。所述的故事也大同小异。其中虽然不乏真人真事，但大多数地状都有人代笔，有些还出自专业的写手。地状一个最常用的模式是说自己出身于好人家（例如"书香人家"），因种种不幸而落到讨饭的地步。最典型的故事是："出身清白，大族后裔，不幸父母双亡，一旦落魄异乡，人情如纸薄，昔日师友亲朋，均如陌路人，自思身出名门，不敢为祖先辱，无奈人地生疏，无能为力，求仁人君子之同情，慷慨解囊，助以川资，俾归故里。"[②] 在这以儒教为主流文化的国度里，这种读书人落难的形象最容易惹人同情，催人解囊。

"桥头英雄"

　　如前所述，完全伸手讨饭和提供一点服务后要小费的乞丐之间

---

① Yuan, *Sidelights of Shanghai*, pp. 76 – 77.
② 蒋思壹、吴元淑：《上海七百个乞丐的社会调查》，第 64 页。

并没有严格的区别。后者可以是花样百出，例如在饭店、戏院、旅馆门口替客人开车门，在码头上帮着拎行李，在桥头推车等。

乞丐在苏州河边推车行乞是旧上海的一道风景。东西走向、约3.2公里（市区内）的苏州河是黄浦江的一条支流，民国时期河上架着11座大桥，将河之南的市中心与河之北的闸北、虹口、杨树浦一带相连。① 桥的两边日夜都有小乞丐在那里守候，有人力车上桥时，他们就帮着推一把，待车上了桥，坐在车上的客人就要按例付小费，普通是一个铜元。如逢下雨路滑，车夫非有人帮忙才能安然过桥，则这些乞丐生意大好，往往两三个小时内可挣三五十个铜元。② 这些十四五岁的男孩，每人都须拜一个"白相人"作"爷叔"，日交二三百文钱，否则就不能顺利去推车。③

午夜乞丐

近代上海素有不夜城之称，有一种乞丐便专门在深夜戏馆散场时乞讨。此时乞丐们只要紧紧追随阔夫人、姨太太的包车之后，就会有可观的收入。阔太太们多不吝啬一两角小银币，以便尽快打发乞丐离开。上海的阔太太们大多以铜板为不洁之物，而且也不愿意因为怀揣铜板而招人讥笑，所以往往一出手就是银币。④

另外男女追逐调情，或者几个男子尾追一女子——这在夜上海的娱乐场所不足为奇——乞丐的机会就来了。据知情人描述，"那一时刻，男女双方都心中溢满憧憬之情，而一瘪三空插其间，宛如生旦戏中的小丑。瘪三巧妙地利用情人们对他的厌恶感，一会儿向女子乞讨，一会儿向男子乞讨，每人轮上一回，没有不答应的。一般来说，在戏馆散场的刹间，只要足力超群机会较好，瘪三们多则可

---

① 杨嘉祐、何明云：《塔桥古今谈》，第106～114页。
② 《社会日报》1936年5月5日。
③ 蒋思壹、吴元淑：《上海七百个乞丐的社会调查》，第65页。
④ 《上海滩黑幕》第3册，第113～114页。

能十余角，少的也可得三五角"。①

"蹲茅坑"

蹲茅坑，或称"坐坑棚"，即在公共厕所里占据一坑位，来个名副其实的"占着茅坑不拉屎"，以此来敲诈急不可待的如厕者。这是中国大城市拥挤而设备不足的特殊产物，但也十分生动逼真地说明了街头游民们在乞讨上的挖空心思。1940 年代上海常住人口大约500 万，但全市却只有 139 个可供行人使用的公共厕所，即平均每36000 个居民一个公厕。② 加上上海绝大部分居民房屋没有抽水马桶设备，不少男性居民长期以公厕解决如厕问题，这就更增加了公厕拥挤的程度。③ 1943 年上海有一记者化装成一个刚来乍到的乞丐去郑家木桥一带的乞丐窝探奇，乞丐"小浦东"不知是计，对他大授乞丐经。其中就有"坐坑棚"一说。

用这个乞丐的现身说法，"坐坑棚就是占住了公共厕所里的位子。你不是晓得上海现在人口多了，公共厕所没有一些儿空闲吗？我们弟兄就在每天很早的时候起身，到公共厕所里去占住一个位子，慢慢来大便的人多了，你尽占住了不起来，碰到有人候着急得忍不住的时候，你就和他讲价钱，说是去买香烟抽，问他讨二角、三角都可以，甚至你还可讨二遍，那么，你再站在旁边候着，等他大便完毕，你再占下，这样，再候第二只'肥猪'"。④

这种无赖的乞丐方法并非 40 年代的新发明。二十多年前上海的鸳鸯蝴蝶派小说家就已经把这个办法写进故事里了。作于 1926 年、以反映上海社会风貌著称的长篇小说《人海潮》就曾描绘过一个叫"未央生"的街头小混混，有一天在南京路旁边的虹庙弄公厕如厕，忘带草纸，起不了身；此时有人急急等在旁边，于是就有了如下的一幕：

---

① 《上海滩黑幕》第 3 册，第 114 页。
② 上海建设编辑部：《上海建设》，第 112 页。
③ Lu, *Beyond the Neon Lights*, pp. 189 – 198.
④ 徐迟等：《上海众生相》，第 7 ~ 8 页。

未央生心想：上海地方，租赁房屋，有个规矩，便是挖费。往往急于找间店面，非拿出二三千银子不成，越是心急，挖费越大。现在他屙在屁眼里，大有急不及待之势，我何妨乘人之急，要他一笔挖费呢？忖定了，开言道："朋友，你要我让你吗？你快拿挖费来。"那人怔了怔道："什么叫做挖费呀？"未央生慢吞吞道："你枉为上海跑跑，难道挖费都不懂吗？便是我给你优先权的酬劳。"那人笑道："岂有此理，一个坑架子，先占据了便要什么挖费，亏你说得出。"未央生道："你不出挖费，随你等到几时，我只不让，你奈我何？"那人只管摇头不依，外面又来了三四人，未央生道："好了，你不出挖费，我让给他人了。"那人发急道："你要多少挖费呢？"未央生道："一张草纸，一根大英牌（香烟）。"那人笑道："哦，你原来没有草纸，站不起身来，还要闹什么挖费不挖费，爽爽快快，要我送你一张草纸是不是？"未央生道："说穿了就难为情，我和你陌陌生生，怎好向你讨一张草纸，只有这样摈着要你挖费，那时候你给了我，就算我应享的权利，不算白拿你。天下万样事情都是如此的。你快给我吧。"那人笑了笑道："否则我就不给你，因为我自己急不及待，好在停回，也好摈着要人挖费的。"①

此景似属滑稽，但从后来的发展看，这显然已不是小说家言，而是上海闹市区里一种通用的乞讨方式了。南京路旁边的虹庙弄（也称红庙，约今南京东路福建中路口）地处上海市中心，本来就是热闹之极的地方，加上有虹庙这座香火很旺的道观，无怪乎发明了上厕所要"挖费"。到了40年代初，上海成了一座畸形繁荣的孤岛，市区人口激增，"小浦东"之辈便将此方法"发扬光大"，成了上海流行的"丐技"之一，而这"挖费"的价格也从一张草纸一支烟提升到现钞二三角了。

---

① 魏绍昌、吴承惠编《鸳鸯蝴蝶派研究资料》下卷，第 793～794 页；《人海潮》作者为网蛛生（平襟亚，1892～1978）。

图 7 - 5　上海外滩银行前的乞讨儿童

时值内战方殷、上海易手，平时门警森严的外国银行门口一时成了流浪儿的嬉戏之地。山姆·泰塔摄于 1949 年 5 月。

来源：Sam Tata，*Shanghai* 1949：*The End of An Era.*

李阿才笔下的乞讨世界

上海沪江大学社会学系的蒋思壹、吴元淑两女士在 1930 年代初调查上海乞丐情况时，曾得以接触到一个名叫李阿才的 16 岁的年轻乞丐。因李生病住院，蒋、吴两位还亲临医院探望，彼此建立了信任。李阿才知蒋、吴在做乞丐研究，在住院期间写了一封信给她们，就所提问题详细作答。此信原件附在蒋、吴的调查报告内（参见附录 5）。李信字迹稚拙，错字颇多，似应是李阿才亲笔，而非出自写信先生之手。但整封信文笔通顺，文白交错，间有雅语，难怪蒋、吴两人看了信后感叹道："他的文字笔墨尚佳，尚好；加以栽培，一定可以造就有用之才。"[①]　不管怎样，此信为不可多得的由乞丐谈论乞丐内幕的一手资料，其中对乞讨方法和乞丐组织叙述尤详，兹引

---

①　蒋思壹、吴元淑：《上海七百个乞丐的社会调查》，第 36 ~ 37 页。

全文如下，其中缺字补在（　）内，错字、衍字纠正在〔　〕内：①

　　思壹、元叔〔淑〕二位女士大鉴：

　　多承二位至院慰问，而又烦钞，并来函慰我之前途，诸深憾〔感〕人。然承下托询问乞丐之事，仅〔谨〕奉陈于后，盖不知何作用，故未深加批赞。

　　乞丐者，有在桥上俟人力车行过而帮一把，由坐车给铜元一枚者；有沿街求乞者；有写字于布上、铺于地下，俗称为"告地状"而求乞者；有在十六铺码头上帮人携拿行李而得数文者；有乘机而窃取人物品者。

　　每见于码头上小本经营之人，或设一油豆腐线粉或牛肉汤摊等人，必须给识彼之爷叔或按月略贴数元与彼之爷叔，否则必受此等小乞丐欺侮，非但白吃食物，且将碗盏或伙物掷弃于黄浦（江）。红白生意者，不论何种乞丐皆可前往兜问，一次约可得三百文。

　　至于食饭问题，或沿街求得之冷饭，或于包饭作收还饭桶时，在路经过，则若辈乞丐必欲倒取此食余之饭菜而食。然此各有地段，如此处之乞丐，不能往他处倒取；他处之乞丐，不可往此处倒取。然包饭作亦不与之，视此为理当之事。

　　于住宿有小客栈者或弄堂者。然此种种乞丐根〔跟〕从爷叔，若无爷叔者之乞丐必受有爷叔者乞丐之欺侮。爷叔者，即告〔叫〕化头也；乞丐者，即名为"小用"也。小用之爷叔，不论每日乞得铜元若干，必须每日贴二三百文与〔予〕爷叔。然于从爷叔之道，或自愿拜从他为爷叔，则须赠三百六十个大饼为礼物。或有穷苦（无）归，流落路途，被自欲收汝者，则可取消三百六十大饼之费了。喜庆之事，此辈告〔教〕化头必然光临，略说数句好语，即欲问人讨钱，惟人皆以为理当，故必略给数角，即欢然而去。

---

① 蒋思壹、吴元淑：《上海七百个乞丐的社会调查》，第89~91页。

然爷叔之身价亦甚低卑。初者亦系一求乞者，后于求乞之途径渐精，而手内略有积蓄，而施诸乞丐中之最有［有］力者。有所谓打出师，恃勇而能压诸乞丐。而诸乞丐自捧后，吃爷叔者然后成为爷叔。已成之后，即能自行收若干小用，以资生活，故每见为爷叔者因此而成为小康之家亦有之。然爷叔之妻室或有或无，与贫与富，皆系有之，而无一定之理。

致于白相人者与上述系两种，故暂不登载。然我实未亲历经，故择略知者而相告之。致我自身之事甚短，且毫无成绩，故暂不详述。专此奉览。顺询

春安

愚李阿才上①

此信虽然不长，但至少透露出三方面的消息。一是各种乞讨方法，包括告地状、推车上桥、码头小工、红白生意等，写得很具体。二是社会对丐帮的宽容态度。乞讨区域的划分，不仅乞丐们自己恪守，也得一般社会配合，连包饭作这样的施舍者也予以认可，"视此为理当之事"；红白喜事，丐头出面乞赏，亦"人皆以为理当"。三是丐帮内部的上下关系，尤其是"爷叔"和"小用"，反映了乞丐内部最底层的上下互动关系。这些内幕材料出自一个乞丐之手，尤为可贵。

日军占领时期的乞丐

1941 年底太平洋战争爆发后，日军占领上海租界，结束了 1937 年抗战爆发后上海维持了四年多的"孤岛时期"。此后三年多的时间里，上海经历了近代史上最黑暗的岁月。作为乱世最显著的标志，上海街上乞丐陡增。名记者陶菊隐（1898～1989）记录了当时乞丐的情况，其中谈到的十大乞讨方法在战后的一段时期也仍有代表性，可作为一个时代终结前上海乞丐形形色色乞讨方法的一个小小的总结：

---

① 李阿才信影印件见本书附录。

　　这时（1942年）我发觉上海市区内的乞丐特别多，三步五步都能够碰到他们，无人不受其包围，也许到今天还能保持其最高纪录。他们行乞的技术可别为无数种：装瞎子的口唱"南无阿弥陀佛（读如伐），瞎子肚皮饿煞"，声浪越唱越高，此其一；小儿女二人因饥饿不堪作向母拼命状，此其二；牵儿带女，夜半长号，且行且诉，凄绝人寰，此其三；卧地无声，作奄奄待毙状，此其四；守候电车站头，专向待车客人纠缠不休，此其五；用粉笔写地状，正草隶篆，中文西字，无所不有，此其六，专在川粤菜馆门口以乡音动人，请求帮助路费，此其七；军服褴褛，冒充十九路军或落难兵士，此其八；衣履整洁，举家环跪，老者前，少者后，男者左，女者右，默默无言，神色惨淡，此其九；孤女自称难民，夜半追逐行人，不时飘送媚眼，此其十。①

图7-6　看热闹的人群与孤寂的盲丐

　　1949年7月上海举行庆祝解放大游行时，街上看热闹的人群与一个孤寂的盲丐形成鲜明的对照。

　　来源：Sam Tata, *Shanghai 1949: The End of An Era.*

――――――――――

①　陶菊隐：《天亮前的孤岛》，第166页。

体面的乞讨

上述第九项"衣履整洁，举家环跪"等，可称"体面的乞讨"。这种出于万不得已而作"斯文扫地"之举的乞讨办法最能打动知识分子，且这种办法不仅限于上海，全国各地都时有所闻。例如，1940年代成都有一失业的英语教师，常在知识界茶客云聚地二泉茶社乞讨。且看他穿上当卖全部家当后仅剩的一套衣服，往位于热闹的春熙路上的茶馆走去：

> 进门之后，他先扫视全场，根据印象选定好告求对象，然后踱过去，不声不响地坐在旁边。他虽说不上衣冠楚楚，但到底还有一身干干净净的衣服，其气度也还是知识界中人，旁人看来他似在会友，故也不会特别惹眼，待身旁的人向他投来询问的目光时，他才款款说出一句英语：
>
> "Excuse me, I am hungry. Please give me a little money to buy Gao – Kui."（"请原谅，我饿了，请给我一点钱去买锅魁。"）同桌大吃一惊，这么一个斯斯文文的人竟会是beggar（乞丐）！大家不免生出物伤其类之感，询问之余，纷纷解囊。①

不会讲英语，古汉语也可以是一种求乞手段。一些有点文化的乞丐往往穿一件破旧的长衫，像鲁迅笔下的孔乙己那样潦倒而不失斯文。最常见的是以诗乞钱。诗歌既雅，又精简，可以朗朗上口，对乞讨者来说真可谓言简意赅。而中国向来有"诗人多穷象"之说，似乎更为所谓"诗丐"背书。

河南开封有一种乞丐，即以诗文为乞讨手段："或于公共场所之隙地，或于住户门口、墙垣，题写主吉祥之诗词一首，或谜语一则，即静候施舍，遇有不给不理时，亦怏怏而去，决不开口要讨。故诗

---

① 崔显昌：《解放前四川乞丐的形形色色》，第402页。

丐又称哑丐或文丐。"① 这种现象绝非偶然，江苏《松江镇志》曾详细记载了民国时期当地的一个"诗丐"：

> 二十年代初，松江街上有一衣衫褴褛的乞丐，边走边"伊伊哦哦"之声不绝，随身带有文房四宝，走过喜庆或丧事人家，当场即兴贺诗或写上挽联一副，主人家受领之后，送他一二块银洋，他恭敬地道谢一声，又跟跄地走过去了。

> 此人姓姚，名钟序，号循初，小名祥官，家住秀南桥南堍，出身于书香门第，祖上藏书甚多。姚少有文才，所学甚博，诗甚典雅，字亦娟秀。可惜乎此人落拓不羁，夫妻同染鸦片，因此家业和藏书俱尽，妻改嫁，其本人沦为乞丐。

> 姚虽是乞丐，但出言吐语，行为举止，不失斯文。上门以诗求乞，亦彬彬有礼，他的诗也写了不少，当时松江名士杨了公誉他为"江南诗丐"，诗丐之名，就一直流传下来。②

大部分"诗丐"没有这位诗文俱佳的姚钟序的才能，只能以背诗而非创作来打动路人，不过以乞丐之身而能知诗文照样可以打动人。在江苏扬州的瘦西湖一带，就常有乞丐以背诵古诗来乞讨的。瘦西湖是以亭台楼阁、垂柳斜草，衬托着一池泓水而闻名。这样的风景，向来是文人墨客游历赏玩、吟诗作赋的地方。瘦西湖既是旅游之地，就少不了乞丐。但这里的乞丐似乎也多了一点文气，不愿意以嘶哑的讨饭调破坏了景致和情调。所以他们往往以诗求乞，平时七律五绝，默记心中，到时因人应景，运用自如。作家叶灵凤（1904～1975）是南京人，青年时代常去扬州，也在那里居住过。他曾这样回忆三四十年代扬州瘦西湖的乞丐：

---

① 冯荫楼：《古汴乞丐生涯录》，第 334 页。
② 车驰、龚福章主编《松江镇志》，第 675 页。

扬州在旧时不愧是一个风雅的地方。当时虽然已经破落了，但是也破落得毫不俗气。湖上有乞丐，在岸边追着船上的游客要钱，但他们并不口口声声的"老爷太太"、"少爷小姐"，而是用一根长竹竿系着一个白布兜，仿佛生物学家捉蝴蝶所用的那样，从岸上一直伸到你的船边，口中随意朗诵着《千家诗》里的绝句"两个黄鹂鸣翠柳，一行白鹭上青天……"除非你自命是一个俗物，否则对着这样风流的乞丐，你是无法不破钞的。①

有一次，叶灵凤和曾编过《洪水》杂志的诗人洪为法（1899～1970）一起在瘦西湖边上一家有名的"香影廊"茶馆喝茶，有一个乞丐大约看出这两个翩翩少年是旧友重逢于他乡，竟然念出了杜甫当年赠李龟年的那首绝句："岐王宅里寻常见，崔九堂前几度闻。正是江南好风景，落花时节又逢君。"喜得洪为法拍手叫绝，连忙给了他两角小洋。② 当时的物价，两角小洋可在饭摊头上饱食数日而有余矣。③

除了以上讨论的乞讨的种种手段伎俩外，男女乞丐在乞讨中也各有巧妙不同。乞丐的性别及其在乞讨中的作用是研究乞丐文化的一个重要方面，但这个题目至今未见深入的探讨。其原因除了资料的不足外，还在于史家一般对这个问题的意义认识不足。西方学术界从 1970 年代末起流行性别研究（gender studies）、妇女研究（women's studies）、身份认同研究（identity studies）等，至今方兴未艾。这些称作交叉学科（interdisciplinary）的领域虽然在不同程度上

---

① 叶灵凤：《能不忆江南》，第 17 页。
② 叶灵凤：《能不忆江南》，第 17 页。这首诗是杜甫绝句中最晚的一篇，作于唐代宗大历五年（770）。《明皇杂录》中记载："开元中，乐工李龟年善歌，特承顾遇，于东都大起第宅。其后流落江南，每遇良辰胜景，为人歌数阕，座中闻之，莫不掩泣罢酒。杜甫尝赠诗。"此中赠诗即指此诗。
③ 抗战前上海普通饭店一碗白米饭的价钱约六个铜元，二角小洋约合六十铜元，即可得十碗米饭。扬州的物价，又较上海低。参见卢汉超《霓虹灯外：二十世纪初日常生活中的上海》，第 236～238 页。

各有其潜在的政治意图（political agenda）或出发点，许多观点也见仁见智，远非完美，但是不少研究成果有创意，或开拓了新的视野，或加深了对世事的理解。中国下层社会研究中，性别问题似也应该得到进一步的重视。下面这一章就试图从性别的角度切入，来谈男女乞丐各自不同的乞讨方法等问题。

第八章　男人的四肢和女人的嘴巴

　　有关中国乞丐男女比例的统计数字非常缺乏，已有的也往往是大致的估计。根据 1930 年代初上海赵丐头的估计，当时上海的乞丐约男女各半，即男乞丐 8000、女乞丐 8000，另加儿童乞丐 600 人左右。[①] 但同一时期的蒋、吴调查，采样了 700 个乞丐，结果却是男性大大多于女性（502 个男性，198 个女性）。[②] 1927 年在上海作的另一项调查也是男多于女（57% 男性）。[③] 近年有人根据当代乞丐的情况，估计"中国的乞丐群落里面有四分之一是女人"。[④]

　　因为乞丐的流动性和官方调查历来的缺乏，中国乞丐男女比例的精确数字也许根本不可得。但不管怎样，乞讨自古以来就是一种男女皆有的社会现象则无疑。虽然大部分乞讨手段可以男女并用，有一些求乞办法却有明确的界限，显示性别在乞讨中被作为一种手段相当有心计地应用着。乞丐的男女有别在诸如弄蛇、伪装腿疾、唱莲花落、代人哭丧等方面表现出来，各有不同。下面分别加以论述。

---

①　蒋思壹、吴元淑：《上海七百个乞丐的社会调查》，第 50 页。
②　蒋思壹、吴元淑：《上海七百个乞丐的社会调查》，第 203 页。
③　此份调查随意抽样调查了 111 名乞丐，其中男 63 名，女 48 名。见徐元庆《调查上海乞丐之结果》。
④　程刚：《中国乞丐大揭秘》，第 115 页。

弄　蛇

　　一般人对于乞丐最普通的印象就是一个衣衫褴褛的可怜虫在街头伸着肮脏的手讨钱。这种形象是如此深入人心，以至于人们往往戏称乞丐为"伸手大将军"。如果乞丐手里拿着东西，则无非是一根竹竿、一只破碗或一个宠物（最普通的是一条蛇）。一根长竹竿大概是中国乞丐最恒久的标记了。从前面几章我们已经熟悉了丐帮头子手里的那根杆子及其意义。普通乞丐手里最常见的则是一根长竹棍，称作"打狗棒"（见第四章）。顾名思义，这根棍子是为防狗自卫之用。但它却又是一根多种用途的棍子，而且男女皆备。例如，张择端的《清明上河图》以人物众多著称，其中乞丐不在少数，如细细观察，可以注意到所有的乞丐无一例外地一手持棍，另一手乞讨。① 鲁迅在《祝福》一文中描写祥林嫂沦为乞丐时迎面走来的样子："她一手提着竹篮，内中一个破碗，空的；一手拄着一支比她更长的竹竿，下端开了裂：她分明已经纯乎一个乞丐了。"② 也是乞丐形象的一张典型的素描。

　　如果说手持竹竿的乞丐形象不分男女，手里玩着小蛇的乞丐则是清一色的男性了。以玩蛇来吸引行人、借以乞讨是中国乞丐最常用的行乞方式。在某种程度上，手持青蛇沿街行乞差不多是中国乞丐的标准形象。从明代画家周臣以苏州乞丐为对象的游民图，到18世纪末英国画家亚历山大（William Alexander）和梅森（George Henry Mason）以广州街头人物为素材的乞丐画像，无一不以手里把玩水

---

　　① 此处据清院本《清明上河图》，由清宫画院的五位画家陈枚、孙祜、金昆、戴洪、程志道在乾隆元年（1736）合作画成，台北故宫博物院藏。
　　② 《鲁迅全集》第2卷，第6页。

蛇的乞丐为典型。①

梅森很有见识地有意以乾嘉年间广州街头的各式人物和日常生活为对象，写生中国的众生相，留下不少可作文献史料的艺术作品。他形容中国的乞丐"能将一条活的蛇绕在自己的脖子上，你只要付很小的几文钱，他就会把蛇头和整条蛇差不多全部吞入嘴里，然后让你握住蛇的尾巴，将它徐徐拉出来"。似乎担心这种东方的街头小表演对他的西方读者来说太不可思议，梅森在图画说明的末了还补充一句说，他可以以他的亲身经验保证，"这种乞讨的方式尽管看起来极不寻常，却丝毫没有一点作假欺骗的地方"。②

即使在中国北方，干燥寒冷的天气使蛇类不如南方温暖的河泽地区那样普遍，乞丐却还是和蛇有缘。北京在 20 世纪初期就经常可以看到被称作"蛇丐"的流浪汉，手里提着竹笼，里面养着几条青蛇，在街上溜达。这些乞丐是捉了蛇出卖。北方人虽然很少吃蛇肉，但蛇皮可以作笔套、手袋，蛇胆更是中医常用的清火明目的良药。北京乞丐竹笼里的小青蛇还有一大功能，就是合于佛教中的"放生"。乞丐将捉来的蛇在庙会、集市等地方卖给放生者。放生的习俗来自佛教的生生轮回的信念，即将小动物放归自然，是佛教徒的一种重要的积德行为，据信会为放生者建立良好的羯摩，今生来世会有好报。江南一些古镇（如上海市郊的朱家角镇）至今仍有放生桥

---

① William Alexander and George Henry Mason, *Views of 18th Century China*, pp. 42 – 43, 62 – 63, 94 – 95, 165 – 166. 周臣，字舜卿，号东村，吴（今苏州）人，约生于公元 1450 年，卒于明世宗嘉靖十四年（1535）。他的《流民图》手卷共绘 24 人，作于 1516 年，现分藏于美国克利夫兰艺术博物馆和檀香山艺术学院。周臣在画尾自题云："正德丙子秋七月，闲窗无事，偶记素见市道丐者往往态度。乘笔砚之便，率尔图写，虽无足观，亦可以助警厉世俗云。"可见其真实性。另有明代吴伟（1459～1508）的《流浪戏团图》，无纪年，卷绢本设色，现藏大英博物馆（The British Museum），参见刘英贝《吴伟人物画风格研究》，中央大学艺术学研究所硕士论文（指导教授：周芳美），2008 年；并参见范金民《清代苏州城市文化繁荣的写照——姑苏繁华图》，《史林》2003 年第 5 期，第 104～115 页。

② Alexander and Mason, *Views of 18th Century China*, p. 94.

之类的地名。放生还给放生者带来一种优越感，所谓"小人捉卖，君子买放"。①乞丐们当然无所谓被称为"小人"了，但至少在清末民初的北京，买了小蛇放生的"君子"们则大部分是上了年纪的老太太。②

不管是君子或小人，对乞丐来说，最重要的是有足够的放生者当他们的主顾，这样他们才能捉了蛇来卖。北京多寺庙，正是蛇丐"捉卖"的好去处。据美国普林斯顿大学历史学家韩书瑞（Susan Naquin）的研究，北京在 15～20 世纪的五百年间，有文字资料可证的庙宇就超过 2500 座。韩书瑞还指出，实际存在的庙宇数目应超过这个数字的 1/3，即不会少于 3400 座。另外，20 世纪初北京的庙宇增加得很快，民国初年北京至少有 1500 所庙宇。③ 同时，北京又多庙会，每年至少有 50 个定期举行的颇具规模的庙会，有些庙会几乎是隔天举行一次。④ 即使其中只有一部分庙宇和庙会有放生活动，也足以使蛇丐成为一种行当了。

放生不限于蛇类，鸟鱼龟虫等皆可入选。但蛇成为放生的首选还在于中国人视蛇为小龙。在十二生肖中，龙蛇相接，蛇仅次于龙，而龙又是帝王的象征。乞丐清楚地知道，可以这种民俗观念乞讨，或做点小生意。如江苏无锡有一种叫做"流子"的乞丐，专以弄蛇行乞。他们手里拿着一条蛇，一边在两臂上盘绕伸缩，一边嘴里喊着"龙来龙来，四季发财，大老板给点吧！"不给钱，就放蛇咬人。⑤

这就是蛇在乞讨时的又一个用处。蛇虽然被视为小龙，人们还是怕它或讨厌它。乞丐有时就利用这一点强讨。一般认为女人尤其怕蛇，中外几乎一样。前面提到外国人史特特 1927 年在浙江平阳曾

---

① Smith, "Liberating Animals in Ming – Qing China: Buddhist Inspiration and Elite Imagination".
② 李家瑞编《北平风俗类征》，第 409 页。
③ Susan Naquin, *Peking: Temples and City Life, 1400 – 1900*, pp. 19 – 20.
④ 常人春：《老北京的风俗》，第 6～11 页。
⑤ 张大年、龚江：《无锡的乞丐与叫化甲头》。

参观过一个乞丐窝，她也观察到蛇在乞讨时的作用：

> 我的眼睛四处张望着这肮脏的地方，突然注意到这乞丐堆
> 中有好几个旧箩筐，里面装着蛇，大部分是无毒的水蛇。
> "呵"，我说。"你们也作玩蛇的节目？"
> "不一定。"乞丐头目回答。"但我们的兄弟中有人发现这
> 些蛇在向那些一毛不拔的人收款时很有用。对那些男女财迷，
> 特别是女人，蛇是一贴良药。通常讨饭的要把一条蛇缠在这种
> 女人的脖子上，她才会扔下她那好舍不得的礼物。也有一些女
> 人觉得这种玩艺很恐怖，所以蛇未近身就赶快付钱免灾。"这丐
> 头马上叫来一个讨饭会的成员，当场对我表演了一场极为高明
> 的"套蛇"技巧。过了一些日子，我在街上就看到了一群乞丐
> 们成功地对着一个衣着讲究的中国妇女如法炮制这种手法。①

熟悉芜湖乞丐内幕的胡相也曾亲见一件乞丐以蛇为武器报复富
户的事情："一家富商对上门的乞丐破口大骂，分文不给，推出门
外。过了些时日，晚上从门窗缝、阴沟洞、狗洞里爬进许多蛇来，
弄得该商家人等大呼小叫，只好找丐头去请他们来捉蛇。那就要谈
盘子（条件），捉一条给多少钱，他们手到擒来，捉了蛇，揣了钱，
扬长而去。"②

不过玩蛇对乞丐来说也不总是恶作剧勒索，很多时候是以此表
演杂耍讨钱，有时还因此而引祸上身。例如，有记载说一个四川的
乞丐在街头表演吞蛇时，有人将点燃着的香烟头去烫蛇的尾部，蛇
痛得直往那乞丐的喉咙里钻，几秒钟内就窜入肠胃，那乞丐痛极而
号，当场死亡。而此事也未见有引起官司，大约肇事的恶徒早已乘
混乱逃之夭夭了。③

---

① Stott, "Chinese Knights of the Open Palm".
② 胡相：《芜湖旧社会的乞丐帮——"灰窝里"琐记》，第286~287页。
③ 崔显生：《解放前四川乞丐》。

有些乞丐不仅是捕蛇能手，而且还懂得用蛇治病和用草药治疗蛇伤等。在某种程度上，流浪汉在江湖上闯荡有一个好处，就是见多识广，如果有心，可以收集到各种民间土方。乞丐们有时也有点像江湖郎中或土医生，而这类江湖郎中药罐子里的"阿司匹林"往往是蛇药或者与蛇有关的东西。蛇肉是中国菜尤其是粤菜中的美味，也是传统中医食疗菜谱的主要原料之一。蛇血和蛇胆有清火作用，被用于治疗各种炎症。而且根据中医以毒攻毒的理论，如果应用得法，毒蛇的血和胆作用更大，所谓"蛇愈毒而效愈神"。① 早在乾隆年间，各种蛇类就"货于药肆，一种自有一种功能……价不赀"。② 因此可以说蛇丐也是一种职业。

近代最有名气的一个蛇药郎中是季德胜（1898～1981）。季出生于江苏宿迁县郊外的一座破庙里，是一个第五代的"蛇叫化"。他在褓襁中就由父母背着，走南闯北到处奔波。从咿呀学语起就跟着父亲季明扬上山下地，看着父亲捕蛇、寻草药。6 岁时，母亲和刚出生的弟弟在贫病中死去。8 岁那年，宿迁一场大旱灾把父子俩逼走他乡，从此在江南一带流浪，靠祖传秘方卖蛇药为生。季德胜 25 岁那年，一个风雪交加的夜晚，父亲突然得了急性伤寒，死在如东县岔河镇的一个土地庙里。在岔河镇的荒野里掩埋掉父亲的尸体后，季德胜孑然一身，继续漂泊江湖，仍以捕蛇、卖蛇药为生。到了 40 岁时，他已是江浙一带小有名气的蛇叫化了。但季德胜也为此付了代价。为了鉴定药性，他常把自己当做试验品，让各种毒蛇咬伤他的肩、臂、手等部位，然后敷药治疗。南通地处江边，又有山林，多蛇蟒出没，被蛇咬伤的病例也很多。经过反复实践和几十年的治疗经验，季德胜终于在父亲留下的祖方基础上研制出了有名的"季德胜蛇药"。该药不仅对蛇伤有奇效，也能治赤眼目糊、咳嗽多疾、风湿性关节炎、小儿惊风等疾。

① 徐珂：《清稗类钞》第 40 册，第 16 页。
② 徐珂：《清稗类钞》第 40 册，第 16 页。

　　1956 年 3 月季德胜将季氏药方捐献给国家，经研究鉴定后进行批量生产。1958 年 8 月召开的中央卫生工作会议上，这位过去的蛇叫化受到刘少奇、周恩来、董必武等国家领导人的接见。即使"文化大革命"中，许多中医传统被批判为"封建迷信"，季德胜蛇药却能立于不败之地。据季德胜 1980 年自述："1967 年我七十岁时，这一年里经我治疗的一百二十三个蛇伤病人，例例成功，没有一个失败，也没有一个留下残疾。我一生中治疗了上万个蛇伤和眼病患者，也没有出现过失败的案例。"[1] 看来这第五代蛇叫化确实从长期流浪中积累起了丰富宝贵的经验。

男人的腿脚

　　蛇叫化能为人治病，绝大部分乞丐却与医疗无缘，一旦生病，得不到医治，不少人因此成为残疾人。上海七百个被调查的乞丐中约有四分之一是残疾人，大多是盲人和瘸子。虽然我们没有资料来证明这个比例是否适用于其他地方，乞丐中无疑有相当部分是残疾人，而在公共场所将身体的残疾部分向公众展露一直是乞讨最重要的手段之一。街上有时也可以看到极度残疾的乞丐。例如重庆在抗战胜利后的几年中，民族路上经常出现一个叫"肉蛋"的乞丐。此人年约 30 岁，头部正常、语言清楚，但腹部鼓胀，四肢短小而无骨，仅具形状而已，整个躯体有如一只大蛤蟆。据本地人观察，此丐"平日不上街，每逢天雨，道路泥泞，则赤身持竹筐滚街行乞，一身稀泥，状极可悯。一俟所得丰足，雨住天晴，就有暗中伴送的人抱'肉蛋'上人力车拉走，不知其居处"。[2]

　　这种极度残疾的乞丐全国各地都偶有所闻。清末《点石斋画报》曾报道扬州教场街一带，有一乞丐，"四肢虽具，而肩无手，腿无

---

①　季德胜口述、祖丁远记录整理《祖传蛇药今昔谈》，第 162 页。

②　欧阳平：《旧重庆的丐帮》。

足，口无舌，胸以下柔软如棉。蹴以足，团团旋转如肉球。"① 美国摄影师施塔福（Francis E. Stafford, 1884 – 1938）1909～1915 年曾在中国居住旅游，拍摄了上千张照片，其中有一些乞丐的照片就与《点石斋画报》所登载的十分相似。② 《点石斋画报》的出版地上海的残疾乞丐就十分触目惊心，时人形容他们"有的是手断足削，有的是手足全无，血肉模糊，在泥水的街上，转辗打滚，叫唤震天"。③

上述例子也许属于特例，但病残畸形的乞丐确是中国街头常见的。不管这些病残畸形是不是人为造成的，即所谓的"采生折割"，只要看一看乞丐中流行的有关病残畸形的术语，我们就可知道利用伤残乞讨确是一种手段。例如，瘸腿的小孩叫"三脚蛤蟆"，聋哑的叫"不开口"，盲人叫"顶香炉"，自我伤残者叫"开天窗"等。④

就是在华的外国人也很清楚中国乞丐的这种讨饭伎俩。一个在上海的美国人曾用一种厌恶的口气写道："你到处被他们包围。职业乞丐很残酷，为了引起同情或者使他们令人厌恶到只想花点钱打发他们离开，他们会自我伤残，扭曲小孩的手脚，使他们看上去更可怜，或者让女人抱着饥饿的婴儿，有些婴儿还是租来的。"⑤ 此人在上海生活多年，这段话所描述的应来自他的亲身经历。

乞丐身上的各种病残畸形中，腿脚的病痛是伪装的伤残中最常见的一种，而且都是男乞丐所为。这是因为腿脚是人身上比较不致命的部分，又最容易在公众场合展览，而男人暴露大腿不会有有碍风化之嫌。乞丐中的行话"三脚蛤蟆"就点出了脚在假装伤残病痛中的作用。清末在华 50 年的英国伦敦会传教士麦高温（John Macgowan，殁于 1922 年）曾经描写这样一个典型的乞丐：

---

① 《点石斋画报》"已四"卷，第 25 页。
② Shanghaishi lishi bowuguan, *The Origin of Modern China*, pp. 39 – 43.
③ 蒋思壹、吴元淑：《上海七百个乞丐的社会调查》，第 71 页。
④ 蒋思壹、吴元淑：《上海七百个乞丐的社会调查》，第 67～68 页。
⑤ Enid Saunders Candlin, *The Breach in the Wall: A Memoir of the Old China*, p. 54.

　　这乞丐身上最令人讨厌的是他的一条腿。他总是卖弄似的尽力在路人前展示，就像商家推销产品一样。这条腿的前半部分已经几乎全部溃烂，流着脓血，看不到多少好皮肉了。当你走近时，这个乞丐就用很专业的样子指着伤口，要引起你的同情。

　　值得注意的是中国乞丐的这类像道具一样的病痛疮伤总是生在正好的位置。它们绝不会生在腿的后半面或者生在身上不容易向公众展示的部位。它们不会好起来，也不会坏下去。酷暑天气，毒辣辣的太阳下，成群的大苍蝇看上去凶猛地在伤口上面飞舞，但这也未见得使伤口更加溃烂。同样的，当冬天来临时，大自然的那种愈合伤口的功力在乞丐身上也未能奏效。寒冷的北风吹着他，但是对愈合伤口却毫无帮助。这乞丐坐在一个避风的角落，冷得瑟瑟发抖。幸运的是，那个为他带来钱财的可怕的疮伤却依旧溃烂如常。①

　　言语之间，麦高温显然对乞丐身上疮伤的真实性有所怀疑。在北京生活过 15 年之久的美国汉学家何天爵发现至少有一个实例可以证明麦高温的怀疑是有道理的。何天爵曾任美国驻华使馆翻译、头等参赞、代办等职务，是清末有名的中国通。他在北京期间，和三教九流的人物都打过交道，甚至还结识了一些乞丐。下面就是何天爵叙述的一段亲身经历：

　　　我很清楚地记得在北京衣衫褴褛、看着令人作呕的乞丐中有一个使我的怜悯心大发。而且有好几个月，这种怜悯心挥之不去，这在我可是绝无仅有的事。这是一个老头，每天坐在路边，身上只挂着几片破布，在寒风中冷得直打哆嗦，把一双完全腐烂的脚直挺挺地伸在前面。这双脚腐烂的样子真是难以用笔墨形容。有一天，我在这老头常坐的老地方上没有看到他，

----

　　①　John Macgowan, *Men and Manners of Modern China*, pp. 292 – 293.

却瞥见他正在快步走回家。我从后面赶上了他，却看不到他那双脚有冻坏或腐烂的样子。

"怎么啦"，我一边和他并肩走着，一边问他。"你还能用这双烂脚走路？"

"哦，那双脚吗"，老头回答："它们在我的怀里。穿着它们回家可要把这玩意儿搞坏了。"

他然后很爽快地，也没有一点羞耻的意思，把手伸到怀里摸出了一双充垫了棉花的袜子，这就是他的那双红肿变形的脚。它们是用粗帆布做的，上面精心地涂上颜色，看上去就像指甲正在烂掉、血肉模糊的一双烂脚。它们在光天化日下竟然这么多次地骗过了我的眼睛。

我自然很生气了，对他说："我以为像你这样上了年纪的人用这种方法骗人应该感到很羞耻。你难道没有职业，或者只是懒惰，不想用本本分分的办法挣口饭吃？"

对于这个问题，这位可敬的骗子回答得简单直率，好像他最近的欺骗行为颇有可圈可点之处："哦，是呀。我原是个鞋匠。我最近是在想是不是不要再这样干下去了，我这双脚已经太出名了，讨的钱也没有以前多。说老实话，整天坐在地上喊着'可怜可怜吧'也是挺辛苦的。我还是想回到我的修鞋的老行当去。"

一两天后，他拿着工具和凳子，要求在靠领事馆门口的街沿边上设个修鞋摊。这个要求被获准了。从此他在领事馆门口修补了差不多十年的鞋。他死后，他的儿子在原地继承了父业，而且要求我们帮忙操办丧事，理由是他的父亲长期以来与我们的密切关系。①

何天爵是将这个乞丐作为他在北京生活中的一个小小的故事来

---

① Chester Holcombe, *The Real Chinaman*, pp. 328–329.

叙述的，但他所遇到的情况却是中国乞丐常用的一种花招。在清末民初，离北京 1600 多公里的广州城里，乞丐们也用同样的花招，名曰"装死狗"。南方的乞丐似乎更具创造性，而且像一般广东人一样，也更喜欢在食物上花工夫。他们做腐腿烂脚用的不是棉花和帆布，而是牛肉。简单地说，是将几片切得非常薄的牛肉在脏水中浸泡几天，直到这肉片的颜色变成介于红和紫色之间，并发出令人作呕的臭味，就可以贴在腿上或脚上装假了。在南方炎热的天气下，单单这异味就足以使路人匆匆抛下几个铜板而逃之夭夭了。① 长期生活在上海的作家王元化（1920～2008）在 1941 年写道：上海"连乞丐都有流氓的骗术：用蜡烛油、煤油、豆腐、猪血涂在腿上，假装浓血溃烂，你如果不细察决不会怀疑他是假的"。②

乞丐制造残疾的办法是丐帮的秘密，代代相传，往往只有丐头等少数几个人知道。曾经调查过四川乞丐并撰写了一份详细报告的崔显昌对此做过一些了解、访谈。根据个中人介绍，四川的乞丐可以用猪、牛、羊的内脏，鸡血、油纸、姜黄、巴豆、米粉、豆渣等为原料，按秘方配伍、操作，在正常人体上塑造出形、色、味逼真得连老到有经验的医生也要被迷惑的断脚残肩、大面积烧伤、血污狼藉的恶疮、痼疽，甚至被称作"鼓胀病"的晚期肝腹水症状来。③

民国时期曾经在中国传教、住过多年的英国卫理公会传教士拉顿布莱（Harold Rattenbury, 1878 – 1961）注意到中国的丐帮"利用甚至制造盲瞎和种种人类的残缺"。拉顿布莱在汉口就遇到乞丐拒绝到教会医院接受免费治疗，说这会把他们赖以讨饭的生计夺走。④ 一般公众当然会对乞丐们弄虚作假以骗得同情的病残畸形伎俩感到愤怒。但应该指出，真正伤残有病的乞丐也大有人在，而人只有在极

---

① 王楚夫：《广州乞丐集团》。
② 王元化：《人和书》，第 313 页。
③ 崔显昌：《解放前四川乞丐的形形色色》。
④ Harold B. Rattenbury, *China, My China*, p. 116.

度贫困而又走投无路的情况下才会为了一张肚皮而不去治病，长期忍受着身上的病痛，以此苦求一点残羹冷饭。

女性的优势

身为女性在乞讨中是否有点作用？公众是否对女性乞丐更同情一些？一般来说，答案是肯定的。1930年代上海的蒋、吴调查发现人们更倾向于向妇女施舍。以平均每日乞讨所得而言，男乞丐得330文，女乞丐得360文。在一些相同乞讨方式上，男女所得的差别更大。其中差别最大的是"告地状"，男子每日所得仅200文，女子则得800文。① 由于缺乏有关施舍者的资料，我们无法确知施舍者的性别是否对这种差别起了作用。仅以常识而言，失去了家庭和生计的女性更容易得到社会的同情，一个带着孩子的女乞丐更容易令人慷慨解囊。② 甚至有男乞丐不向女人乞讨的事例，徐珂《清稗类钞》云："常丐之行乞于人也，不论男女，皆向之乞哀。有王寿者，独不向妇女行乞。人问之，则曰：妇女仰食于人矣，吾何可再仰食于妇女耶？"③可见连乞丐也视"仰食于人"的妇女为弱者。

而且，一个女乞丐的容貌也会造成乞讨所得差别。民国初期流行于北京的一首形容粥厂的民谣对此就作了惟妙惟肖的形容：

> 火车一拉鼻儿，
>
> 粥厂就开门儿。
>
> 小孩子给一点儿；
>
> 老头子给粥皮儿；
>
> 擦胭脂抹粉儿的给一盆儿。④

① 蒋思壹、吴元淑：《上海七百个乞丐的社会调查》，第206～208页。
② 蒋思壹、吴元淑：《上海七百个乞丐的社会调查》，第64页。
③ 徐珂：《清稗类钞》第40册，第13页。
④ 庄孙金城编译《北平民歌·童谣》，第47页。

图 8 - 1　母亲带着正在怀里啼哭的孩子乞讨

女性乞丐，尤其是带着孩子乞讨的女性，似乎更易博得人们的同情。

来源：Sidney D. Gamble Photographs，Archive of Documentary Arts，Duke University.

　　这里"擦胭脂抹粉儿的"当然不一定是乞丐，但她们中许多是讨饭女人，显然年轻的讨饭女人更有优势。鲁迅以他对人性的深刻观察力，在《肥皂》一文中讽刺一个名叫四铭的道貌岸然的伪君子，为了一个街头面容姣好的年轻女乞丐而闹出了一场不大不小的家庭风波。作者虽然意在抨击旧道德的虚伪，却也道出了年轻的讨饭女人在街头较为引人注目这一社会现象。①

　　在乞讨的行业中，性别被巧妙地利用着，有些乞讨的方式更是女性的专权。例如，在北京庙会上给香客掸灰点烟就属女乞丐的专门项目。这些女乞丐衣服并不特别破烂，头上还用棉布包着。她们一手持布掸子，一手拿着点燃着的香头，帮游人香客掸尘或点烟，以此来讨钱。北京土路多，城郊尤甚，加上风尘大，出门人往往弄

―――――――――――

　　① 《鲁迅全集》第 2 卷，第 44～55 页。

得一身灰尘。有钱人回到家里，进门后自有侍女、佣人帮着拂尘。一般市民就只能自劳了。现在到庙里进香，有女人帮着拂尘掸灰，殷勤点烟，这种略微亲密而又稍有肢体接触的服务使一般领受者如沐春风，甚觉舒服，情愿解囊，所以"这种女乞丐在一个庙会内，能讨到很多钱"。①

除了玩耍蛇类和其他动物（如猴子）表演一般属男性乞丐的专长外，女乞丐也出现在各种街头表演上。中国民间常将街头艺人视作乞丐者流，俗语所谓"三只破箱子，十个叫花子"，就是形容流浪艺人等同于乞丐。② 即使是盲人夫妻，也可"男拉胡琴，女唱小调，音调娇嫩肉麻，逗人花钱听唱"。③ 街头唱莲花落的也绝大多数是女人。莲花落中比较复杂一些的"花鼓戏"则是男女合作，但女的总是做主角。有人曾这样描述 1930 年代上海街头常见的所谓"凤阳婆"：

> 这种乞丐，都是江北凤阳的贫民，时遭凶年，流落到上海，三五成群的在风雪雨露中，度其乞丐生活。在新年里往往可以看见，男的手里拿着根秫秸棍（即高粱秆），女的手里摇花鼓，脑袋口歪戴着一个没有顶儿的破草帽，顺着帽圈周围七倒八歪地插几朵旧红绒花，脑袋后梳着一个乱鸡毛似的小髻，脸上擦的粉很厚，唇上抹的胭脂亦不薄。面庞儿本来长得不大怎么够瞧的，这样的一修饰，简直成了一个活鬼。他（她）慢慢启朱唇，一面哼着"正月里来是新正……"的小曲，一面眉飞色舞，手里摇耍花鼓，忽然跳舞起来，那个男的拿着秫秸棍，随着他（她）的姿势脚手动作着，也怪逗人笑的。玩耍一会，再向行人唤"娘娘喽，老爷哩，做做好事呀！"这样一来，也可得到数十

---

① 唐友诗：《乞丐》。
② 胡朴安：《中华全国风俗志》下篇卷 2，第 39 页。
③ 范宗湘：《民国时期兰州的乞丐》。

个铜元。①

亦有女性乞丐专以女人为乞讨对象的。民国时期甘肃省兰州市有从西北一百多公里外的平番（今属兰州市永登县）来的"蛮婆子"，全是中青年妇女，一行二三十人，穿着整齐，头上缠着黑手帕，两边挂着长长的耳环，身上穿着带花边的大襟衣服，下面是灯笼裤，脚穿尖鞋，手拄长棍。她们不到商家店户，专在居民区串家走户，主要找妇女作为化缘对象，说是在平番山桃花娘娘庙许下愿才出远门讨要化布施的。这些女人能说会道，善于察言观色，揣摸他人心事。上门一开口先亲热地叫一声"姐姐！"接着拉扯家常，诱出隐私，然后掐指算命，往往能说到别人心上，等到主人脸有喜色，再让你给桃花娘娘许愿、捐献、贡纳布施，临行给你拴上一根红头绳，约好明年灵验再来。据称其巧舌如簧，常使女人们百听不厌，使这种以桃花娘娘为名目的化缘成了一种固定的乞讨办法。②

喊口婆

这些"桃花娘娘"大多是年轻女人，年纪太大不行。但在乞讨时，中老年妇女有其另外的功用。

最常见的是用老妇人充作乞讨的"道具"。例如1940年代四川成都街头常有一中年男子拉着一辆黄包车，上面坐着一位满脸寿斑、白发苍苍的小脚老太婆。到了人多处，那男子停下车，老太婆仍安坐车上，口中念念有词："道光丁未年，给你们先生吃结个缘，一百零三岁，给你们先生吃结个缘……"重复不已。这个老妇人虽然看来有点像"寿星"，但未必有一百多岁。道光丁未年是西历1847年，如果这是她的出生年，1940年时应为93岁。她在街上唧唧哝哝这段"台词"，其他都不变，唯在年龄上，过一年就加一岁，倒也煞有介

---

① 蒋思壹、吴元淑：《上海七百个乞丐的社会调查》，第70～71页。
② 范宗湘：《民国时期兰州的乞丐》。

事。据称那拉车的男子是她的干儿子，那男子对此不置可否，其实他们大概就是一对乞丐搭档。那干儿子还向路人介绍说老人能治小儿百病。愿意同老人"结个缘"或请她治病的，多是孩子们的母亲，给她一点钱，老人便在孩子手腕上系一根细细的红绳子，说是这可给孩子祛病消灾，将来像她一样长命百岁。这位老人替人治病则更无需成本，据成都人崔显昌的回忆："我同好些孩子都接受过她的治疗。不过，她那治疗手段，即在我们这些小孩子心里也是很怀疑的。为啥呢？因为不管你是啥病，她都是那极其简单的一套——用她那乌黑的长指甲在你的'人中穴'上掐几掐，一边念上不知是啥意思的'掐金金，掐金金'便宣告完成。"①

类似的利用老年妇女乞讨的例子全国各地都有。如云南有一种乞讨办法叫做"背观音"，即找一个年老体弱的女乞丐背在背上，挨门挨户或专找某些"善门"，口里说一些"老母病危，无钱就医买药，请大发慈悲"之类的话。在"百善孝为先"的中国文化氛围中，此种场景颇能打动人心。一天乞讨完毕后，到僻静处从背上把"病人"（或者说是"观音"）放下，分一下乞讨所得，就各奔东西了。②

也有老年妇女"自食其力"仍加入乞丐大军的。广州有一种专门在丧礼上代丧家哭泣的女乞丐，称作"喊口婆"，专以卖哭为生，大概是年老女乞丐中最专门的一种谋生办法了。她们大多是上了年纪又无依无靠的妇人，受关帝厅乞丐帮会的控制。清末民初，广州近郊的破寮烂庙前，特别是西关光雅里（原名"缸瓦栏"）一带，人们常可看见挂着个纸糊的招牌，上书"承接担幡买水，涕泪长短，价钱另议"，这便是关帝厅为乞丐受雇丧家替死者洗脸、招魂乃至哭丧所做的广告。③ 喊口婆就是其中的"雇员"。

这种喊口婆一旦被雇用，一般有几个星期可以生计无虑。她们

---

① 崔显昌：《解放前四川乞丐的形形色色》，第 189～190 页。
② 孙季康：《旧时云南的乞丐》，第 438 页。
③ 李松庵：《解放前广州几种光怪陆离的行当》。

除了膳食住宿由丧家提供外，每服完一段丧期，计头七可得 15 元，三七可得 40 元，七七可得 60 元，外加利市（小费），多少不一。不过她们所得，仅仗铺要抽 20% 的佣金。喊口婆到了丧家，要自带铺盖，住在死者房间，陪灵并侍奉死者香灯。在清理死者房间时，死者生前的用具诸如被褥、衣服、蚊帐、烟枪、烟灯以及其他日常用物归仵作和喊口婆均分。

当喊口婆也需要一定的技艺。据称"哭丧的声音要怆凉悲恻，声尾曳长，力求咬音清晰，泣啜动情，做到抢天呼地，如丧考妣，具有痛人肝肠，赚人眼泪的效果，始为上乘"。[①] 除此之外，喊口婆还可能介入家庭矛盾。中国的旧式大家庭，一旦翁姑作古，通常家庭矛盾急剧上升，各房之间，将多年积怨，通过喊口婆的哭词，用双关的语言"叹情"，或者直截了当地倾吐出来。她们受雇指桑骂槐，旁敲侧击，甚至把长年隐讳的家庭丑闻和各房秽史和盘托出，以泄积愤。因此一些小报记者将这些"道叹"作为第一手资料，详加记录，加以夸张渲染，写成内幕新闻或连载小说在报上发表。能够击败对方的喊口婆，往往得到丧家的优厚酬赏。有人在作广州"街史"的调查时详细记录了喊口婆的"哭技"和哭丧的场面：

> 喊口婆在阀阅的丧家，哭丧的时间往往连续百日，哭至中途，按照丧家要求，哭音务带沙哑，以示声嘶力竭的哀痛之情。因此喊口婆即要空肚饮些麻油，刺激声带，达到豆沙喉的效果。由于喊口婆与死者素昧生平，纵令付给高薪，亦难赢得悲伤的眼泪，为此喊口婆只得使用薄荷油、辣椒水之类涂抹眼角，促使眼泪泫然下堕。至于鼻涕，则采用一种自制的透明半流粘液，预先吸进鼻道，哭至一定时候，徐徐捂出，挂在鼻端，俨然涕

---

① 李松庵：《解放前广州几种光怪陆离的行当》。

泪交流，哀伤无已。①

据三代居住在光雅里的潘昌老人说，1948 年 2、3 月间，沙河分局一庞姓警员与罪犯驳火时，不幸中弹身亡，此消息轰动全城。出殡那天，光雅里的仪仗队极为气派，途经惠爱路时，哭丧声、哀乐声震天动地，数万市民两眼泛红，夹道送行，悲切的场面几十年后仍历历在目。② 其中，由哭丧声渲染的哀恸气氛即大部分为喊口婆们的杰作。

喊口婆的哭调未见有乐谱资料记载，这并不奇怪。在世俗的眼光看来，这种哭丧调只是讨饭女人的即兴之作，本来就登不得大雅之堂。即使有别具慧眼的采风者将这些小调加以记录，一般也是只录其词、难记其调的。如果喊口婆的哭丧调南北差异不大，那么唯一有蛛丝马迹可寻的就是那首有名的抗日歌曲《松花江上》了。这首 20 世纪中国几代人熟悉的经典歌曲，哀婉悲愤，如泣如诉，有催人泪下的作用，从歌词看就不难想见其"哭腔"：

> 我的家在东北松花江上，
> 那里有森林煤矿，
> 还有那漫山遍野的大豆高粱。
> 我的家在东北松花江上，
> 那里有我的同胞，
> 还有那衰老的爹娘。
> "九一八"，"九一八"，
> 从那个悲惨的时候起；
> "九一八"，"九一八"，
> 从那个悲惨的时候起，

---

① 李松庵：《解放前广州几种光怪陆离的行当》；参见《广州民国日报》1926 年 6 月 19 日，"小广州"栏。
② 叶世光：《回望光雅里》，《羊城晚报》2002 年 6 月 18 日。

脱离了我的家乡，

抛弃那无尽的宝藏。

流浪！流浪！

整日价在关内，流浪！

哪年，哪月，

才能够回到我那可爱的故乡？

哪年，哪月，

才能够收回我那无尽的宝藏？

爹娘啊，爹娘啊，

什么时候，

才能欢聚在一堂？[①]

《松花江上》作于 1936 年 11 月，词曲的创作者是曾任中共陕甘宁边区文协秘书长的张寒晖（1902～1946）。他曾多次对人说过这首曲子是"咱们老家定县农村老娘们哭丈夫、哭儿子的哭腔，经过艺术加工'变'成的"。不少中共延安时期的文艺工作者听过张寒晖讲述这"变"的经验。1946 年《解放日报》上也有相关记载。[②] 熟悉这首曲子的人，不难将它时而低沉时而高锵的悲情与哭丧联系起来；如果将《松花江上》的歌词改成追念故人，是很容易变回到华北民间的送丧哭调的。

广东喊口婆的习俗，在五四运动后就受到批评。1926 年 6 月 19 日，《广州民国日报》上以反映民生风俗著称的"小广州"栏目刊发了一篇有关"丧事陋习"的文章。该文称广州丧事陋习有三种，雇用喊口婆为其一。文章引起共鸣。此后十多天，该报发表了多篇读者来信来稿，抨击当地各种"丧事陋习"。但是，报纸上的呼吁对实际生活影响有限，至少至抗战爆发前，喊口婆的习俗依旧故我。

其实，丧葬时雇人代哭之习俗在中国由来已久，至少早在六朝

---

① 孟欣、冯学敏主编《同一首歌》上册，第 13 页。
② 刘翼：《张寒晖和他的〈松花江上〉》，第 109～115 页。

时就有此陋习。据《南史》记载，曾任南齐辅国将军的王秀之在隆昌元年（494）去世时曾遗令："朱服不得入棺，祭则酒脯而已。世人以仆妾直灵助哭，当由丧主不能淳至，欲以多声相乱。魂而有灵，吾当笑之。"① 可见雇人代哭之风在那时已经盛行。生者对死者的感情不足令其流泪，而在伦理和社会观念上他又不得不哭，有时且须号啕大哭，则丧主只得雇人"以多声相乱"，博得世俗的认可。

在处理身后事方面，即使以 20 世纪的标准来衡量，王秀之这样的人物亦属通达的开明派，但他显然也是少数派。这种"以仆妾直灵助哭"的风俗并不因有王秀之等的开通和批评而消失，乃至民国年间，丧事陋俗如雇用喊口婆之类虽遭"新派"人士攻击而不移。雇用女性乞丐为丧葬制造气氛也许是晚近的事，但从《南史》这段资料来看，雇人代哭的做法在中国却是源远流长、绵绵不绝的千年古俗了。甚至在"破四旧"闹得最凶的"文革"期间，这种旧习俗在一些地方也还仍然存在。1953 年出生在上海的画家陈丹青年轻时曾在赣南和苏北生活多年，他回忆道："我在乡下插队落户时，亲眼见过发丧的家族特意花钱请乡里公认的专业哭丧人，调动情绪，营造气氛，那是哭得出神入化，从低音到高音，从喃喃私语到放声号啕，那节奏、音量、姿态、表情的控制，简直叹为观止……"② 这是在"横扫一切牛鬼蛇神"的 1970 年代，而农村中尚有"公认的专业哭丧人"，中国传统习俗的顽固性由此可见一斑了。

① 李延寿：《南史》卷 24《列传第十四》。
② 陈丹青：《民国的文人》，第 12 页。

第九章　毛主席卯上了一个讨饭的

　　历史学家孔飞力曾分析中国社会有四种类型的分层，即传统的士农工商四大阶层、统治者与被统治者、自由民与非自由民以及富人与穷人。他认为在中国，富人和穷人的对比是所有这些对分层中最难进行的，因为有时简直不知两者是否真的可以对比。[①] 孔飞力是从社会升迁和流动（social promotion 或 social mobility）的角度来讨论这个问题的。与中世纪欧洲壁垒森严的社会阶级或者日本德川幕府时代世袭的武士制度相比，传统中国的社会流动至少在理论上确实是相当开放的；尽管穷小子当上富状元这一类社会升迁现象只是凤毛麟角，延续了1300余年的科举制度至少使这种升迁成为可能。就像许多复杂纷繁的学术问题往往可以用简单的常识来做一种并不十全十美却也言之成理的解释一样，中国的一句老话其实就把中国社会的这种阶级变化很形象地表述出来了：阴沟洞里的石头也有翻身之日。[②]

　　我们已经在本书前面几章看到好几块这样翻了身的石头了：朱元璋、韩信、伍子胥等。到了近现代，这些古代经历诸多困苦而终于翻身的人物仍然是家喻户晓，鼓舞了许多人奋发向上。19、20世纪也有其时代版本的乞丐英雄。他们在社会地位上虽然不能跟那些古代人物相比，但他们的事迹同样生动地体现了中国人对贫穷、道

---

　　① 　Kuhn，"Chinese Views of Social Classification，" p. 235.
　　② 　《语海》第 1 卷，第 1034 页。

德和个体的观念，是这种文化的一种继续。下面举几个例子。

20 世纪中国最有名的民间音乐家之一华彦君（1893～1950，即阿炳）虽在街头卖艺为生，却也被视为乞丐一类。阿炳在 21 岁时患了眼疾，35 岁时眼睛完全失明，人称瞎子阿炳。在故乡无锡东亭的一个道观里，阿炳学会了多种乐器，对琵琶和二胡尤为精通。《二泉映月》、《大浪淘沙》、《听松》等中国民乐经典本来只是街头小曲，终于成了他的传世之作。阿炳还以为人耿直、敢于与社会不公抗争闻名，常自编小调讽刺和揭露以强凌弱的地方豪强。阿炳成名后仍在街头弹唱至 1948 年，两年后他就去世了。①

湖北棉纱大王张松樵（1872～1960）是 20 世纪另一位有乞丐经历的传奇人物。张松樵生于汉阳县万子山（今武汉市东西湖区）。他 3 岁丧父，随母乞讨度日，流浪至汉口，先后搭茅棚于汉口甘露寺、柏家巷等地栖身，后又靠托钵善堂施粥度日，并收捡破烂帮助家用，过着典型的街头流浪儿的生活。10 岁时他白天在街头叫卖小食，晚间则入善堂夜学读书。三年后入汉正街五彩巷河边杂货店当小倌，后几度转徙，终于在 22 岁时入了俄商顺丰洋行，从跑街开始做起，终至成为经办裕大华纺织资本集团的巨头和中国民间纺织业的开拓者之一。到 1949 年，裕大华资本集团已经发展成为中国最大的纺织王国，拥有武汉、重庆、西安、成都、石家庄、广州、台北等多家大型纺织厂，与江南的荣氏申新集团并称中国纺织界两大巨头。②

张松樵发迹后，对其童年的苦难生活并未淡忘，每当教育子女时，辄以沉痛的感情，挥泪述其童年行乞往事。他虽为巨富，却终其一生布衣布履，不着呢绒绸缎。每逢应酬聚会，他总是安步当车，认为这样才心安理得，不折寿损禄。他还严格规定子女亲属不得乘坐人力车，认为"最不合人道的莫过于以人代畜"。③

① Jonathan P. J. Stock, *Musical Creativity in Twentieth – Century China*, pp. 35 – 55.
② 见《裕大华纺织资本集团史料》。
③ 《武汉文史资料》总第 53 辑，1993，第 163～165 页。

　　除了华彦君、张松樵等有过讨饭经历的名人外，近代乞丐中最著名的人物则非那位以行乞兴义学的武训莫属了。武训（1838～1896）是个穷得连自己都吃不饱、靠乞讨为生的人，却梦想有一天盖一所义学，使"天下"穷苦人的孩子都能上学。为使梦想成真，他执着地行乞30年，忍受了无数的艰苦磨难而无怨无悔。这个乞丐终于走入当代圣贤的殿堂，代表着一种为了理想不屈不挠、勇于牺牲的精神。武训的故事也再次显示了中国的乞丐精神，以及中国次文化和主流社会常有生动交流这一传统模式在近代的翻版和延续。武训更在当代政治史上充当了一个角色。有意思的是，中国古代那些并非叫花子的主流社会的英雄人物被乞丐群体尊为始祖，而武训这个当代货真价实的叫花子并没有被乞丐奉为神明或教主，却反过来成了主流社会的模范人物和道德标准。他的声名最终引得毛泽东的关注，并由此发动中共建政后第一场全国性的清理意识形态的政治运动。

义丐武训

　　武训于1838年12月5日出生在山东省堂邑县武家村一个贫农家里。武家村离堂邑县城约十里。他的父母不识字，因新生儿在武氏家族中排行第七，因而就叫他"武七"。实际上，像许多流浪儿一样，人们更多的是用绰号称呼他。因武训有癫痫病，常在公众场所突然倒地，口吐白沫，因此得了个"武豆沫"的绰号。"武训"这个大名是他51岁创办义学时取的。训者教也，武训这个名字当然寓意于教育。但在武家村一带，武训死后多年，人们还习惯地叫他"武豆沫"。

　　武训7岁时，当佃农的父亲去世了。父亲一死，全家就失去了依靠，武训的兄长离家各自谋生，年幼的武训则只能和母亲一起出门讨饭。但武训似乎天生憧憬读书，即使在这样的境况中，他还梦想着有一天能上学。乞讨途中，年幼的武训常常经过一家私塾，听到里面传出的朗朗书声，他羡慕不已。有一天，小武训竟忍不住心头的渴望，鼓足勇气跑进教室去，问老师他能不能旁听。那私塾老先生正在摇头晃脑地念书，忽然看见一个讨饭小儿闯进来，不禁大怒，抽出教鞭就要打，武训只得抱头而逃。一屋的孩子们都笑了起来，把它当做沉闷的上课中一个意外的轻松插曲。武训回到家里向母亲哭诉，所得到的回答却是像他这样的讨饭儿能把肚皮填饱就不错了，千万不要想上学。

武训就这样长成了一个文盲。这在那个时代是不足为奇的。迟至 1950 年，中国的识字率只有 20% 左右，像武训这样目不识丁的贫苦农民在全国比比皆是。[①] 但因为一字不识常受人欺负，使得武训特别感到"睁眼瞎"之苦。他从 15 岁开始在临近各村做雇工，因看不懂契约，常到工期结束时才知道上当，几近白干一场。武训 17 岁那年，经一个乡亲介绍到馆陶县东北薛店庄（又称协店）一个外号叫李老辫李凤生的家扛活，除吃住外，每年的工钱是 16 吊。1859 年武训 21 岁那年，他已在李老辫家干了三年。三年中他没有支过工钱，也没有算过账。这年他母亲病了，想支点钱回家探母。李老辫却拿出一笔假账，有凭有据地说武训早把工钱支完了。武训目瞪口呆，和李老辫争辩的结果是人被打得头破血流，衣服被撕得粉碎，最后被撵出门去。武训这次受了李老辫的欺负后，刺激匪浅，在薛店庄东头的小庙里昏昏沉沉地睡了三天三夜。有人以为他失踪了，有人以为他死了。三天后他起来了，人有些半呆半傻的样子，嘴里嘟嘟噜噜地念个不休，仔细听他的意思，是要办个义学，让穷孩子们也能上学。

人们以为武训疯了：一个目不识丁、自己的肚皮也只能勉强填饱的穷人居然想办个学校！在绝大部分农民是文盲、教育为奢侈品

---

① 关于明清时期中国识字率情况，可参见 David Johnson, Andrew J. Nathan, and Eve-lyn S. Rawski（eds.），*Popular Culture in Late Imperial China*, pp. 55 – 57；关于 20 世纪中国识字率变化的情况，可参见 Ted Plafker, "China's Long—but Uneven—March to Literacy," *The New York Times*, February 12, 2001。

的时代，从一个农村雇工嘴里吐出这样的话，确实有些癫狂。但谁也不知武训这次是下了死心的了。他私下计算着，靠打雇工的话无论如何不可能聚财兴学，像他这样一个穷光棍，唯一可行的办法是乞讨募捐。用他的话来说："扛活受人欺，不如讨饭随自己；别看我讨饭，早晚修个义学院。"① 武训后来把这样的话编成一个顺口溜，在乞讨时演唱。

武训从此开始讨饭，同时也继续打工，做一些如掏粪之类别人不愿意做的事。但他最主要的还是乞讨，除了通常的要饭之外，他还常常在庙会和集市上以"竖蜻蜓"、"学马爬"等博人笑乐的办法讨钱。只要有人愿意施舍，他甚至吞蛇、吃蝎子、食碎瓦片等。有无赖拿钱引他吃屎喝尿，武训也照吃不误。据抗战前搜集武训史料的张默生言："并且他为这件事，当时也有唱的歌儿，至今还流传着；但是我不忍写下去了！"② 行乞几年后，武训稍有积蓄，经他苦求，馆陶县塔头村一位名叫娄峻岭的武进士和柳林镇的进士杨树坊先后同意帮他管钱，并作买田放债等投资。

他为兴办义学所受的苦难终于有了回报。1887年秋，武训存满了2800吊铜元，同时又得到当地两位地主捐助的一块空地，在山东西部一个叫柳林的小镇开了第一家义学，取名崇贤义塾。这是一个有着20间屋子、带围墙的院落。第二年春季开学，有学生70余名。两年后（1890），武训得到馆陶县庄科庄千佛寺了证和尚的帮助，在该县的杨二庄开了第二家义塾。那年他已53岁，此前常有人劝他成家，这时又有人劝他，既然已完成了义学大业，该娶妻生子了。武训又用他的小调回答："人生七十老来稀，五十三岁不娶妻！亲戚朋友断个净，临死落个'义学正'。"③ 到1896年武训去世前几个月，他又办了第三所学校。尽管此时武训已不必讨饭，但他仍过着乞丐的生活，直到他在58岁那年死去。据记载，他的死就是因吃了讨来

---

① 李士钊、孙之俊：《武训画传》，第35页。
② 张默生：《异行传》，第74~75页。
③ 李士钊、孙之俊：《武训画传》，第142~143页。

的剩饭后得了痢疾。①

武训创办柳林义塾的那一年，山东巡抚张曜（1832～1891）得到堂邑县知县郭春熙的报告，知道该县出了这样一桩讨饭兴学的事迹，不觉动容。张曜出生于直隶大兴（今属河北）一个贫苦家庭，从小失学，后在河南参加团练，因击败捻军有功，被任为河南布政使，却被御史刘毓楠以目不识丁参奏，改为总兵加提督衔，从此发愤读书，始通文墨，并镌刻一枚"目不识丁"四字印，时时佩戴在身，用以自励。因为有此经历，张曜对武训的义举特别同情和赏识。他在得到有关武训的报告后于1888年上书朝廷，详述武训事迹，请求皇帝钦赐"乐善好施"匾：

> 再据署堂邑知县郭春熙详称绅士选用训导杨树坊等公呈：县民武宗禹之子武训，自幼失怙，其家极贫。事母崔氏，曲尽孝谨，与兄武让，亦极友爱。质朴勤俭，每年佣值余资，积蓄生息，陆续置地二百三十亩有奇，计地价京钱四千二百六十三串八百七十四文，全数捐为创造义学经费。适有乡人郭芬捐助柳林集东门外基地一亩八分七厘，遂建义学瓦房二十间。所需工料，武训又独捐京钱二千八百串，邻村公捐京钱一千五百七十八串。已于本年春间落成，延师课读。生童三十余人，外课生等二十余人。窃观乡里义举，身登贵仕拥厚资者，尚不肯倡捐办理；武训以贫苦小民，节衣缩食，罄半生之积蓄，以成义学，洵属急公好义，行谊可风。呈请详报奏奖前来。臣查武训捐助义学经费，统计七千余串，合银二千两以上，核与建坊之例相符，仰恳天恩，俯准堂邑县民武训自行建坊，给与"乐善好施"字样，以示旌奖。②

---

① 据张明主编《武训研究资料大全》上册；李士钊、孙之儁：《武训画传》；张默生：《异行传》，第143～151页。

② 张默生：《异行传》，第84～85页。

杨树坊等原呈请人怕行乞兴义学的情节太耸人听闻，只说武训的钱来自"佣值余资，积蓄生息"；而张曜的奏文中也不提他亲自召见武训一节，以免太过于耸动御听。巡抚的请求当年就得到皇帝的恩准。农历九月初九，光绪皇帝颁封武训"义学正"的名号，并赐黄马褂。不久一块镶有光绪皇帝亲笔书写的"乐善好施"匾额的牌坊在柳林镇竖了起来。① 武训从此也名满天下，行乞兴学的事迹感动了无数人。

　　清朝被推翻后，武训的声名不减反增。在20世纪初教育救国的时代潮流中，武训精神更有了实际意义。许多民国重要人物极力推崇武训精神。亲笔题书赞扬武训的有北洋政府的大总统徐世昌（1855～1939）、国民党总裁蒋介石（1888～1975）、"基督教将军"冯玉祥（1882～1948），学界领袖梁启超（1873～1929）和蔡元培（1868～1940），现代教育家陶行知（1891～1946），以及各界名人。蒋介石用"军事委员会委员长南昌行营用笺"亲笔题写"武训先生传赞"，赞曰：

　　　　以行乞之力，而创成德达才之业。
　　　　以不学之身，而遗淑人寿世之泽。
　　　　吁嘻先生！独行空前，仁孚义协，允无愧于艰苦卓绝。
　　　　世之履厚席丰，而顽鄙自利者，宁不闻风而有立。②

图 9 - 1　武训石雕

位于山东省聊城市冠县柳林镇武训纪念馆现在是省级重点文物保护单位。其中的高歌台是一座梅花型石结构建筑，主体为武训身背褡裢、手持钵斗的乞讨形象。高歌台共有两层，一层是弘扬武训精神的郭沫若、陶行知、冯玉祥、何思源等人的竖碑，另一层是曾以电影、绘画等艺术形式讴歌武训精神的赵丹、孙瑜、李士钊、孙之俊等人的卧碑。

来源：武训纪念馆。

---

① 李士钊、孙之俊：《武训画传》，第136～137页。
② 袁晞：《武训传批判纪事》，第26～27页。

另在冯玉祥关注下，山东泰山一带在抗战前开办了 15 处纪念武训小学。国民党军人段承泽（1897～1940）抗战前在绥远的包头也办有两家武训学校。1937 年，各界人士曾募款在柳林镇的武训墓园兴建巨型武训玉雕塑像，计划在该年 12 月 5 日武训诞生一百年纪念日举行剪彩典礼，后因 7 月 7 日中日战争爆发而未果。但战乱并未使人们对武训的敬重稍减。战后的北平、上海、南通等地都有以武训命名的学校。① 人们对武训的敬重可以以陶行知（1891～1946）的一句话为代表，他说："武训虽然死了，他的精神可是要活到千万年的，如果我们人人都有武训的精神，还怕国家不进步吗？"②

毛泽东登场

值得注意的是武训的赞美者不分政党畛域，包括国民党人、共产党人、民主党派和无党派人士，而且国共两党人士用几乎相同的语言赞美武训精神。众所周知，自 1927 年以来，这两大政党除了因日本侵华而有过短暂的合作外，在几乎所有的领域里都针锋相对。所以，两党人士对武训的共同褒扬颇不寻常。如前所述，蒋介石和他的许多同僚对武训赞美有加。而在共产党人中，包括那些对蒋介石持最严厉批判态度的人，也不乏武训的推重赞美者，而且这种推崇赞美并不逊色于国民党人。武训精神能超越政治畛域，是因为它所具有的人道主义理念是绝大部分人所能认同的，而武训精神中的精华即重视教育更是中国传统文化的基石之一，最易得到认同。

对武训的推崇和赞美终于导致了一部叫《武训传》的电影的上演。这部电影由左翼知识分子孙瑜（1900～1990）导演，著名演员赵丹（1915～1980）饰演武训。孙瑜在 1948 年就开始执导这部电影，只是电影制作工作被国共内战打断。共产党革命胜利后，孙瑜得到

---

① 李士钊、孙之俊：《武训画传》，第 179～195 页。
② 《陶行知全集》第 5 卷，引自袁晞《武训传批判纪事》，第 34 页。

新政权的支持，继续拍摄此片，但其内容必须作较大的修改以适合
共产党的意识形态。影片将武训描写成终生为贫苦人民奋斗、反抗
封建主义和不公正社会的英雄。《武训传》在 1951 年春上映后，极
为成功。新政府几乎所有的最高领导，包括周恩来总理和朱德总司
令，都观看了影片，并在放映结束后接见孙瑜，亲自致贺。这是当
时一个影艺界人士所能得到的最高礼遇。

图 9 - 2　赵丹扮演的武训

著名演员赵丹因扮演武训，第一次深切感受到了政治和意识形态对艺术的干预。

来源：武训纪念馆。

　　此时无人能够预料这部影片就要成为人民共和国历史上第一场
因意识形态而引发的政治运动的导火线。一如 1976 年前中国所有的
政治运动，毛泽东是这场运动的发起人和指挥者。从上海报纸上看
到这部影片好评如潮，毛泽东大概已预感到自己和党内其他领导人
对影片会有不同的看法，所以他没有在公开场合和同事们一起观看
此片。据毛夫人江青（1914 ～ 1991）的回忆，毛泽东是在中南海他
的私人放映室和江青及几位工作人员一起观看这部电影的。江青后
来曾在不同场合多次绘声绘色地描述毛泽东看电影《武训传》的
情形：

　　　　在看片过程中，平日里谈笑风生的毛泽东一言未发，只是

一支接一支抽烟。电影一完，毛泽东没有起身，说："再放一遍。"江青和工作人员都很奇怪，为朝鲜战争和镇反运动等工作忙得不可开交的毛泽东从来没有雅兴把同一个电影连看两遍，当然谁也不敢问什么。又一遍电影放完，毛泽东沉思了片刻，对江青、也对在场的人说："这个电影是改良主义的，要批判。"又叫工作人员给他接通周恩来的电话……①

毛泽东称武训是"封建地主阶级的孝子贤孙，是披着乞丐的外衣爬上了剥削阶级的走狗"。他当即派出实际上是以江青（当时化名为李进）为首的调查组，于1951年6月初到武训行乞的山东堂邑、临清一带作了十来天的调查。这是江青1938年和毛泽东结婚以后第一次介入政治活动，也是江青在"文化大革命"前的十六七年中唯一的一次公开出马"搞运动"，用她自己的话来说，是"偶尔露峥嵘"。②

调查组回北京后，起草了一份4.5万余字的《武训历史调查记》。毛泽东坐在家中，一杯浓茶，一支香烟，对这篇调查记逐字逐句亲自修改，加入诸如武训是与地主阶级"一鼻孔出气的血缘亲属"，是反动统治者的"忠实的走狗"、"劳动人民的叛徒"等语。③《武训传》提倡阶级调和而非阶级斗争，而阶级斗争才是马克思主义的核心，更是毛泽东"一抓就灵"的宝贝。④ 毛泽东宣称此前对《武训传》的一片赞扬声反映了全国在意识形态和政治上层建筑中的混乱和糊涂概念。这是1949年后毛泽东第一次与他的同事们在意识形态上出现的严重分歧。在对《武训历史调查记》做了修改定稿后，

---

① 袁晞：《武训传批评纪事》，第88～89页。
② 江青曾在她拍摄的一幅庐山云雾照片上题诗一首云："江上有奇峰，藏在深山中，寻常看不见，偶尔露峥嵘。"此诗曾在大陆广为流传。见叶永烈《江青传》，第20页。
③ 《建国以来毛泽东文稿》第2册，第401～403页。
④ 1963年2月11日，毛泽东在中共中央工作会议上提出"阶级斗争，一抓就灵"，并号召全党"千万不要忘记阶级斗争"。

毛泽东还在上面批示：

> 乔木同志：此件请打清样十份，连原稿交江青。排样时，请嘱印厂同志校正清楚。其中有几个表，特别注意校正勿误。毛泽东，7 月 11 日

批示中的黑点是毛泽东亲自加的，可见他对此事重视和认真的程度。[①] 从 7 月 23 日起，《人民日报》用了六天的时间连载了《武训历史调查记》。该报同时对武训和《武训传》进行了连珠炮式的攻击。《人民日报》每天一共有四个版面，但从 5 月 20 日到 7 月底两个月之间，发表批判武训的文章竟达 129 篇之多。[②] 6 月 17 日，毛泽东还颇不寻常地在中南海的家里请随团回京的山东地方上的调查团成员吃饭。

除了有对意识形态的执着和重视外，毛泽东对武训这个人物的注意也许与他年轻时的一段经历有关。毛本人在 22 岁时当过乞丐，虽然只是几个星期，而且在某种程度上像武训那样，还是个"志愿乞丐"。萧瑜（生于 1894 年）是毛泽东在长沙第一师范学院的同学，也是唯一和毛一起经历这场"乞丐历险记"的见证人。1916 年夏天，萧瑜在长沙楚怡中学任教，毛泽东在第一师范读书。两人因同乡关系，过从甚密，在暑假中结伴出门，以身上不带一文，用乞讨的方式来解决吃、住问题，作为锻炼自己的办法。40 年后萧瑜写道："对我来说，乞丐生活的吸引力在于它那种克服生活在正常社会以外的体力和心理困难的能力。在中国和东方社会，从远古时代起，乞讨就是一种职业，而不像在西方，乞讨是贫困或者是不知节俭的标志。身无分文地在各地游荡实在是太吸引人了。"[③]

萧瑜显然夸大了"中国和东方社会"对乞丐的积极看法。其实

---

① 《建国以来毛泽东文稿》第 2 册，第 403 页。
② 参见袁晞《武训传批评纪事》附录三：《人民日报》有关《武训传》批判的文章题目一览表。
③ Siao‐yu, *Mao Tse‐Tung and I were Beggars*, p. 76.

在大多数情况下，中国人和西方人一样，视"乞讨是贫困或者是不知节俭的标志"。但是萧瑜的评论也反映了在动荡的 20 世纪初期中国比较激进的年轻人对流浪生活的一种浪漫想法，而这种想法又往往和革命的观念连在一起。根据萧瑜的说法，是他先想到要做此冒险之旅，当他把这个想法告诉毛泽东时，毛极为赞同，于是两人结伴而行，以一路乞讨、求食求宿的方法徒步走了湖南的五个县。这次远足结束时，他们身上还有两元四角钱。于是两人高兴地平分了这份乞讨所得的"财产"。

此后这场友谊未能持续很久。萧瑜后来在国民政府中当官，共产党革命胜利后流亡海外。1959 年，萧瑜在美国用英语出版了一本书，回忆他和毛泽东年轻时的交往。他用了一句耸人听闻的话作书名：《毛泽东和我当年是乞丐》。萧瑜花了 16 章即差不多 1/3 的篇幅，回忆他和毛泽东那年暑假的这段经历。该书有许多明显的自我吹嘘之处，政治偏见也在所难免。但他和毛泽东当年（1916 年夏天）一起当了几个星期的乞丐一事是确实无疑的。事实上，早在萧瑜这部回忆录发表前 20 年，毛本人就向一个美国人提到过这段经历。1936 年，毛泽东在保安的窑洞里曾对前来采访的美国记者埃德加·斯诺（Edgar Snow，1905 - 1972）叙述他的家庭背景和个人经历，而且并没有忘记告诉斯诺此段经历。尽管此时毛泽东已是在战争和政治中翻滚多年、经历极其丰富的共产党领袖，但他对年轻时这几个星期的乞丐经历并没有忘记。像萧瑜一样，毛泽东回忆起这段乞丐经历时的语气也是愉快的："我俩步行了五个县，没花一文钱。农民们给我们饭吃，还让我们有个地方过夜。我们不管走到哪里都得到善待。"①

显然，至少在青年时代，毛泽东和那个年代的年轻人一样，认为流浪乞讨是锻炼意志、强壮精神和了解社会的一种方法。与许多出身贫苦的共产党人不同，毛泽东出生在一个富裕农民家庭。但他

---

① Edgar Snow, *Red Star Over China*, p. 146. 斯诺称萧瑜的书为"供人娱乐的伪作"，但斯诺采访毛时记录的这段话证实了萧瑜所言不虚。萧瑜的书在 1989 年被翻译成中文，书名是《我和毛泽东的一段曲折经历》（昆仑出版社），销售 10 万册之多。

又是共产党最高领导层中仅有的两个有过讨饭经历的人物。另一位是经历过长征、朝鲜战争中曾任中国人民志愿军总司令、在 1959 年因对"大跃进"提了一点温和的批评而遭到批判的彭德怀元帅（1898～1974）。如果说毛泽东当年是一个"自愿乞丐"，那么彭德怀幼时的讨饭则完全是为贫困所迫。彭德怀与毛泽东一样出生在湖南湘潭的农民家庭，但彭的家境要差得多。8 岁以前，还勉强可以度日。8 岁时，母亲死了，父亲又重病在身，家境就每况愈下。据彭本人回忆：

> 我满十岁时，一切生计全断。正月初一，邻近富豪家喜爆连天，我家无粒米下锅，带着二弟，第一次去当叫花子。讨到油麻滩陈姓教书老先生家，他问我们是否招财童子，我说，是叫化子，我二弟（彭金华）即答是的，给了他半碗饭、一小片肉。我兄弟俩至黄昏才回家，还没有讨到两升米，我已饿昏了，进门就倒在地下。我二弟说，哥哥今天一点东西都没有吃，祖母煮了一点青菜汤给我喝了。[①]

此后，彭不愿去讨饭，彭的祖母只能带着两个幼弟出门行乞。"文革"中彭德怀被关入监狱，在狱中写自传时还生动而感性地回忆道："她，年过七十的老太婆，白发苍苍，一双小脚，带着两个孙孙（我三弟还不到四岁），拄着棒子，一步一扭地走出去。我看了，真如利刃刺心那样难过。"[②]

对此，彭德怀的传记作家窦枚士（Jurgen Domes）曾评论道："彭也许夸大了他自己在 7～12 岁这段时期所遭受的痛苦，但他正确地反映了湖南农村当时的悲惨景况，而他的生活也一定是非常艰难困苦过。"[③] 虽然彭德怀的弟弟比他行乞更多，但彭德怀认为他童年的艰难困苦，包括讨饭生活，对他的性格和人品的塑造有重大影响。

①　萧心力编《我的选择》，第 470 页。
②　萧心力编《我的选择》，第 470 页。
③　Domes, *Peng Te - huai*, p. 11.

像毛泽东一样，彭德怀也把艰难困苦当做锻炼人的机会。70 岁的彭德怀还说："童年少年时期这段贫困生活，对我是有锻炼的。在以后的日子里，我常常回忆到幼年的遭遇，鞭策自己不要腐化，不要忘记贫苦人民的生活。因此，我对幼年的生活经历，一直到现在还记得很清楚。"[①] 彭德怀是公认的中共高层领导中清廉正直的人物。无论贫困对他个性形成究竟有多大的影响，彭德怀的现身说法与中国传统思想中认为贫困能使人明志的信念是一脉相承的。

毛主席不会被这逗乐

尽管毛泽东有其或明或暗的政治目的，他对武训的批判却并非毫无根据。武训虽然至死仍不放弃讨饭，过着贫困的生活，他在晚年确实已经成为一个地主和高利贷者。以共产党的阶级论划分，武训确实可入"封建地主阶级"。然而，在中国文化的大背景下，对这样一个"义乞"的攻击却注定是种异端，不为主流社会所认同。毛泽东对武训的批判能够在他那个时代行之一时不过是其个人集权的力量罢了。1976 年毛泽东去世后，他的激进思想和集权主义也随之淡出。1951 年那场批判电影《武训传》的运动至今没有平反，大概是因为这场运动虽系全国性的，但并没有涉及很多人事，更没有人因此遭到清洗（这也许就是毛泽东当年所说的"至今没有引出教训"），所以也就无须正式平反了。

但是，早在 1980 年，中国已有"批判武训是毛泽东的一个错误"的说法了。到了 1985 年，曾任毛的秘书、当年主持意识形态工作的胡乔木（1912～1992）就出来公开地说批判武训的那场运动"非常片面、极端和粗暴"。[②] 胡乔木的话很有分量，因为他就是毛泽东当年发动这场运动时的主要执行人。不久，武训就重新获得正面形象。至

---

① 萧心力编《我的选择》，第 473 页。
② 《人民日报》1985 年 9 月 6 日。

1990 年代，出版了不少关于武训的书籍，既有学术著作，也有通俗读物。1997 年各地还进行了武训逝世百年的纪念活动。

对武训的平反并非完全是因为毛泽东的逝世及此后中国的变化，它有更深一层的原因，即中国文化中源远流长的对在困顿中保持人格力量的人物的尊崇。在中国大陆以外地区的华人社会中，像武训这种以行乞兴义学的精神一直得到认可或尊崇，至少从未受到过道德上的质疑。以乞讨行善为楷模的观念在 20 世纪末仍颇有市场。例如，台湾中部南投县县长彭百显（1949 ~ ）就被称为"乞丐县长"。在 1999 年台湾"9·21"大地震后，为地方上的恢复重建，他到处募款求人，迹近行乞，故他的传记作者赖树明便将关于彭百显事迹的书题为"乞丐县长"，并称：行乞本来不是一件光彩的事情，但是南投县长彭百显为了百姓而做"乞丐"，是值得尊敬和崇拜的，犹如为百姓背了十字架。[①] 1999 年，台湾第三十七届十大杰出青年中有一位赖东进，时年 40 岁，出生于一个极度贫困不幸的乞丐家庭，完全靠个人的顽强意志、奋斗向上的信念和高尚的品德，最终成为社会栋梁人物。赖东进的故事传开后，他很快就成为海峡两岸华人社会共同推崇的在贫困中奋斗成功的楷模。

赖东进 1959 年出生在台中一座坟墓边寄放尸体的破庙里，当地人称作百姓公庙。赖东进有一百个理由跳不出奥斯卡·刘易斯所谓"贫穷的文化"的陷阱。他的父亲是个从 22 岁起就讨饭的双目失明的乞丐。这个双目失明的乞丐 32 岁那年在台东彰化县二林镇原斗里村的荒凉路边树下，捡到一个被遗弃的重度弱智且患癫痫病的 13 岁女孩。这女孩后来成了他的妻子，先后给他生了 12 个子女。赖东进是老二，有一个姐姐和十个弟妹。赖东进两岁就出去讨饭了，10 岁以前每晚睡在一个坟场上。他的盲人父亲性格粗暴，对这个长子十分虐待，从小就把讨饭养活全家的重担压在他的身上（但赖东进仍称他深爱父亲）。关于儿子，父亲最津津乐道的一件事就是"阿进才

---

① 赖树明：《乞丐县长——921 十字架下的彭百显》，2001。

两岁的时候，有一天跟着家人去乞讨，一天下来从草屯走到埔里，整整走了四十公里的路哩！"[1]

作为家中长子，赖东进从小就担负起照顾一家的重担，从天天出门讨饭，给他的弟弟妹妹喂食，到长期为他的弱智母亲洗刷月经布（有一次，血水顺着河水流向下游，住在下游的一对夫妇看到后大吃一惊，问道："你杀了人吗？"）。因为遗传的缘故，他的一个弟弟生下来就是智障，使本已困苦万分的一家雪上加霜。在极度饥饿的驱使下，全家常偷吃人家放在门口的狗食，或喝阴沟里的水。赖东进10岁那年，他的父亲听从了一个施舍者的话，在台中郊外废弃的猪圈安了家，从此结束了流浪生活。安家的目的是让长子赖东进上学，将来或许可以跳出乞丐生涯。在台中安家后不久，赖东进年仅13岁的姐姐就被送去做暗娼，日夜接客，身心备受凌辱。她的牺牲部分也是为了供弟弟上学。赖东进虽然年幼，却已懂事，自己深爱的姐姐成了陌生人的玩物使他极为痛苦和愤怒。赖东进将这种痛苦、愤怒和对姐姐深深的感激，化为刻苦学习的决心和力量。他在学校里品学兼优，到小学六年级时已赢得了80多个奖状。因为穷，买不起纸和笔，他就用一根树枝当笔，学校的沙坑当纸，练习写字。赖东进整个少年时代每天只睡三四个小时，因为下了课，一脱学生服，他又成了一个丐儿，晚上还要和父亲一起出去乞讨。他回忆每晚的乞讨情景说：

> 台中火车站、夜市、天桥、大街小巷，只要有人潮的地方，我们父子俩就坐下来，爸爸有时弹着月琴，有时拉着二胡，边奏边唱，有时候就跪在地上不停地向人磕头，而我在旁借着微弱的路灯余光跪在地上写功课。一角、两角或五角的零钱丢在小脸盆中会发出清脆的一声"锵！"听到这声音，我要马上放下笔，抬头和爸爸同声说着："谢谢！让你们发大财，出好子孙！"

---

[1]　赖东进：《乞丐囝仔》，第25页。

然后又低着头继续写作业。

父子俩通常乞讨到午夜后才回家。这个家庭极度悲惨的情况也曾引起新闻界的注意，当地的报纸曾刊文报道，并登载了一张赖东进父子在街头乞讨的照片。但地方政府和社区并没有伸出援助之手。基本上，靠父亲的卖唱和儿子的"勤工（讨）俭学"养活了一家14口，也使赖东进得以读完中学。尽管他在班上每门功课都名列前茅，但家里的情况使他实在无法继续学业。中学毕业后，赖东进没有升入高中，而是进了一家技术学校，同时兼一份半职工作。这样他慢慢地进入了"正常"社会，此时他19岁，却已乞讨了整整17年。赖东进的勤奋和自强终于有了善果：到了30岁的时候，他已成了家，是三个孩子的父亲，有了自己的房子，并且是一家拥有50多名雇员的中美防火公司厂长兼生产部经理。虽然赖东进也认为他的人生充满了不公平，但是他并未因此怨天尤人，而是深信世上没有不可能的事；人们可以选择自己的命运，也可以改变自己的命运。

图 9 - 3　赖东进在湖南韶山参观

　　赖东进（左三）在湖南韶山参观毛泽东故居。后面的房屋为典型的湖南乡村民居，毛泽东在该屋出生并生活至17岁。

　　来源：赖东进《乞丐囝仔》，华东师范大学出版社，2008。

2000 年 4 月，赖东进完成了他的回忆录《乞丐团仔》；5 月，《乞丐团仔》在台湾出版，马上引起全岛轰动，四个月内 50 万册破纪录地销售一空。到该年 10 月，此书已重印 14 次之多。出版该书的皇冠出版社表示，《乞丐团仔》一书的销售量在台湾曾超过全球性的畅销书《哈利·波特》。此书因此荣登年度排行榜冠军，一举拿下台湾出版风云人物大奖。[①] 56 位各界名人，包括当时的台湾地区领导人陈水扁（1950～），都热情推荐此书，其中不少名人公开表示他们是含着热泪读完此书的。赖东进的故事是作为一个在极度逆境中奋发图强，同时保持人性尊严和家庭责任感的道德楷模来感动和激励大众的。

尽管台湾和大陆有着几十年的隔阂和巨大的意识形态分歧，这个最新版的中国乞丐模范却为两岸人民所共同接受。大陆方面毫不犹豫地接受了赖东进事迹，甚至是热情宣传和鼓励这种奋斗精神。赖东进获奖后不久就应邀与台湾杰出青年参访团一起访问大陆，与大陆青年"交换意见"，并访问了毛泽东的故乡湖南湘潭韶山冲。大陆版的《乞丐团仔》也由中国青年出版社在 2002 年 3 月出版。其中的意义是十分明确的，即这个乞丐儿自强不息的奋斗精神也是大陆青年学习的榜样。许多大陆知名作家为这本自传背书。作家莫言（1956～）称赖东进的故事"简直像一个有几分狞厉色彩的童话。赖东进先生是一个难以模仿的榜样，但正因为世上有不可模仿的榜样，才使我们的凡俗生活偶尔被超凡脱俗的光芒所照亮"。[②]

在此书出版后的一次采访中，记者问赖东进在艰苦漫长的乞讨生活中，是否有某种宗教力量在支撑他。赖回答说，他所有的只是

---

① 赖东进的《乞丐团仔》已经被翻译为泰文、日文、简体中文等多种语言版本。中文发行量已突破百万。2005 年泰文版出版后，很快地超越了世界畅销书《哈利·波特——混血王子的背叛》一书在泰国的销售量，在泰国社会造成相当大的影响。泰国英文大报《曼谷邮报》（*Bangkok Post*）曾于 2006 年 7 月 22 日在该报"展望版"（Outlook）的头版以整版方式刊登赖东进的故事，以此激励泰国读者奋发向上，向赖东进在逆境中奋斗的精神学习。
② 莫言：《推荐序》，见赖东进《乞丐团仔》，第 3 页。

一种平直的信念，即乞丐也有出人头地成为"人上人"的一天。赖回忆道，有一次他双目失明的父亲攒了一点钱，兴高采烈地带着全家想找一家旅馆洗澡，跑了好几家，却都因为他们是乞丐而被拒之门外。在羞辱和愤怒中，父亲最后将讨饭棍重重地摔在地上，回了一句："乞丐也有当皇帝的一天！"这样的豪言壮语，出自一个乞丐之口，这在西方文化中是难以想象的；即便有，也必被视为狂言谵语，而在中国这却是一种代代相传的普通信念。且看父亲的这种信念是如何影响儿子赖东进的："这句话，我听在耳里，记在心上，泪水中我握紧拳头咬紧了牙根，告诉自己：我要努力！我要争气！我要做给上天看看，看看乞丐也能当皇帝！"①

　　这个 20 世纪末的乞丐传奇重现了中国历史上源远流长的身处逆境而奋斗向上的精神，诸如伍子胥、韩信、朱元璋、武训这样的人物，皆是这种精神的化身。大陆对赖东进事迹的称赞认同也反映了海峡两岸尽管在政治上分隔多年，文化的基础却仍相当一致。时间与空间、战争与革命、意识形态与外来影响，都未能有足够的渗透力来瓦解这种文化。从毛泽东式政治的角度看，毛显然有识见也有能力将一个乞丐带上政治舞台，利用武训作为靶子开展一场旨在鼓动阶级斗争的全国运动。但是，他也失败了。颇具历史讽刺意味的是，一位当代乞丐英雄，不自觉间秉承了数千年的传统，从极度贫困中脱颖而出，成为社会楷模，高高兴兴地受邀来到湖南，参观了毛泽东的故居，完全不知道毛对他这类人物的态度。可以肯定，对于这样的参观者，毛泽东如地下有知，是不会被逗乐、莞尔一笑的。② 毛泽东的沮丧只能进一步说明，即使像他所领导的那场号称"翻天覆地"的革命，以及他作为"伟大的舵手"所曾拥有的巨大权力，在中国根深蒂固的传统文化面前，最终也只能是一个慑人然而短暂的"惊鸿一瞥"。

---

① 赖东进：《乞丐囝仔》，第 64~65 页。
② 美国学者 Howard Goldblatt 曾将反映中国改革开放后社会问题的 20 个短篇故事结集，题为《毛主席不会被这逗乐》（*Chairman Mao Would Not Be Amused：Fiction from Today's China*）一书，此处借用其语义。

第十章　博爱为怀

中国源远流长的乞丐文化在 1950 ~ 1980 年代这几十年中似乎消失了。在极其严格的政府管制下和连续不断的政治运动中，像乞丐现象和乞丐文化这类东西，用当时的习语来讲，在"欣欣向荣的新中国"似乎真的已经成为"旧社会的渣滓"，被"扫进了历史的垃圾堆"了。然而，时过境迁，80 年代以还，又几十年过去了。人人都知道中国在最近这几十年里开始富了起来，但是，作为贫困标志的乞丐现象反而在这相对富裕的年代重又出现了。从长远的历史角度看，毛泽东时代乞丐在中国表面上的消失，犹如历史长河中的一个漩涡。

短暂的断流

虽然乞丐并没有在社会主义中国完全消失，但是 1949 年以后的 30 年里，中国的城市里很少见到乞丐。从建政之初起，共产党政权就很有效地控制人口的流动。1950 年代初，全国城市建有 600 多个收容站，专门向农村遣返"流动乞讨人员"。[①] 在上海，1949 年 5 月共产党接管后立即将 6293 名街头流浪者集中送往苏北淮河边上的开垦农场。至该年 9 月，上海已有超过 40 万内战时的难民被送回原

---

① 刘汉太：《中国的乞丐群落》，第 231 页。

籍。① 社会主义计划经济和严格的组织控制对有效地推行国家政策无疑起了很大的作用。在农村，50 年代初的土地改革和接着的集体化运动为吸收剩余劳动力和将贫困限制在乡村在机制上提供了可能。在城市，50 年代中期起开始的户籍制度和执行了几十年的生活必需品的配给制度使没有户口和票证的外来人口几乎不可能长期居住在城市。而且，50 年代起在中国城市广泛建立起来的居民委员会对街头流浪者不但起了一种监视的作用，而且有时简直就形同警察。②

　　于是，多少世纪以来中国城市里处处可见的乞丐现象在毛泽东时代的中国城市就基本上结束了。即使在 60 年代初由"大跃进"造成的大饥荒年代，从前那种农村一逢饥荒、城里满街乞丐的现象也未重现。③ 消灭乞讨、卖淫、黑社会等常被引为人民共和国的重大政绩。对曾经在中国居住过的西方人士而言，在中国城市里见不到乞丐令人印象深刻。著名记者埃德加·斯诺 1970 年访问中国后曾在他的书中列举了一系列他称作"再见了，旧上海"的社会现象，其中之一就是旧上海的乞丐："市中心每条街都有乞丐。满身疥癣的幼儿在马路上大小便，而那讨饭的母亲不知在哪里搔痒抓虱子。"④ 美国《纽约时报》记者塞蒙·陶平（Seymour Topping, 1921 - ）国共内战时曾到过中国，1971 年重访中国。一天晚上他在熟悉的广州街上漫步，一切似乎没有大变，但突然觉得"心

---

① 解放日报社：《上海解放一年》，第 12 ~ 13 页。关于 1950 年代初上海收容遣送游民的情况，可参见阮清华《上海游民改造研究（1949 ~ 1958）》，特别是第三章。

② Schurmann, *Ideology and Organization in Communist China*, pp. 376 - 377; Whyte and Parish, *Urban Life in Contemporary China*, pp. 243 - 244.

③ 关于 1959 ~ 1962 年大饥荒中的非正常死亡人数仍是一个极具争议的问题，西方一般估计是 3000 万到 4500 万人。大饥荒年代严格限制饥民外出讨饭事实上加剧了全国各地大量饿死人的现象。参见 Frank Dikötter, *Mao's Great Famine*; Dali Yang, *Calamity and Reform in China*; Ralph Thaxton, *Catastrophe and Contention in Rural China*; Becker, *Hungry Ghosts*。

④ Edgar Snow, *Red China Today*, p. 503.

中一动：街头的乞丐没有了"。① 另一个 40 年代曾在中国生活过的美国人福斯特（1921～2011）1977 年再访北京，到 30 年前她和她的丈夫一起学过汉语的胡同一带怀旧，她说这些弯弯曲曲的小胡同都还是老样子，"只是干净了，没有了乞丐"。② 也许这是从 16 世纪耶稣会传教士到中国以来外国来访者第一次见到没有乞丐的中国城市。可以肯定的是，在毛泽东时代，外国来访者所见有限，看到的一般都是好的方面。不过总的来说，到 80 年代初为止，中国城市特别是大中城市街头很少有乞丐是不争的事实。

在"清洁"的城市的背后，乞丐问题并没有完全消失。由于现有的材料不足（例如有关的官方材料尚未公开），我们无法详细知道毛泽东时代乞丐的情况。从零星的报告来看，乞丐远非绝迹，而且在某时某地可以成群结队地出现。过去时代的那种游民的帮会组织基本上消灭了，但在边远贫穷地区乞丐仍可能大批出现。一位旅居美国的当年的红卫兵回忆 1966 年大串联的经历说，火车刚过了兰州，在一个小站停靠时，成群结队的乞丐蜂拥而至，争抢从车厢里扔出来的食物。其中许多年轻乞丐，包括十七八岁的大姑娘，一丝不挂，因为饥饿已极，已经完全顾不上体面廉耻，此情此景使这位从小在北京长大的红卫兵吃惊不已，也从此萌生了对一些宣传的怀疑。③

毛泽东时代的乞丐与旧时代的乞丐本是同根生，即都是主要由农村贫困破产引起的。三年困难时期，仅安徽亳县一地在 1959 年 2 月下旬到 3 月上旬几个星期内就有两万人离村逃荒。④ 贫困地区的人民公社开出介绍信让社员外出乞讨也非天方夜谭。历史学家忻平曾

---

①　Seymour Topping, *Journey Between Two Chinas*, p. 220.

②　Portia Billings Foster, *In Pursuit of Justice: Around the World and in the Human Heart*, p. 141.

③　Leila Fernandez – Stembridge and Richard Madsen, "Beggars in the Socialist Market Economy", p. 207.

④　梁志远：《"大跃进"在安徽亳县》，第 99 页。

回忆 1970 年代他在安徽省来安县插队落户时，每年岁末春荒，不少人家有断炊之窘，许多农民靠外出行乞求生。因村里无力解决其困难，只得放行，并为那些外出乞讨的村民开证明，以免他们被当做"流窜分子"而惹上麻烦。忻平时为生产队大队长，曾亲自为外出行乞的村民开证明。其格式通常为："兹有我大队贫下中农某某某因生活困难外出工作，望沿途单位予以接待是荷。特此证明。"多年后忻平回忆及此，"仍觉荒唐"。① 这让人联想到清代游民由官府出具证明"奉宪"乞讨的情况（见本书第一章）。不同的是，在各级政府的层层设卡和严格管理下，这些逃荒的农民一般只能到附近县城乞讨，很少能进入大城市。

　　如果说，毛泽东时代的政府有效地将乞讨降到最低限度，1949年后的几年内就使之在大城市里几近绝迹，那么，1979 年以后的改革开放，以同样快的速度在几年时间内就使乞讨现象在中国各地死灰复燃。20 世纪最后 20 年里，国家所提倡的相对宽松的政治气氛和市场经济制造了一种生气勃勃的社会环境，但也存在同情心不足的问题。在这种环境中，弱势群体，主要是贫穷地区的农民，被社会忽视和边缘化了。当政府提倡"让一部分人先富起来"时，在致富光荣的旗帜下，过去被限制在农村里的贫困扩散并且表面化了。一旦政府对城乡居民迁徙的政策宽松了，从农村和落后地区涌向城市和发达地区的人口就源源不竭，而城市的就业机会并不足以消化这些蜂拥而至的新移民。远离家乡而衣食无着，沦落街头的现象就又出现了。

　　如昔日的季节性乞丐，今日更有贫穷地区的农民以讨饭为职业，例如在有"中国第一乞丐村"之称的甘肃省岷县小寨村，八九成的农民像候鸟一样，在诸如济南、青岛、沈阳、南京等发达城市季节性迁徙乞讨，"夏天去北方，冬天下南方"，比晚清民国时期安徽凤

---

①　忻平：《从上海发现历史》，第 575 页。

阳等地的季节性乞丐有过之而无不及。[1]

作为改革开放政策最明显的副产品之一，从 1980 年代中期起，大量的乞丐游民再度在中国城市出现。关于乞丐人数缺乏官方数字，据中国新闻社 1993 年 10 月的估计，当时中国大约有 25 万乞丐，其中约 1/5 集中在北京、上海、广州和深圳四个大城市里。据报道，1991 年仅在广州一地警察就拘留了 2.8 万人次的乞丐。这些游民乞丐是当时几乎势不可挡的所谓"民工潮"的一条不幸的支流。[2]

美国的老布什总统（George H. W. Bush，生于 1924 年）夫妇 1974～1975 年曾在北京任职。他的夫人芭芭拉·布什（Barbara Bush，生于 1925 年）1993 年再度访问中国，她的回忆录只用了几行字写这次北京之行，却提到了北京的乞丐，语气中还有些怀念 1970 年代北京街头无乞丐游民的日子。11 月 13 日晚，当她和一群人走向友谊商店时，芭芭拉看到，"多大的变化：许多霓虹灯，许多街头商贩，许多乞丐。我看到一个母亲手里抱着的一个幼儿伸手在乞讨，另一个带着一个小男孩，那孩子也像大人一样伸着手（乞讨）。这情景使我觉得目不忍睹。这种情形显然不会发生在'过去的坏日子'里"。[3]

芭芭拉·布什看到的这些乞丐和街头流浪者，不过是当时的流动人口和民工潮的沧海一粟而已。组成所谓流动人口的绝大部分是离开乡村、到城里谋求较好生活的农民。至 1994 年 1 月，他们的人数已达 2000 万，并仍在飞速增长。据新华社报道，1995 年 7 月中国国内的流动人口已达 8000 万。[4] 城市里的这些昔日农民中的绝大部

---

[1] 《中国青年报》2010 年 1 月 10 日。

[2] 参见 Dorothy J. Solinger 有关中国民工潮的综合研究，*Contesting Citizenship in Urban China*，和 Li Zhang 以北京的"浙江村"为例的专题研究，*Strangers in the City: Reconfigurations of Space, Power, and Social Networks Within China's Floating Population*。

[3] Barbara Bush, *Reflections: Life After the White House*, p. 31.

[4] Dorothy J. Solinger, Contesting Citizenship in Urban China, pp. 19–21.

分是所谓的民工（后来习称为"农民工"）。① 由于他们不像城里的居民那样有常住户口，因而处于不平等的地位。如美国学者苏黛瑞（Dorothy Solinger）所言，他们是一群在"城市中国里竞争公民身份"的人。② 而流动人口中有相当一部分沦为乞丐，他们就连"竞争"的资格都谈不上了。这个游民群体中的人通常在就业市场上最无竞争力，而又不愿意离开比家乡富裕得多的城市，于是走上街头乞讨就是一条生路了。从历史的角度看，乞讨大军重现街头是过去千百年来的一种社会现象的再生，不幸的是它可能将继续，这使得乞丐几近绝迹的那个时代成了历史长河中的一段短短的断流了。

不幸的复苏

由于共产主义革命所导致的巨大变化，以及近几十年经济改革所带来的快速发展，今日的乞丐与他们往日的同行当然有所不同，这是不足为奇的。总的来说，今日中国贫困的程度远没有 20 世纪初期或者 1960 年代饥荒年月那样触目惊心。但是在"天翻地覆"的变迁中，今日的乞丐群体与其过去时代的同行之间还是有许多相同之处。

首先是乞丐的来源和组成与 1949 年以前基本相同，即他们中的绝大部分是农民，涌入城里希图过上较好的生活。诚如当代中国乞丐问题研究者指出的那样，"城市生活无着的流浪乞讨人员，实际上就是社会转型过程中的人口城市化发展过程中的中国农民问题"。③而且"就全国范围而言，城市乞丐具有一定的相似性。每个城市的乞丐虽然各具特点，但在行乞原因、乞讨方式、生活状态等方面都

---

① 关于 1990 年代中国农民工的情况，可参见 Li Zhang, *Strangers in the City: Reconfigurations of Space, Power, and Social Networks Within China's Floating Population* 和朱力《中国民工潮》。
② Dorothy J. Solinger, *Contesting Citizenship in Urban China*.
③ 王宝庆：《中国乞丐调查：我国城区乞讨群体现状与对策研究》，第 235 页。

大同小异"。①

其次，乞讨的种种方法和花样，也都一一重现。如过去的乞丐一样，今日的乞丐也有组织，与昔日的秘密帮会有许多相似之处，不过没有迹象表明今日的丐帮得到官方的默许。如过去的乞丐群中有富户一样，早在 1980 年代，他们中就已经有了"万元户"。如过去的丐帮得罪不起一样，今日的丐帮也渐成恶势力。一个在广州乞讨的原江西茶农不无得意地对记者说："我们这帮乞丐开店的人是不敢得罪的，谁要是给我们脸色，马上他就得后悔。"他举了一个例子：

> 有一次一家酒店开张，那个老板觉得财大气粗，没把我们这些人放在眼里，我们去讨红包也被轰了出来。
>
> 结果开张第二天酒店门口便成了乞丐的天下，过去个客人便会被乞丐们伸出脏手拽住讨酒钱，这样一来谁也不愿去那个酒店门口讨晦气，一拖一个星期酒店没有开张，老板急了，赶快派送红包，我们也见好就收，得饶人处且饶人。这事儿才算过去。②

这种乞丐聚众骚扰店铺的情况与清代的丐帮何其相似乃尔！一个因车祸撞断了腿的名叫沈增福的 48 岁的乞丐，黑龙江人，刚到北京讨饭时好几次被人打得头破血流，据他自己说：

> 后来，我混的时间长了，知道了这里边的规矩，也轻易没有人敢再打我，因为我被收了编上了供。
>
> 你别看这乞丐遍地都是，其实这里边分得可清楚了，哪块地盘是咱的，哪块地盘不能碰，这都是铁板钉钉的事儿，马虎不得。

---

① 占才强、高汉明、李宇新：《卧底当代丐帮》，第 257 页，引武汉大学社会学教授周运清的评论。
② 于秀：《中国乞丐调查》，第 184 页。

原先，我以为这要饭的随便到哪儿要去呗，可进这个圈儿我才发现，敢情这里边也有章程，有级别，有的东西还怪有意思。①

此时他已在天桥上讨了五六年，成为积年的老手了。即使不在北京这样的大城市里，乞讨各有地盘的概念也是非常清楚的。山东一个 65 岁的农村妇女，从村里带了 12 个老妇人到青岛乞讨（其中年龄最大的夏老太已 82 岁，有好几个重孙儿了），她们十分清楚哪里可去、哪里不可去："我们也懂规矩，除了海边我们从来不到（青岛）城里去，那是别人的地方，我们去就等于抢了别人的饭碗，会惹麻烦的，这我们都知道。"②

虽然大部分乞丐组织还是小规模的和地方性的，就像旧上海的"爷叔"和"小用"的关系一样，但现代化的交通和通信技术已使全国性的乞丐组织或联络成为可能。有报告说，如非公安局及时阻止，1986 年的秋天，乞丐拟推选代表，在武汉长江边上的黄鹤楼召开"全国乞丐代表大会"，选举乞丐的全国首领。③ 此事虽然有些耸人听闻，对乞丐来说似乎也无召开全国代表大会的需要，但也非绝无可能。

最后，随着乞丐重现街头，公众对乞丐和乞讨现象的态度也再度陷入"同情"和"反感"对垒的困境中。2003 年上海《新闻晨报》记者调查上海市中心人民广场附近的流浪人员，发表了《上海乞丐收入不亚于白领》一文，披露乞丐住旅馆、坐出租车，运气好的时候日进二百元左右，与白领阶层不相上下。④ 这篇报道引起了国内学界和新闻界的不少争论，批评者认为记者从城市管理的角度出发，以一种居高临下的"俯视"态度对流浪者的生活方式进

---

① 于秀：《中国乞丐调查》，第 87 页。
② 于秀：《中国乞丐调查》，第 194～196 页。
③ 刘汉太：《中国的乞丐群落》，第 21、230 页。
④ 《新闻晨报》2003 年 7 月 11 日。

行批评，缺乏同样关注当代乞丐问题的于秀、占才强等学者的平等心和平常心。学者包蕾萍颇有见识地指出，这场"有关城市善良精神的争论……从一个侧面反映出中国文化对于职业流浪者的认同和宽容"。①

但是，从大部分报章杂志、电视广播等的报道来看，近年来公众对乞丐的反感在增强。许多民众似乎相信，与昔日的乞丐不同，今日的乞丐并非没吃没穿，在困境中为生存而讨饭，而是大多是以行乞作为赚钱甚至致富的手段。上述上海《新闻晨报》记者调查并非"独家新闻"，早在1980年代乞丐在中国城市街头重现时，就有人在四个城市对400多名乞丐进行调查后得出当今乞丐只有30%贫穷的结论，并称乞丐现象可能"已逐步从一种经济现象——社会的贫穷病，转入一种文化现象——社会的富贵病了"。② 到了21世纪，讨饭致富已是社会上许多人耳熟能详的故事，甚至有集体讨饭致富的现象，在一些乡村流传着"城里磕上三年头，回到老家盖洋楼"的顺口溜。2003～2004年安徽出现一个富裕的乞丐村事件就引起了媒体的注意，报道后社会舆论哗然，官方展开调查，似乎更证实了如今的乞丐并非真正穷困的普遍认知。

这个乞丐村地处安徽省阜阳市太和县宫集镇，正式名字叫宫小村，是个有370户人家、大约1600个居民的村落。据称当地有个叫宫有生的人在1980年初带着他瘸腿的儿子去上海看病，发现上海人特别同情他的残疾儿子。父子俩坐在上海第九人民医院的水泥地上，民众一直向他们扔钱。宫有生由此得到启发：瘫子行乞最有利。从此，他就带着儿子走南闯北，并发现只要他的瘸腿儿一流泪，再严厉的治安人员也会网开一面。几年后，宫有生就因乞讨而"买牛盖房地发了起来"。另一种说法是该村有一个村民当矿工时在一次工伤事故中致残，为了生活他到阜阳市讨饭，发现"城里人的心肠特别

① 包蕾萍：《职业化流浪对儿童发展的影响》。
② 贾鲁生、高建国：《丐帮漂流记》，第4页。

好"。他不久就靠以残疾之身在城里行乞而富裕起来了。不管是哪种说法，村民们见有利可图，便纷纷起而效之。安徽西北这一带本来就有乞讨的传统，可称是中国社会的主要"丐源"之一。在改革开放后的宽松环境下，一旦有了乞讨致富的榜样，过去的习俗又卷土重来。

村里当然没有这么多残疾人，于是想出一个"租"的办法，先在附近租，附近租不到或者"瘫贵"，便去远处租。"瘫子村"从此出了名，周围的孟庄村、时庄村、南庄村乃至更远的蒙城县、涡阳县、颍上县、阜南县，乃至邻省的河南民权县等地都纷纷仿效，"租赁乞讨业"悄然出现。到了21世纪初，租赁残疾人，特别是残疾儿童，已成了一个全国性的"企业"。租赁乞讨的地点从地方小城一直到北京、上海、天津、广州等大都市，从东北的哈尔滨到西南的成都，都有他们的踪迹。其所获之丰是显而易见的，宫小村如今不但到处都是青瓦楼房，更有豪宅巨院掩映在绿树流水之间。当地的顺口溜称："五万（人民币）不算数，十万刚起步，宫小想露脸，二十万称小富。"绝大部分村民认为行乞没有什么丢脸的，是一种生产力的解放，"可比贩毒和拐卖人口不知要好上多少倍！"可谓振振有词。①

类似的情况尚多。例如，一个叫曹大澄的76岁的北京离休干部，因常在北京、深圳两地居住，深圳街头众多乞讨的残疾儿童引起了他的注意，觉得其中必有问题。2005年底，为了彻底搞清楚残疾童丐的内幕，曹大澄扮成一个老年乞丐，深入丐帮卧底，与乞丐同吃同行两个多月，终于揭开河南等地残害胁迫流浪儿童行乞的黑幕，并撰写调查手记在报上披露。此事得到中央高层的重视，在2006年8月展开一场整治运动，但未收到预期效果。病残乞儿不

---

① 《世界日报》2003年11月16日，第9版；《世界周刊》第1048期，2004年4月18~24日，第52页。

久又重现街头，就像"割不尽的韭菜"。①

曹大澄在接受《瞭望》新闻周刊记者采访时有一段对深圳街头乞丐的生动传神的描述：

> 在深圳上海宾馆公共汽车站，我认识了一名老乞丐，他的穿着好像村干部。他坐在路边花坛吸烟，只要看到交通灯变成红灯，他就会冲着附近的几个乞丐大喊："灯红啦，快上！狠要，灯一绿就没有啦！"众乞丐便会听话地向等候放行的车辆不停作揖讨钱，绿灯一亮，他们立即站在隔离带边上。一旦红灯再亮，又上前作揖乞讨……收工时，众乞丐会坐到老汉身边，吸着烟，一五一十地数钱，交流乞讨的经验。
>
> 这位村干部模样的老汉姓何，老家在河南，是村里的村民组长。与他交谈混熟后，他告诉我："讨饭好比当年生产队出工下地，一不怕苦二不怕死，活学活用就能立竿见影。一样的道理用在讨饭上就得一不要脸二不要命，每天要保五争八（50元到80元），月产二千多，一年下来两万五！扣除吃喝杂费，每年回家净剩两万没问题。"
>
> 乞丐群中有一胖一瘦的老汉在一旁应承回话："老何这话不假，一年搞上两万没问题，过去在生产队上，俺几个一个是生产队长、一个是田头记工员、一个是队上会计员。而今还是生产队的老班底。"②

几十年来毛泽东思想的教育，换来如此生动实在的"活学活用"；农村集体化时代的组织机制在消失将近三十年后，居然在闹市街头的讨饭中派上用场。这些变化令人啼笑皆非，也是革命的倡导者们所始料未及的。

---

① 见《深圳商报》2006年2月14日、12月26日；《北京青年报》2007年3月18日。

② 《都市快报》2006年12月21日，原载《瞭望》新闻周刊（记者陈冀、李舒、季明）。

政府之策

　　毛泽东在《湖南农民运动考察报告》中明确把"打流当乞丐的"划为乡村人口中最革命的"赤贫"阶层。据他的调查，"乡村人口中，贫农占百分之七十，中农占百分之二十，地主和富农占百分之十。百分之七十的贫农中，又分赤贫、次贫二类。全然无业，又无资金，完全失去生活依据，不得不出外当兵，或出去做工，或打流当乞丐的，都是'赤贫'，占百分之二十"。[①] 根据革命后一般的阶级划分，乞丐属于"城市贫民"，而"城市贫民"是"劳动人民"的一部分。

　　但吊诡的是乞丐又是"不劳而获"的群体，而"不劳而获"这个标签通常是贴在地主和资产阶级身上的。在实际的市政运作上，乞丐游民既影响城市治安，又有碍观瞻。所以在1950年代初新政府成立伊始，马上开展了较大规模的遣送运动，即将街头乞丐游民拘留后遣返原籍家乡，无家可回者则安排他们进单位工作。用官方的说法，其原则是让他们成为自食其力的劳动者，成为社会生产力的一部分。1980年代初当乞丐问题重现时，政府又重申这一政策。1982年国务院发布的《城市流浪乞讨人员收容遣送办法》基本上是50年代政策的继续。但这项法规在八九十年代实施时问题不少。[②] 其中最突出的问题是个别地方政府将乞丐拘留后，以让他们自挣返乡路费为名，长期无偿劳动。

　　但是，到了2003年夏天，这种持续了20年的情况突然有了一个转变。6月20日，温家宝总理签署国务院令，公布编号为

---

　　① 《毛泽东选集》（合订本），第20～21页。
　　② 1990年代初，国务院又发布了《关于收容遣送工作改革问题的意见》，据此，收容对象被扩大到"三无人员"，即无合法证件（身份证、暂住证和务工证）、无固定住所、无稳定收入的流动人员。要求居住三天以上的非本地户口公民办理暂住证，否则视为非法居留，须被收容遣送。

381、由国务院第十二次常务会议通过的《城市生活无着的流浪乞讨人员救助管理办法》，同时废止了 1982 年国务院发布的《城市流浪乞讨人员收容遣送办法》。根据这项新的管理办法，全国县以上城市应当根据需要设立流浪乞丐人员救助站，代替现行的收容站。救助站不得拘禁或者变相拘禁受助人员。救助站应当劝导受助人员返回原地，但不得限制受助人员离开救助站。换言之，对城市流浪乞讨人员的政策将从"管理"转变为"服务"，并保障基本的人权和提供食宿、医疗等帮助。6 月下旬，全国各地的收容站全部换牌，改为救助站；7 月，民政部发布了《城市生活无着的流浪乞讨人员救助管理办法实施细则》；10 月，全国已建立了 777 家救助站。

这一变化起因于一个叫孙志刚的 27 岁的年轻人在广州的一个收容站被殴打致死的不幸事件。孙是湖北黄冈人，生于 1976 年。2001 年，他毕业于武汉科技学院，是村里唯一一个大学毕业生。但是，家里为他读大学已是负债累累，孙必须离开贫困的家乡才有可能挣回足够的钱还债。于是他来到南方，先在深圳一家公司工作，2003 年 2 月 24 日被广州市达奇服装有限公司雇用。也许因为孙出身湖北农村，初次来到大城市广州，人生地疏，语言不通，在街上行走显得有点拘谨。3 月 17 日晚上，他出门上网吧时没有带身份证，竟然在路上被查暂住证的警察当做"三无人员"（即无合法证件、无固定住所、无稳定收入）拘留，送往附近的黄村街派出所。三天后，即 3 月 20 日，孙志刚被发现在广州市乞讨人员收容站死亡。此事经《南方都市报》记者陈峰和王雷调查后，发现孙是被毒打致死。陈峰等在该报上发表《被收容者孙志刚之死》一文披露内情，引起舆论极大反响，并惊动了北京新上任的中央领导人。① 最后，据官方调查公布的结果，孙是在收容站的医院里被护工和同房病人殴打致死。

① 见《南方都市报》2003 年 4 月 25 日。

270

图 10 - 1　在广州乞讨人员收容站被殴打致死的孙志刚

孙志刚（1976~2003）之死被誉为"以生命之代价，换取恶法之终结"。

来源：打工文化艺术博物馆（北京）。

　　孙志刚之死显然只是冰山一角，暴露了收容站的重重问题。故孙志刚死后三个月，就有上述政策法规的重大转变。[①] 孙志刚也被推崇为一个"以生命为代价推动中国法治进程，值得纪念的人"。他被隆重下葬在家乡的墓地里；墓碑上，有着这样两段话：

　　　　逝者已逝，众恶徒已正法，然天下居庙堂者与处江湖者，当以此为鉴，牢记生命之重，人权之重，民主之重，法治之重，无使天下善良百姓，徒为鱼肉。

　　　　人之死，有轻于鸿毛者，亦有重于泰山者，志刚君生前亦有大志，不想竟以生命之代价，换取恶法之终结，其死虽难言

---

　　① 广州市政当局后来拘捕了乔燕琴等十多名涉案人士，并于同年 6 月 9 日一审判决主犯乔燕琴死刑，第二主犯李海婴被判处死刑，缓期两年执行；其余十名罪犯分别被判处有期徒刑三年至无期徒刑。另有六名有关官员因而被控渎职罪，判监一至三年。见 *China Daily*，June 10，2003。

为舍身取义，然于国于民于法，均可比重于泰山。[1]

"恶法之终结"当然是个积极的发展，是朝着人道地对待街头游民和最终建立起一个比较文明的处理城市贫困问题的制度迈出的一步。但是，也有理由怀疑新的规章制度能否完全代替过去的拘留遣返的政策。据官方公布的数字，到了该年 9 月份，全国有 7.6 万人前往各地救助站请求帮助，其中 60400 人得到救济。[2] 相较于中国庞大的游民人口，这当然只是其中很小的一部分。各地有关实施新政策和开办救助站的报告毁誉参半。一些城市报告说，大部分乞丐不愿上救助站，宁可过街头自由自在的生活，颇似清末和民国时期一些乞丐逃离养济院或贫民救济所的情况。所以这些城市出现了救助站门可罗雀，而大街上却到处有人乞讨"求救"的悖象。另一些城市报告说，许多乞丐白天在街头行乞，晚上则到救助站过夜，俨然将救助站当做旅馆。还有一些城市的报道说，因为新政策宽容了，导致城里乞丐人数大增。几个月后，甚至美国的《纽约时报》也长篇报道了中国城市乞丐激增的情况。[3] 再有一些城市则因救助站远离市中心，也没有很好地宣传，所以大部分流浪乞讨者根本不知道它的存在。

即使新政策能很好地贯彻实行，其最佳前景就是成为一种政府的社会福利，略似明清时代的栖流所、养济院和民国时代的贫民救济所。但问题是，谁来为它"埋单"？目前的情况是各地救助站的费用由地方财政支付。但长此以往，地方政府必将不胜重荷，就会变换花样，按自己的利益诠释中央政策，使一些规章制度大打折扣，甚或名存实亡。事实上这种情况已经发生。例如，北京、上海、广州、南京、长沙、苏州等地的市政府都以补充规定、配

---

[1] 记者刘志明《中国新闻周刊》2003 年年终特稿 "孙志刚以生命镌刻墓志"。http://www.people.com.cn/GB/shizheng/1026/2258792.html。

[2] www.sina.com.cn，2004 年 10 月 9 日。

[3] Jim Yardley， "China Is Paying a Price of Modernization：More Beggars，" *New York Times*，Wednesday，April 7，2004.

套规定等名义发布其地方政策，旨在对本地乞丐游民作更多的限制。①

博爱与希望

以中国的"流浪乞讨人员"之众和这个群体的不竭之来源，仅靠政府的行政力量来对付乞丐问题收效有限，社会团体的慈善捐助是应对生活无着的流浪乞讨者的另一支柱。几十年来，美国人常常批评政府应对城市贫困的政策正在"失去基础"（losing ground），无家可归者（homelessness）问题在这个世界首富的国度至今仍是个难治的痼疾。② 在中国，政府所面临的困难要大得多，因为在救济贫困方面，许多"基础"从未建立起来，枉论"失去"。其中最重要的一项是因数十年来政府包办一切，民间团体和新近形成的富豪阶层对贫民的慈善捐助，还未成为一种广泛的、经常性的和自觉的社会现象。

不过，在这方面已出现了一些积极的迹象。"慈善事业总会"、"志愿者协会"、"残疾人基金会"等民间机构20世纪八九十年代开始出现，到2004年1月17日，仅上海一地已有20家民间的慈善救助服务社。③ 据不完全统计，截至2001年底，全国共建立各级慈善组织413个。虽然大多数慈善组织还不是真正意义上的民间团体，仍具有一定的"官方性"，它们一般是直接依托于各级政府的民政部门，其组织也以与政府极其相似的方式在运作，但重要的是，过去被批判为封建主义和资产阶级的假慈悲的有关慈善的概念和行为现在已普遍地得到认可，被视为一个和谐社会所必需的人道主义精神。④

---

① 参见《长沙晚报》2004年1月7日；《江南时报》2003年10月24日；《新京报》2003年12月20日；《羊城晚报》2004年1月24日。
② 参见 Charles Murray, *Losing Ground: American Social Policy, 1950 – 1980*。
③ 王保庆：《中国乞丐调查：我国城区乞讨群体现状与对策研究》，第207页。
④ 陈姣娥、李云桂：《论慈善救助：中国社会救助的另一支柱》。

北京朝阳门救助站的一桩小事或许可以说明问题。从 2003 年 8 月起，为实施国务院《城市生活无着的流浪乞讨人员救助管理办法》，北京朝阳、海淀、丰台和石景山四区的流浪乞讨人员救助站正式挂牌接收受助人员。当记者采访设在金盏乡的朝阳区救助管理站时，注意到在救助站门里的影壁上，题写着"博爱"两个大字。在一个慈善机构看到这个题字，本不足为奇，因为它实在与救助站的精神十分合拍。但这两个大字却不是新加上去的。原来这个救助站曾是一所寄宿制学校，据救助站站长曹兰锁解释，"这是一个巧合。这两个字原来就有，在改造时员工都认为这两个字符合救助站的特性，就保留了下来，希望通过努力把这两个字发扬光大"。①

虽然"博爱"一词和博爱思想在中国古已有之，并非舶来品，在近代，"博爱"却与西方人文主义思想紧密相连，尤其是作为法国大革命时代的自由、平等、博爱思想的一部分传入中国，因此"博爱"一词也多少有了洋味，似乎成了法语 fraternité 的中译。② 据统计，孙中山一生题字最多的就是"博爱"二字，总共达 64 次之多，并多次把"博爱"题字分赠世界各地的友人。③ 但在战火连绵的革命年代和"以阶级斗争为纲"的时代，"博爱"却是个忌讳的词，湮没无闻几十年。朝阳区这所寄宿制学校影壁上的"博爱"两字是否从"文革"时代幸存下来，抑或是后来写上去的，不得而知。但该救助站的员工一致愿意保留这题字，并"希望通过努力把这两个字发扬光大"，则是社会进步的一种表现。

乞丐群体中也不乏身处困顿却能以博爱慈悲为怀者。近年来见诸报章的几则新闻很能说明问题。据香港英文的《南华早报》2004

---

① 《中国青年报》2003 年 10 月 20 日。

② 按照中国传统思想来解释，"博爱"近乎儒家所称的"仁者爱人"和墨子倡导的"兼爱"。"博爱"一词也常见于史籍，如《孝经·三才章》，"先王见教之可以化民也。是故先之以博爱，而民莫遗其亲"；曹植《当欲游南山行》，"长者能博爱，天下寄其身"；欧阳修《乞出表》之二，"大仁博爱而无私"；韩愈《原道》，"博爱之谓仁"等。

③ 刘望龄辑注《孙中山题词遗墨汇编》，第 28 页。

年报道，一个来自四川荣昌名叫姚福华（译音）的 61 岁的乞丐，在乞讨时每次只接受一毛钱，别人给的钱超过此数，他一定将余数找回给施舍者，说请给别的需要帮助的人。如果他没有零钱，则干脆拒绝接受。当时一毛人民币约合美元一点二分，故外人称之为中国谦卑的"一分钱乞丐"（humble "one - cent" beggar）。①

　2008 年春节时大批外来民工滞留深圳火车站，在凛冽寒风中露宿候车的情况，引起社会广泛关注。有一位在深圳华强北路街头以嘴巴写书法为生的原籍山东冠县的郭姓残疾乞丐，人称"无臂老三"，见此情况，自费 2604 元购买 84 箱共 1008 碗方便面，通过罗湖区春运指挥部人员转赠滞留乘客。这位"无臂老三"年仅 20 岁出头，中学毕业后在北京一家酒楼当厨师。2003 年年底，他在厨房工作时因为煤气爆炸，全身多处烧伤，医生切去其双臂保全性命。此后他苦练"嘴巴书法"，两年后终成"绝技"，并以此在深圳街头表演乞讨。他说："深圳的外来民工对我帮助很大，现在是时候为他们做点事了！"②

　又有报道说河南荥阳市崔庙镇有个叫王亚静的女孩，两岁时父亲因煤矿事故双目失明，母亲离家出走，父女两人从此相依为命。2008 年亚静 11 岁时不得不辍学来到郑州乞讨。父亲学着帮人按摩，女儿则到市中心的二七广场乞讨，希望攒点钱后回学校上学。为了多攒钱，父女两人中午不吃饭，晚上和着开水吃点馒头度日。二七广场的斜对面，是一面播报新闻的大屏幕。5 月 12 日，乞讨中的亚静正好看到了四川地震时的画面，随即把当天讨来的 50 元中的 45 元投进了募捐箱，一连七八天，共捐了三四百元。③

　胡适在晚年的一次演讲中称东方文明中所含的精神成分（spirituality）实在很少，甚至完全没有。他举了几个例子来支持自己的观点，其中就包括他称之为中国文化中特有的"视贫穷和乞讨为美德"

---

①　*South China Morning Post*, March 2, 2004.
②　香港《文汇报》2008 年 2 月 1 日。
③　《东方今报》2008 年 5 月 24 日。

的现象。一生待人温文尔雅的胡先生，说到东西文明的差别，就不免动了点火气："试想像一个老叫花婆子死在极度的贫困里，但临死还念着'南无阿弥陀佛！'——临死还相信她的灵魂可以到阿弥陀佛所主宰的极乐世界去，——试想像这个老叫花婆子有多大的精神价值可说！"胡适这次演讲不过二十分钟，却两次提到贫穷和乞讨，并以此作为中国人缺乏精神文明（spiritual civilization）的例证，可见其对国人有关贫困文化的痛心疾首。①

但是，上述身处困顿却仍然眷顾他人的故事却代表着一种精神，一种风貌，并给人以希望。它们也许只是凤毛麟角，不足以形成风尚，却在点点滴滴地显示着人性善良的一面。如果有人衣食不足尚知荣辱，则在今日中国大致已是仓廪实、衣食足的国情下，更可望社会之公正有序和礼义廉耻之深入人心。几乎每个时代都有人在扼腕叹息"世风日下，人心不古"，但今日之人性，与盘古开天地时代之人性，又有何实质性的差别？孟子云："人之所以异于禽兽者几希"，这个"几希"永不泯灭。世道人心似乎一直在递减，人类却万古生生不息。

鲁迅曾说："希望本是无所谓有，无所谓无的。这正如地上的路；其实地上本没有路，走的人多了，也便成了路。"② 我们也许可以说，当中国人中的绝大多数能重视人道的尊严，懂得法制的精神，并以博爱为怀时，治理游民乞丐问题的道路也就畅通了。

① 《胡适全集》第 39 卷，第 671～672 页。
② 《鲁迅全集》第 1 卷，第 485 页。

附录1　上海乞丐沦为乞丐以前的 职业和月收入

职　业	人数（个）		百分比 （％）	平均月入（以银元计）	
	男	女		男	女
农	123	67	27.15	3.16	2.50
无职业	72	51	17.58	0.00	
小生意	62	15	11.00	未详	
拉　车	45	5	7.15	12.37	9.16
学　徒	38	0	5.43	0.00	
厂　工	21	22	6.15	9.83	6.78
小　工	20	2	3.14	7.19	12.50
拾　荒	19	10	4.14	5.19	4.50
手　艺	15	1	2.29	11.66	2.50
兵	15	0	2.14	6.39	
店　主	9	0	1.30	39.50	
报　贩	8	0	1.14	10.35	
船　伙	6	1	1.00	16.25	32.50
佣　工	4	4	1.14	10.83	2.50
裁　缝	4	4	1.14	7.50	7.50
教　员	3	0	0.43	10.83	
读　书	3	0	0.43	0.00	
理发师	3	0	0.43	7.50	
商	2	0	0.28	未详	

职 业	人数（个）		百分比	平均月入（以银元计）	
	男	女	（%）	男	女
马车夫	2	0	0.28	未详	
修 车	1	0	0.14	2.50	
清道夫	1	0	0.14	17.50	
医 生	1	0	0.14	未详	
和 尚	1	0	0.14	未详	
布 贩	1	0	0.14	32.50	
师 爷	1	0	0.14	17.50	
店 伙	1	0	0.14	未详	
唱曲者	1	0	0.14	12.50	
未 详	20	16	15.14	未详	

资料来源：蒋思壹、吴元淑《上海七百个乞丐的社会调查》，手稿，第 150～154 页。

附录 2　根据华北农村哭丧调改编的
《松花江上》原曲

附录3　与《莲花落》作姐妹篇的
《霸王鞭》原曲

附录4　　《凤阳花鼓调》

蓋不知何能因故未得加批贊

函慰之劇遠諧渥憾人然承下託句武二事俟奉陳於後

恩臺二位女士大鑒多承二位至院慰問司文順破鈔並承
元叔我之訓迪諸渥憾人然承下託句武二事俟奉陳於後

民國　年　月　日

第□□五號

乞丐者有在橋上候人力車行過而都一把由坐車給銅元一枚者有沿街
求之者自寫字發布上舖於地下俯呼為告地狀而求乞者有在十字舖碼頭
頭上畫人鳩拿行李而得數炙者爾求機而嗣取人物品者每遇發碼頭
上小本經營之人或散一油豆腐線糕或牛肉陽攤等人必須給錢之爺叔
或抐用累歎無咖啾王爺叔各則於念此等小乞丐散俺非個白呹
食物且將滿蔵或化物掇棄發黃浦江白生蠢者不論何鏇乞丐
皆可往噲咧一碌約可得三有之致發食飲問題或沿術求得之
伶額或發句飲倏收還飲桶鮁嗜等亦哶在路逕過則若
輩乞丐必欲抐取此食餙之飲薬而食然此名有地畝如此閣之
乞丐亦龍之童根從他處理若王爺王爺然佢窩有小密栈者或弄堂
者然肚種人乞丐無理若熙爺叔翁前之乞丐必受有爺
作亦不識此一薜碪爺叔者即告他頭也乞丐飯小用也小用無爺
敘不論每得銅兒若可必貼三百文興亾爺叔倏賍
□之乞既確願從他為爺叔則須贈三百六十個大銜者
從爺叔三遍武自願辟從佢為仁爺叔
禮物或有若若歸流蕉路途被自欲收沒者則可取消三百六十大

民國　　　　　年　　月　　日

川街考 中国乞丐文化史

第　號

館玉貴丁並發人家有喜慶之事此輩告代可以然（光臨恩號軟
自好語郎飲同人到錢惟人皆以為理當故必豈結數角即獻然
而去然實取之身償亦甚祇羞初則羞像一來亦者後發求之
途復嘔糟而手內惡不積萱而能踏乞不中不有有力若有所
謂打出師恃勇而能壓誘乞不而諧乞不固辭後尚感有然後感
者固此可成為小康之家亦有之然爺叔之書密我有或無興實與
富皆借偷之而言二定之理

致發白相人者與上述偷兩種故暫不登弊然我實未觀

歷經　故擇愚知若而相告之致圖身正業毋種遇電無

成績故暫未詳述寧此奉覽順匃

春字样

民國　年　月　日

晏九李阿才上

参考文献

一 中文文献

（1） 古籍、报刊、资料汇编等

《长沙晚报》

《成都晚报》

《城市晚报》（吉林）

《大晚报》（上海）

《江南时报》（南京）

《晶报》（上海）

《美中报道》（英文题作 *China Tribune*），洛杉矶

《人民日报》

《上海周报》，1933

《社会日报》（上海）

《申报》

《世界日报》（*World Journal*），纽约

《世界周刊》（*Supplement to World Journal*），纽约

《新京报》（北京）

《新闻晨报》（上海）

《信息时报》（广州）

《扬子晚报》（南京）

《中国青年报》

《点石斋画报》（44 卷），上海，1884～1898

《北京民间风俗百图》，书目文献出版社，1983

《笔记小说大观》，江苏广陵书社，1984（重印）

《陈榷集》，中华书局，1979

《辞海》（缩印本），上海辞书出版社，1979

《二十四史》（20 册），中华书局，1997 年重印本

《古今图书集成》，台北，文星书店，1964［1728］

《建国以来毛泽东文稿》，中央文献出版社，1988

《李渔小说十五种》，浙江人民出版社，1983

《鲁迅全集》（16 卷），人民文学出版社，1981

《天长县志》，古籍书店，1962［1550］

《语海》（上、下），上海文艺出版社，2000

该书编写组编《裕大华纺织资本集团史料》，湖北人民出版社，1984

曹晟：《夷患备尝记》，上海古籍出版社，1989［1876］

车驰、龚福章主编《松江镇志》，上海人民出版社，1990

葛元煦：《沪游杂记》，上海古籍出版社，1989［1876］

顾禄：《清嘉录》，江苏古籍出版社，1999［1830］

桂林市地方志编纂委员会《桂林市志》（3 卷），中华书局，1991

胡焕庸编《中国人口·上海分册》，中国财政经济出版社，1987

胡朴安：《中华全国风俗志》，广益书局，1923

黄六鸿：《福惠全书》，撰于康熙三十三年（1694），康熙三十八年刻本

蒋思壹、吴元淑：《上海七百个乞丐的社会调查》（上、下），上海沪江大学社会学系毕业论文，1933 年，上海图书馆藏未刊稿

李家瑞编《北平风俗类征》（上、下），商务印书馆，1939

李时珍：《本草纲目》（上、下），人民卫生出版社，1957 年据1885 年版影印；原作于1596 年

林纾：《畏庐小品》，北京出版社，1998

刘望龄辑注《孙中山题词遗墨汇编》，华中师范大学出版社，2000

罗志如：《统计表中之上海》，中央研究院，1932

孟元老：《东京梦华录》，上海古典文学出版社，1956

平泉县志编纂委员会编《平泉县志》，作家出版社，2000

山东省宁津县史志编撰委员会编《宁津县志》，齐鲁书社，1992

商务印书馆编《上海指南》，商务印书馆，1919

宋如林：《嘉庆松江府志》（84卷），1817

王逋：《蚓庵琐语》，《丛书集成续编》第96册，子部，上海书店印行，1994

魏绍昌、吴承惠编《鸳鸯蝴蝶派研究资料》（上、下），上海文艺出版社，1984

谢肇淛：《五杂俎》，中华书局，1959［1608］

徐栋、丁日昌：《保甲书辑要》，台北，成文出版社，1968［1871］

徐珂：《清稗类钞》（48册），商务印书馆，1916［1917？］

易寄和修《安徽省凤阳县志略》，台北，成文出版社，1975［1936］

张明编《武训研究资料大全》，山东大学出版社，1991

张涛注译《孔子家语注译》，三秦出版社，1998

章开沅主编《清通鉴》（4册），岳麓书社，2000

赵翼：《陔馀丛考》，河北人民出版社，1990［1791］

中川忠英编著《清俗纪闻》，方克、孙玄龄译，中华书局，2006

中国科学院历史研究所编《五四爱国运动资料》，科学出版社，1959

中华人民共和国国家统计局、中华人民共和国民政部：《中国灾情报告，1949～1995》，中国统计出版社，1995

庄孙金城（Kinchen Johnson）编译《北平民歌·童谣》（*Folk-*

songs and Children – Songs from Peiping），台北，东方文化社（The O-rient Cultural Service），1971（1932）

（2）近人著述、文史资料等

安冠英、韩淑芳、潘惜晨编《中华百年老药铺》，中国文史出版社，1993

包蕾萍：《职业化流浪对儿童发展的影响》，香港中文大学《二十一世纪》网络版总第 22 期，2004 年 1 月 31 日首发

包颖、张士杰、胡震亚：《青红帮秘史》，香港中原出版社，1993

曹保：《乞丐》，吉林大学出版社，1999

岑大利：《中国乞丐史》，台北，文津出版社，1992

常人春：《老北京的风俗》，燕山出版社，1990

陈宝良：《中国流氓史》，中国社会科学出版社，1993

陈存仁：《银元时代生活史》，上海人民出版社，2000

陈达：《我国抗日战争时期市镇工人生活》，中国劳动出版社，1993

陈丹青：《民国的文人》，《温故》第 14 辑，广西师范大学出版社，2009

陈广忠：《两淮文化》，辽宁教育出版社，1995

——《淮河传》，河北大学出版社，2001

陈冷僧：《上海的游民问题》，《社会半月刊》第 1 卷第 4 期，1934

——《上海乞丐问题的探讨》，《社会半月刊》第 1 卷第 6 期，1934

陈雨门：《解放前开封相国寺的形形色色》，《河南文史资料》第 2 辑，1979 年［1985 年重印］

——《开封春节钩沉》，《河南文史资料》第 5 辑，1981 年［1987 年重印］

陈允敦：《旧泉州的乞丐》，《近代中国江湖秘闻》下册，河北人民出版社，1997

陈哲谦：《城市漫游者：明代中晚期乞丐研究》，台北，政治大学历史学系硕士学位论文，2010

程刚：《中国乞丐大揭秘》，吉林摄影出版社，1999

迟子华：《中国近代流民》，杭州人民出版社，1996

——《中国流民史·近代卷》，安徽人民出版社，2001

崔显昌：《解放前四川乞丐的形形色色》，《重庆文史资料》第26集，1986

戴志恭、唐镇北、史宝珍：《唐老一正斋膏药店简史》，《江苏文史资料选辑》第10辑，1982年12月

当代中国人物传记丛书编辑部：《彭德怀传》，当代中国出版社，1993

邓云特：《中国救荒史》，商务印书馆，1937

范全民：《清代苏州城市文化繁荣的写照——姑苏繁荣图》，《史林》2003年第5期

范宗湘：《民国时期兰州的乞丐》，《中华文史资料文库》第20卷，中国文史出版社，1996

冯荫楼：《古汴乞丐生涯》，《开封文史资料》第4辑，1986

夫马进（Fuma Susumu）：《中国善会善堂史研究》，商务印书馆，2005

顾莲邨：《从"穷社"命名想起——缅怀吕凤子先生》，《镇江文史资料》第17辑，1990

关士杰：《旧社会扶余的花子房》，《近代中国江湖秘闻》下册，河北人民出版社，1997

郭绪印编著《洪帮秘史》，上海人民出版社，1996

韩大成：《明代城市研究》，中国人民大学出版社，1991

贺鸿海、陈忠培：《旧汉口的乞丐帮》，萧志华主编《湖北社会大观》，上海书店出版社，2000

恒社旅台同仁编《杜月笙先生纪念集》，台北，文海出版社，1976

胡觉民：《陆稿荐的一块碑》，《苏州文史资料》第 1～5 卷合订本，1990 年重印

胡相：《芜湖旧社会的乞丐帮——"灰窝里"琐记》，《芜湖文史资料》第 2 辑，无日期

黄君武口述、梁元芳整理《八和会馆史》，《广州文史资料》第 35 辑，1986 年 8 月

黄强：《化身为"乞丐"的来访神》，《中国民间文化第 9 集·民间礼俗文化研究》，上海学林出版社，1993

黄仁宇：《近代中国的出路》，台北，联经出版事业公司，1995

基汉：《解放前天津水患辑录》，《天津文史丛刊》第 6 期

季德胜口述、祖丁远记录整理《祖传蛇药今昔谈》，《江苏文史资料选辑》第 9 辑，1982 年 5 月

贾鲁生、高建国：《丐帮漂流记》，山东文艺出版社，1988

蒋思壹、吴元淑：《上海的乞丐》，《天籁》第 22 卷第 2 期，1933 年 6 月

解放日报社：《上海解放一年》，上海解放日报社，1950

竞鸿主编《南方饮食掌故》，百花文艺出版社，2004

经君健：《清代社会的贱民等级》，浙江人民出版社，1993

金泰丞（Kim Tai－Seung）：《纪律与更生——1930 年代上海游民习勤所的游民管理》，《东洋史学研究》第 85 辑，2003 年 12 月

赖东进：《乞丐囝仔》，台北，平安文化有限公司，2000

——《乞丐囝仔》，中国青年出版社，2002

赖树明：《乞丐县长——912 十字架下的彭百显》，台北，培贞文化，2001

老舍：《骆驼祥子》，香港，南华书店，1955

李次山：《上海劳动情况》，《新青年》第 7 卷第 6 期，1920 年 5 月

李乔：《中国行业神》（上、下），台北，云龙出版社，1996

李士钊、孙之俊：《武训画传》，三联书店，1996〔1950〕

李松庵：《解放前广州几种光怪陆离的行当》，《广东文史资料》第 33 辑，1981

李玉川：《江湖行帮趣话》，北京出版社，1995

梁其姿（Angela Ki Che Leung）：《施善与教化：明清的慈善组织》，台北，联经出版公司，1997

——《"贫穷"与"穷人"观念在中国俗世社会中的历史演变》，黄应贵主编《人观、意义与社会》，台北，中研院民族学研究所，1993

梁志远：《"大跃进"在安徽亳县》，王梦初编《"大跃进"亲历记》，人民出版社，2008

林海音：《城南旧影：林海音自传》，江苏文艺出版社，2000

刘汉太：《中国的乞丐群落》，江苏文艺出版社，1987

刘映元：《包头流氓底层社会的"梁山"》，《文史资料选辑》第 38 辑，1963 年 9 月

刘翼：《张寒晖和他的〈松花江上〉》，《人物》1981 年第 2 期

刘英贝：《吴伟人物画风格研究》，台湾中央大学艺术研究所硕士论文（指导教授：周美其），2008

《刘铮人口论文选》，中国人口出版社，1994

娄子匡：《新年风俗志》，商务印书馆，1935

——《上海新春年画 360 行》（英文题作：*Folk Paintings of 360 Workers in Shanghai* 1920's *New Year*），台北，中国民俗学会，1984 年重印

卢汉超：《赫德传》，上海人民出版社，1986

——《霓虹灯外：20 世纪初日常生活中的上海》，段炼等译，上海古籍出版社，2004

逯耀东：《肚大能容》，台北，东大图书公司，2001

罗国辉：《乞丐问题研究综述》，《柳州师专学报》第 21 卷第 2 期，2006 年 6 月

——《丐与帮：透视民国时期上海乞丐的组织与结构》，上海市

档案馆编《上海档案史料研究》第 6 辑，上海三联书店，2009

马文汉：《平泉留养局》，《河北文史资料》总第 30 辑，1989 年 10 月

孟欣、冯学敏编《同一首歌》，现代出版社，2000

那志良：《清明上河图》，台北，故宫博物院，1993

聂耀东：《毛泽东与中国传统文化》，福建人民出版社，1992

宁津县志编委会：《穷家行》，《近代史资料》第 58 辑，1985

欧阳平：《旧重庆的丐帮》，《近代中国江湖秘闻》下册，河北人民出版社，1997

齐平：《有乞丐阅历的话》，《生活》第 1 卷第 26 期，1926 年 4 月

钱乃荣：《十里洋场华方言》，《档案与历史》1989 年第 4 期

——《沪语盘点：上海话文化》，上海文化出版社，2002

——《上海方言》，文汇出版社，2007

邱仲麟：《明代北京的粥厂煮赈》，《淡江史学》第 9 辑，1998

——《清代北京的粥厂煮赈》，《淡江史学》第 10 辑，1999

曲彦斌：《中国乞丐史》，上海文艺出版社，1990

全汉昇：《中国行会制度史》，百花文艺出版社，2007，1934 初版

任骋搜集整理《七十二行祖师爷的传说》，海燕出版社，1985

阮清华：《上海游民改造研究（1949～1958）》，上海辞书出版社，2009

上海建设编辑部编《上海建设》，上海科学技术出版社，1989

上海社会科学院经济研究所：《江南造船厂厂史》，江苏人民出版社，1983

上海历史博物馆编《二十世纪的中国印象》，上海古籍出版社，2001

《上海滩黑幕》（4 卷本），国际文化出版公司，1992，根据钱可生《上海黑幕》上海时事新报馆 1917 年版订正重印

沈从文：《滕回生堂今昔》，《国闻周报》第 12 卷第 2 期，1935年 1 月 7 日

沈寂、董长卿、甘振虎：《中国秘密社会》，上海书店，1993

沈念贤：《旧上海的瘪三和乞丐》，施福康主编《上海社会大观》，上海书店，2000

宋钻友：《广东人在上海（1843～1949 年）》，上海人民出版社，2007

孙季康：《旧时云南的乞丐》，《近代中国江湖秘闻》下册，河北人民出版社，1997

孙模：《南通的"吃磕头饭"》，《南通今古》1992 年第 2 期

孙云年：《江南感旧录》，江苏古籍出版社，2000

台北市浦东同乡会编《浦东同乡会》，台北，台北市浦东同乡会，1968

唐德刚：《胡适杂忆》，台北，传记文学杂志社，1987

唐友诗：《乞丐》，中国人民政治协商会议北京市委员会文史资料研究委员会编《北京往事谈》，北京出版社，1988

唐振常：《中国饮食文化散论》，台北，商务印书馆，1999

陶菊隐：《天亮前的孤岛》，中华书局，1947

田骅：《开埠以后上海乞丐群体成因初探》，《上海研究论丛》第 9 辑，上海社会科学出版社，1993

王宝庆：《中国乞丐调查：我国城区乞讨群体现状与对策研究》，人民出版社，2008

王楚夫（Wang Chufu）：《广州乞丐集团：关帝厅人马》，《近代中国江湖秘闻》下册，河北人民出版社，1997

王尔敏：《明清社会文化生态》，台北，商务印书馆，1997

王汉民：《八仙与中国文化》，中国社会科学出版社，2000

王希逸、雷子辉：《温州的下层社会》，《近代中国江湖秘闻》下册，河北人民出版社，1997

王学泰：《游民文化与中国社会》，学苑出版社，1999

——《中国流民》，香港，中华书局，1992

王元化：《人和书》，兰州大学出版社，2003

王泽华、王鹤：《民国时期的老成都》，四川文艺出版社，1999

王振忠：《遥远的回响：乞丐文化透视》，上海人民出版社，1997

汪仲贤、许晓霞：《上海俗语图说》，上海社会出版社，1935

王子宦：《一九四二年大旱灾之泛水》，载《河南文史资料》第19辑，1986年4月

王子观：《旧陆城乞丐面面观》，萧志华主编《湖北社会大观》，上海书店出版社，2000

伟民：《说黑七》，《广肇周报》第77期，1920年9月26日，原文无标点

吴晗：《朱元璋传》，三联书店，1980［1965］

夏明方：《民国时期自然灾害与乡村社会》，中华书局，2000

萧乾主编：《社会百相》，台北，商务印书馆，1992

萧心力编《我的选择：六十三位中共高级干部自述》，中共中央党校出版社，1998

笑生、书清：《湘东卓田院拾遗》，《近代中国江湖秘闻》下册，河北人民出版社，1997

忻平：《从上海发现历史：现代化进程中的上海人及其社会生活（1927~1937）》，上海人民出版社，1996

徐迟等：《上海众生相》，新中国报社，1943

许仕廉：《人口论纲要》，中华书局，1934

许元庆：《调查上海乞丐之结果》，《节制月刊》1927年11月号

许指严：《新华秘记》，1918年上海清华书局初版，载荣孟源、章伯峰主编《近代稗海》第3辑，四川人民出版社，1985

宣钟：《为叫花子做的策划——创新让你脱颖而出》，中国档案出版社，2006

杨剑宇：《中国历代帝王录》，上海文化出版社，1989

杨嘉祐：《上海风物古今谈》，上海书店，1991

杨嘉祐、何明云：《塔桥古今谈》，上海画报社，1991

杨绛：《走到人生边上》，商务印书馆，2007

杨文骐：《中国饮食民俗学》，中国展望出版社，1983

叶灵凤：《能不忆江南》，江苏古籍出版社，2000

叶永烈：《红色的起点》，上海人民出版社，1991

——《江青传》，时代文艺出版社，1993

易励元：《清末科举童子试的形形色色》，《武汉文史资料》第23辑，1986

殷登国：《图说360行》，3册，台北，民生报社，1985

易人：《乞丐"皇帝"》，《上海生活》第2辑第1期，1938年6月

俞伯霞：《乞丐之忏悔》，《节制月刊》第9卷第1期，1930年1月

俞婉君：《绍兴堕民》，人民出版社，2008

于秀：《中国乞丐调查》，中华工商联合出版社，1999

袁晞：《武训传批判纪事》，长江文艺出版社，2000

袁真：《一夕谈》，《生活》第1卷第11期，1925年12月20日

云游客：《江湖丛谈》，中国曲艺出版社，1988。原为北平时言报社1936年版，3册

占才强、高汉明、李宇新：《卧底当代丐帮》，北京出版社，2003

张大年、龚江：《无锡的乞丐与叫化甲头》，《近代中国江湖秘闻》下册，河北人民出版社，1997

张官鼎：《解放前北京的葬礼和杠房业》，《文史资料选编》第14辑，北京出版社，1989

张寄涯：《大将军言》，《上海生活》第1期，1926年12月

张默生：《异行传》，重庆出版社，1987［1944］

张润清：《清末以来的双城府乞丐处》，《黑龙江文史资料》第3

辑，无日期

    张紫晨：《中国古代传说》，吉林文史出版社，1986

    浙江文艺出版社编《八仙的故事》，浙江文艺出版社，1983

    郑桓武：《从丐儿到百万富翁的张松樵》，《武汉文史资料》第53 辑，1993 年 10 月

    郑源川：《老河口的乞丐组织》，《湖北文史资料》第 28 辑，1989 年 9 月

    钟敏文：《俗谚大全》，大众文艺出版社，1997

    钟叔河编订《周作人散文全集》，广西师范大学出版社，2009

    周沛：《衡阳市的"丐帮"》，《湖南文史》第 39 辑，1999 年 9 月

    周锡山：《流民皇帝》，上海画报出版社，2004

    周育民、邵雍：《中国帮会史》，上海人民出版社，1993

    朱力：《中国民工潮》，福建人民出版社，2002

    邹依仁：《旧上海人口变迁的研究》，上海人民出版社，1980

二 英文文献

Adams, Thomas McStay. *Bureaucrats and Beggars: French Social Policy in the Age of the Enlightenment.* New York: Oxford University Press, 1990

Alexander, William and George Henry Mason. *Views of 18th Century China.* New York: Portland House, 1988 (originally published in 1804 and 1805)

Baum, Vicki. *Shanghai'* 37. Hong Kong: Oxford University Press, 1986

Becker, Jasper. *Hungry Ghost: Mao's Secret Famine.* New York: Henry Holt, 1998

Beier, A. L. *Masterless Men: The Vagrancy Problem in England, 1560 – 1640.* London and New York: Methuen, 1985

Bernhardt, Kathryn. *Rents, Taxes, and Peasant Resistance: The Lower*

Yangzi Region, 1840 – 1950. Stanford, Calif.: Stanford University Press, 1992

Birch, Cyril. *Stories from a Ming Collection: Translations of Chinese Short Stories Published in the Seventeenth Century*. Bloomington: Indiana University Press, 1958

Bredon, Juliet. *Peking: A Historical and Intimate Description of Its Chief Places of Interest*. Shanghai: Kelly & Walsh, Limited, 1922

Buck, David D. *Urban Change in China: Politics and Development in Tsinan, Shantung, 1890 – 1949*. Madison: University of Wisconsin Press, 1978

Bun, Kwan Man. "Beggar Gangs in Modern Tianjin: A Discourse on Mendicancy and Strategies of Survival," paper presented at the annual meeting of the Association for Asian Studies, April 6, 2002, Washington D. C

Bush, Barbara. *Reflections: Life After the White House*. New York: A Lisa Drew Book/Scribne, 2003

Cahill, James. *Parting at the Shore: Chinese Painting of the Early and Middle Ming Dynasty, 1368 – 1580*. New York and Tokyo: Weatherhill, 1978

Candlin, Enid Saunders. *The Breach in the Wall: A Memoir of the Old China*. New York: Macmillan, 1973

Chang, Chung – li, *The Chinese Gentry*. Seattle, WA: University of Washington Press, 1955

Chang, Chun – shu and Shelley Hsueh – lun Chang. *Crisis and Transformation inSeventeenth – Century China: Society, Culture, and Modernity in Li Yu's World*. Ann Arbor: The University of Michigan Press, 1992

Chaturvedi, Vinayak, ed., *Mapping Subaltern Studies and the Postcolonial*. London and New York: Verso Press, 2000

China Daily, Beijing

Ch'u, T'ung – Tsu. *Local Government in China Under the Ch'ing.* Cambridge: Harvard University Press, 1962

Cochran, Sherman. *Big Business in China: Sino – Foreign Rivalry in the Cigarette Industry, 1890 – 1930.* Cambridge, Mass. : Harvard University Press, 1980

Cole, James H. *Shaohsing: Competition and Cooperation in Nineteenth – Century China.* Tucson, Arizona: University of Arizona Press, 1986

Conger, Sarah Pike. *Letters from China: With Particular Reference to the Empress Dowager and the Women of China.* Chicago: A. C. McClurg & Co. , 1909

Constable, Nicole (ed.) . *Guest People: Hakka Identity in China and Abroad.* Seattle and London: University of Washington Press, 1996

Cotterell, Arthur and Rachel Storm. *The Ultimate Encyclopedia of Mythology.* New York: Hermes House, 1999

Covell, Ralph R. *W. A. P. Martin: Pioneer of Progress in China.* Washington, DC: Christian University Press, 1978

DeGlopper, Donald R. *Lukang: Commerce and Community in a Chinese City.* Albany, New York: State University of New York Press, 1995

DePastino, Todd. *Citizen Hobo: How a Century of Homelessness Shaped America.* Chicago, IL: University Of Chicago Press, 2005

Dikotter, Frank. *Mao's Great Famine: The History of China's Most Devastating Catastrophe, 1958 – 1962.* New York: Walker & Company, 2010

Domes, Jurgen. *Peng Te – huai: The Man and the Image.* Stanford: Stanford University Press, 1985

Doolittle, Justus. *Social Life of the Chinese: With Some Account of Their Religious, Governmental, Educational, and Business Customs and Opinions.* New York, New York: Harper & Brothers, Publishers, 1865

Eastman, Lloyd. *Seeds of Destruction: Nationalist China in War and Revolution, 1937 – 1949.* Stanford, Calif. : Stanford University Press, 1984

Eberhard, Wolfram. *A Dictionary of Chinese Symbols*: *Hidden Symbols in Chinese Life and Thought.* London and New York: Routledge, 1986

—— trans. and comp. *Folktales of China.* Chicago: University of Chicago Press, 1965.

—— trans. and comp. *Chinese Fairy Tales and Folk Tales.* New York: E. P. Dutton & Company, 1938

Elman, Benjamin A. *A Cultural History of Civil Examinations in Late Imperial China.* Berkeley, Calif. : University of California Press, 2000

Esherick, Joseph W. , ed. *Remaking the Chinese City*: *Modernity and National Identity*, *1900 – 1950.* Honolulu: University of Hawai'i Press, 2000

Faure, David. "The Rural Economy of Kiangsu Province, 1870 – 1911," *Journal of the Institute of Chinese Studies*, *Hong Kong*, 9, no. 2 (1978): 365 – 471

Fernandez – Stembridge, Leila and Richard Madsen, "Beggars in the Socialist Market Economy," in Perry Link, Richard Madsen, and Paul Pickowicz (eds.), *Popular China*: *Unofficial Culture in a Globalizing Society*, 207 – 230. Lanham, Maryland: Rowman & Littlefield Publishers, 2002

Foster, Arnold. *In the Valley of the Yangtze.* London: London Miss-tionary Society, 1899

Foster, Portia Billings. *In Pursuit of Justice*: *Around the World and in the Human Heart.* Eugene, Oregon: Far Horizons Publishing, 2000

Fritz, Chester. *China Journey*: *A Diary of Six Months in Western Inland China*, 1917 Seattle: University of Washington Press, 1982

Gamble, Sidney D. *Peking*: *A Social Survey.* New York: George H. Doran Company, 1921

——*Ting Hsien*: *A North China Rural Community.* Stanford: Stanford University Press, 1968 [1954]

Gao, James Zheng. *The Communist Takeover of Hangzhou*: *The Trans-*

formation of City and Cadre, 1949 – 1954. Honolulu: University of Hawaii Press, 2004

Gee, Nathaniel Gist. *A Class of Social Outcasts: Notes on the Beggars in China.* Peking Leader Reprints, no. 1. Peking: Peking Leader Press, 1925

Giles, Herbert A. *Historical China and Other Sketches.* London: Thos. De La Rue & Co. , 1882

Giles, Lionel, trans. *A Gallery of Chinese Immortals.* London: John Murray, 1948

Goldblatt, Howard (ed.) . *Chairman Mao Would Not be Amused: Fiction from Today's China.* New York, New York: Grove Press, 1996

Gray, John Henry. *China: A History of the Laws, Manners, and Customs of the People.* 2 volumes. London: MacMillan and Co. , 1878

Guanzi. *Guanzi: Political, Economic, and Philosophical Essays from Early China, A Study and Translation by W. Allyn Rickette.* 2 volumes. Princeton, New Jersey: Princeton University Press, 1985

Gunde, Richard. *Culture and Customs of China.* Westport, Connecticut: Greenwood Publishing Group, 2002

Hansson, Anders. *Chinese Outcasts: Discrimination and Emancipation in Late Imperial China.* Leiden: E. J. Brill, 1996

Hauser, Ernest O. *Shanghai: City For Sale.* New York: Harcourt, Brace and Company, 1940

Headland, Isaac Tayor. *The Chinese Boy and Girl.* New York: Fleming H. Revell, 1901

Henriot, Christian. *Prostitution and Sexuality in Shanghai: A Social History, 1849 – 1949.* Translated by Nöel Castelino. Cambridge, UK: Cambridge University Press, 1997

Hershatter, Gail. *Dangerous Pleasure: Prostitution and Modernity in Twentieth – Century Shanghai.* Berkeley and Los Angeles: University of California Press, 1997

Hinton, William. *Fanshen*: *A Documentary of Revolution in a Chinese Village*. New York: Vintage Books, 1968

Himmelfarb, Gertrude. *The Idea of Poverty*: *England in the Early Industrial Age*. New York: Alfred A. Knopf, 1983

Ho Chieh – Shiang. "The Anti – Beggar Movement in Shanghai," *The China WeeklyReview*, 32: 13 (May 30 1925.): 358 – 60

Holcombe, Chester. *The Real Chinaman*. New York: Dodd, Mead & Company, 1895

Holub, Renate. *Antonio Gramsci*: *Beyond Marxism and Postmodernism*. London: Routledge, 1992

Honig, Emily. *Creating Chinese Ethnicity*: *Subei People in Shanghai, 1850 – 1980*. New Haven and London: Yale University Press, 1992

Hosie, Alexander. "Droughts in China, A. D. 620 to 1643. " *Journal of North China Branch of the Royal Asiantic Society*, vol. 12 (1878): 51 – 89

Hsiao Ch'ien. *Traveller Without A Map*. Translated by Jeffrey C. Kinkley. London: Hutchinson, 1990

Hsiao Kung – ch'uan. *Rural China*: *Imperial Control in the Nineteenth Century*. Seattle: University of Washington Press, 1960

Huang Liu – hung. *A Complete Book Concerning Happiness and Benevolence*: *A Manual for Local Magistrates in Seventeenth – Century China*. Trans. & ed. by Djang Chu. Tucson, Arizona: The University of Arizona Press, 1984

Huang, Philip C. C. *The Peasant Economy and Social Changes in North China*. Stanford, Calif. : Stanford University Press, 1985

—— *The Peasant Family and Rural Development in the Yangzi Delta, 1350 – 1988*. Stanford, Calif. : Stanford University Press, 1990

Huntington, Ellsworth. *The Character of Races*: *Influenced by Physical Environment Natural Selection and Historical Development*. New York: Ayer

Co Pub, 1977

Isaacs, Harold R. *Five Years of Kuomintang Reaction.* Reprinted from the special *May 1932* edition of *China Forum.* Shanghai: China Forum Publishing Company, 1932

Johnson, David, Andrew J. Nathan, and Evelyn S. Rawski, eds. *Popular Culture in Late Imperial China.* Berkeley: University of California Press, 1985

Johnson, Kinchen. *Folksongs and Children – Songs from Peiping.* Taipei: The Oriental Cultural Service, 1971 [prefaced 1932]

Kemp, E. G. *The Face of China.* New York: Duffield & Comapnay, 1909

Keyserling, Hermann Grafvon. *The Travel Diary of A Philosopher.* Translated by J. Holroyd Reece. 2 volumes. New York: Harcourt, Brace & Company, 1928

Kinkley, Jeffrey C. *The Odyssey of Shen Congwen.* Stanford, CA: Stanford University Press, 1987

Kuhn, Philip A. *Soulstealers: The Chinese Sorcery Scare of 1768.* Cambridge, Mass.: Harvard University Press, 1990

——*Rebellion and Its Enemies in Late Imperial China: Militarization and Social Structure, 1796 – 1864.* Cambridge, Mass.: Harvard University Press, 1970

—— "Chinese Views of Social Classification," pp. 227 – 239 in Penelope J. Corfield, ed., *Language, History, and Class.* Oxford, UK: Blackwell Publishers, 1991

Lao Tsu. *Tao Te Ching.* Translated by Stephen Addiss and Stanley Lombardo. Indianapolis: Hackett, 1993

Lau, D. C., trans. *Mencius.* New York: Penguin Books, 1970

Le Roy Ladurie, Emmanuel. *The Beggars and the Professor: A Sixteenth – Century Family Sage.* Translated by Arthur Goldhammer. Chicago, IL: University of Chicago Press, 1998

Lee, James Z. and Wang Feng. *One Quarter of Humanity: Malthusian Mythology and Chinese Realities, 1700 – 2000.* Cambridge, Mass.: Harvard University Press, 1999

Legge, James, trans. *The Four Books: Confucian Analects, The Great Learning, the Doctrine of the Mean, and the Works of Mencius. .* Shanghai: The Commercial Press, 1900

Leong, Sow – Theng. *Migration and Ethnicity in Chinese History: Hakkas, Pengmin, and Their Neighbors.* Stanford, CA: Stanford University Press, 1997

Levy, Howard S. *Chinese Footbinding: The History of a Curious Erotic Custom.* Taipei: SMC Publishing, 1980 [1966]

Lewis, Oscar. *La Vida: A Puerto Rican Family in the Culture of Poverty—San Juan and New York.* New York: Vintage Books, 1965

——*A Study of Slum Culture: Background for La Vida.* New York: Random House, 1968

Li, Lillian M. *Fighting Famine in North China: State, Market, and Environmental Decline, 1690s – 1990s.* Stanford, CA: Stanford University Press, 2007

Li Zhisui. *The Private Life of Chairman Mao.* New York, NY: Random House, 1994

Lipkin, "Modern Dilemmas: Dealing with Nanjing Beggars, 1927 – 1937," paper presented at the annual meeting of the Association for Asian Studies, April 6, 2002, Washington D. C

Liu, Frances W. "Woman's Fight Against Beggary," *China Quarterly* (Shanghai), Vol. 1 (1935), No. 4: 99 – 104

Liu Yanchi. *The Essential Book of Traditional Chinese Medicine, Volume I: Theory,* Translated from the Chinese by Fang Tingyu and Chen Laidi. New York: Columbia University Press, 1988

Lo, Eileen Yin – Fei. *The Chinese Kitchen.* New York: William Morrow and Company, 1999

Lo Kuan – Chung (Luo Guangzhong). *Romance of the Three Kingdoms.* Translated by C. H. Brewitt – Taylor. Tokyo and London: Charles E Tuttle Co. , 2002

Lobenstine, E. C. and Warnshuis, A. L. eds. , *The China Mission Year Book 1919.* Shanghai: Kwang Hsueh Publishing House, 1920

Lu, Hanchao. "Creating Urban Outcasts: Shantytowns in Shanghai, 1920 – 1950 , " *The Journal of Urban History*, vol. 21, no. 5 (July 1995): 563 – 96

—— "Away from Nanking Road: Small Stores and Neighborhood Life inModern Shanghai, " *The Journal of Asian Studies*, vol. 54, no. 1 (February 1995): 92 – 123

——*Beyond the Neon Lights: Everyday Shanghai in the Early Twentieth Century.* Berkeley, Calif. : University of California Press, 1999

——*The Birth of A Republic: Francis Stafford's Photographs of China's 1911 Revolution and Beyond.* Steattle University of Washington Press, 2010

Lu, Henry C. *Chinese Natural Cures: Traditional Methods for Remedies and Preventions.* New York: NY: Black Dog & Leventhal Publishers, 1986

Lu Xun. *Diary of a Madman and Other Stories.* Translated by William A. Lyell. Honolulu: University of Hawaii Press, 1990

Ludden, David, ed. , *Reading Subaltern Studies: Critical History, Contested Meaning and the Globalization of South Asia*, London: Anthem Press, 2001

Macgowan, John. *Men and Manners of Modern China.* London: T. F. Unwin, 1912

Mallory, Walter H. *China: Land of Famine.* New York: American Geographical Society, 1926

Mao Tse – tung. *Selected Works of Mao Tse – tung.* 4 vols. Peking

(Beijing): Foreign Language Press, 1965 – 75

Martin, W. A. P. *A Cycle of Cathay or Chinese, South and North With Personal Reminiscences.* New York: Fleming H. Revell Company, 1900

Monkkonen, Eric H. *Walking to Work: Tramps in America, 1790 – 1935.* Lincoln: University of Nebraska Press, 1984

Moule, Arthur Evans. *New China and Old: Personal Recollections and Observations of Thirty Years.* London: Seeley and Co. Limited, 1891

Murray, Charles. *Losing Ground: American Social Policy, 1950 – 1980.* New York: Basic Books, 1984

Naquin, Susan. *Peking: Temples and City Life, 1400 – 1900.* Berkeley, Calif. : University of California Press, 2000

North China Herald, weekly, Shanghai

Obringer, Frederic. "A Song Innovation in Pharmacotherapy: Some Remarks on the Use of White Arsenic and Flowers of Arsenic," in Elisabeth Hsu (ed.), *Innovation in Chinese Medicine*, 192 – 213. Cambridge University Press, 2001

Pa Chin (Ba Jin) . *Family.* Prospect Heights, Illinois: Waveland Press, 1972

Perry, Elizabeth J. *Shanghai on Strike: The Politics of Chinese Labor.* Stanford, Calif. : Stanford University Press, 1993

Perry, Matthew C. *The Japan Expedition, 1852 – 1854: The Personal Journal of Commodore Matthew C. Perry.* Edited by Roger Pineau. City of Washington: Snithsonian Institution Press, 1968

Peters, E. W. *Shanghai Policeman.* London: Rich & Cowan, Ltd, 1937

Pietz, David Allen. *Engineering the State: The Huai River and Reconstruction in Nationalist China, 1927 – 1937.* New York: Routledge, 2002

Pruitt, Ida. *A Daught of Han: The Autobiography of A Chinese Working Woman.* New Haven and London: Yale University Press, 1945

Pu Yi, *From Emperor to Citizen: The Autobiography of Aisin – Gioro Pu*

Yi. New York: Oxford University Press, 1987

Rattenbury, Harold B. *China, My China.* London: Frederick Muller, 1944

Ribton – Turner, C. J. *A History of Vagrants and Vagrancy and Beggars and Begging.* Montclair, New Jersey: Patterson Smith, 1972 [1887]

Riesman, David. "Listening to Popular Music." *American Quarterly*, vol. 2, no. 4 (Winter, 1950): 359 – 371

Robinson, Lewis Stewart. *Double – edged Sword: Christianity and 20th Century Chinese Fiction.* Hong Kong: Tao Fong Shan Ecumenical Center, 1986

Ross, Edward Alsworth. *The Changing Chinese: The Conflict of Oriental and Western Cultures in China.* New York: Century, 1912

Rowe, William T. *Hankow: Conflict and Community in a Chinese City, 1796 – 1895.* Stanford, CA: Stanford University Press, 1989

Sangharakshita. *Who is the Buddha?* New York: Barnes and Noble Books, 1995

Schak, David C. *A Chinese Beggars' Den: Poverty and Mobility in an Underclass Community.* Pittsburgh, Penn. : University of Pittsburgh Press, 1988

—— "Images of Beggars in Chinese Culture," S. Allan and A. Cohen (eds.), *Legend, Lore, and Religion in China: Essays in Honor of Wolfram Eberhard on His Seventieth Birthda, 109 – 133.* San Francisco: Chinese Materials Center, 1979

Schurmann, Franz. *Ideology and Organization in Communist China.* Berkeley: University of California Press, 1968

Shao, Qin. *Culturing Modernity: The Nantong Model, 1890 – 1930.* Stanford, CA: Stanford University Press, 2003

Siao – Yu. *Mao Tse – Tung and I were Beggars.* Syracuse, New York: Syracuse University Press, 1959

Sima Qian. *Records of the Grand Historian*：*Han Dynasty I.* Revised edition, translated by Burton Watson. Hong Kong and New York：Columbia University Press, 1993

——*Record of the Historian*：*Chapters from the Shi chi of Ssu – ma Ch'ien.* Translated by Burton Watson. New York and London：Columbia University Press, 1969

——*Records of the Grand Historian*：*Qin Dynasty.* Translated by Burton Watson. Hong Kong and New York：Columbia University Press, 1993

Skinner. G. William. "Marketing and Social Structure in Rural China." 3 parts. *Journal of Asian Studies* 24, nos. 1 – 3 (1964 – 1965)：33 – 44；195 – 228；363 – 99

—— ed. *The City in Late Imperial China.* Stanford：Stanford University Press, 1977

Smith, Arthur Henderson. *Chinese Characteristics.* Edinburgh and London：Oliphant, Anderson, and Ferrier, 1892

——*Village Life in China*：*A Study in Sociology.* New York：Fleming H. Revell Company, 1899

——*Proverbs and Common Sayings from the Chinese.* New York：Putnam Publishing Group, 1965 [1914]

Smith, Joanna F. Handlin. "Liberating Animals in Ming – Qing China：BuddhistInspiration and Elite Imagination," in *The Journal of Asian Studies*, vol. 58, no. 1 (February 1999)：51 – 84

—— *The Art of Doing Good*：*Charity in Late Ming China.* Berkeley：University of California Press, 2009

Snow, Edgar. *Red Star Over China.* New York：Grove Press, 1977

——*Red China Today.* Revised and Updated Edition of *The Other Side of the River.* New York：Vintage Books, 1971

Solinger, Dorothy J. *Contesting Citizenship in Urban China.* Berkeley, Los Angeles, and London：University of California Press, 1999

Soonthorndhammathada, Phra. *Compassion in Buddhism and Puranas*. Delhi: Nag Publishers, 1995

South China Morning Post, Hong Kong

Spence, Jonathan D. *The Search for Modern China*. New York: W. W. Norton, 1990

Stapleton, Kristina. *Civilizing Chengdu: Chinese Urban Reform, 1895 – 1937*. Cambridge, Mass. : Harvard University Asia Center, 2000

Stock, Jonathan P. J. *Musical Creativity in twentieth – Century China: Abing, His Music, and Its Changing Meanings*. Rochester, New York: University of Rochester Press, 1996

Stott, Amelia O. "Chinese Knights of the Open Palm," *Asia*, vol. 27, no. 10 (October 1927): 830 – 33

Strand, David. *Rickshaw Beijing: City People and Politics in the 1920s*. Berkeley, Calif. : University of California Press, 1989

Thaxton, Ralph A. Jr. *Catastrophe and Contention in Rural China: Mao's Great Leap Forward Famine and the Origins of Righteous Resistance in Da Fo Village*. Cambridge, England: Cambridge University Press, 2008

Thorbecke, Ellen Kolban. *Shanghai*. Photographed & depicted by Ellen Thorbecke with sketches by Schiff. Shanghai: North – China Daily News & Herald Ltd, 1940

Topping, Seymour. *Journey Between Two Chinas*. New York, New York: Harper & Row Publishing, 1972

Tsu, Yu – Yue. *The Spirit of Chinese Philanthropy: A Study in Mutual Aid*. New York: Columbia University, 1919

Unschuld, Paul U. *Medicine in China: Historical Artifacts and Images*. Translated from the Germany by Sabine Wilms. Munich, London, and New York: Prestel Verlag, 2000

Vale, J. "Beggar Life in Chentu [Chengdu]," *West China Missionary News*, vol 9. no. 4 (April 1907): 8 – 11 and no. 7 (July): 7 – 10

Vermeer, Eduard B. *Chinese Local History*: *Stone Inscriptions from Fukien in the Sung to Ch'ing Periods*. Boulder, Colorado: Westview Press, 1991

Wakefield, David. *Fenjia*: *Household Division and Inheritance in Qing and Republican China*. Honolulu: University of Hawaii Press, 1998

Wakeman, Frederic, Jr. *Policing Shanghai 1927 – 1937*. Berkeley, Calif. : University of California Press, 1995

Wang, Di. *Street Culture in Chengdu*: *Public Space, Urban Commoners, and Local Politics, 1870 – 1930*. Stanford, Calif. : Stanford University Press, 2003

Wang Gungwu. *The Chinese Overseas*: *From Earthbound China to the Quest for Autonomy*. Cambridge, Mass. : Harvard University Press, 2000

Wasserstrom, Jeffrey. *Student Protests in Twentieth Century*: *The View from Shanghai*. Stanford: Stanford University Press, 1991

Watson, Burton, Trans. *The Tso Chuan*: *Selections from China's Oldest Narrative History*. New York: Columbia University Press, 1989

Watson, James L. "Funeral Specialists in Cantonese Society: Pollution, Performance, and Social Hierarchy," pp. 109 – 134 in James L. Watson and Evelyn S. Rawski, eds. , *Death Ritual in Late Imperial and Modern China*. Berkeley, Calif. : University of California Press, 1988

Wead, Doug. *Compassionate Touch*. Bloomington, MI: Bethany House Publishing Group, 1977

Werner, E. T. C. *Myths and Legends of China*. New York: Brentano's, 1922

Whyte, Martin King and William L. Parish. *Urban Life in Contemporary China*. Chicago and London: University of Chicago Press, 1984

Will, Pierre – Etienne and R. Bin Wong, with James Z. Lee. *Nourish the People*: *The State Civilian Granary System in China, 1650 – 1850*. Ann Arbor: University of Michigan Center for Chinese Studies, 1991

Williams, S. Wells. *The Middle Kingdom*: *A Survey of the Geography,*

Government, *Literature*, *Social Life*, *Arts*, *and History of the Chinese Empire and Its Inhabitants*. 2 volumes. New York: Charles Scribner's Sons, 1904

Wilson, William Julius. *The Truly Disadvantaged: The Inner City, the Underclass, and Public Policy*. Chicago: University of Chicago Press, 1990

Wolf, Arthur P. "Gods, Ghosts and Ancestors," Arthur P. Wolf (ed.), *Religion and Ritual in Chinese Society, 131 – 182*. Stanford: Stanford University Press, 1974

Wu, Hongda Harry, with Carolyn Wakeman. *Bitter Winds: A Memoir of My Years in China's Gulag*. New York: John Wiley and Sons, 1994

Xu Youwei and Philip Billingsley, "Out of the Closet: China's Historians 'Discover' Republic – Period Bandits," *Modern China*, vol. 28, no. 4 (October 2002): 467 – 499

Yang, Dali. *Calamity and Reform in China: State, Rural Society, and Institutional Change Since the Great Leap Famine*. Stanford: Stanford University Press, 1998

Yuan, L. Z. *Sidelights on Shanghai*. Shanghai: The Mercury Press, 1934

Zhang, Li. *Strangers in the City: Reconfigurations of Space, Power, and Social Networks Within China's Floating Population*. Stanford, CA: Stanford University Press, 2001

图书在版编目（CIP）数据

叫街者：中国乞丐文化史／卢汉超著 . —北京：社会科学
文献出版社，2012.8（2024.8 重印）
 ISBN 978 - 7 - 5097 - 3403 - 2

 Ⅰ . ①叫…　 Ⅱ . ①卢…　 Ⅲ . ①乞丐 - 文化史 - 研究 - 中国
Ⅳ . ①D669. 9

 中国版本图书馆 CIP 数据核字（2012）第 091046 号

叫街者：中国乞丐文化史

著　　者／卢汉超

出 版 人／冀祥德
项目统筹／徐思彦
责任编辑／赵　薇
责任印制／王京美

出　　版／社会科学文献出版社·历史学分社（010）59367256
　　　　　　地址：北京市北三环中路甲 29 号院华龙大厦　邮编：100029
　　　　　　网址：www. ssap. com. cn
发　　行／社会科学文献出版社（010）59367028
印　　装／三河市龙林印务有限公司

规　　格／开　本：787mm×1092mm　1/16
　　　　　　印　张：20　字　数：278 千字
版　　次／2012 年 8 月第 1 版　2024 年 8 月第 2 次印刷
书　　号／ISBN 978 - 7 - 5097 - 3403 - 2
定　　价／79. 00 元

读者服务电话：4008918866